Johann Gottfried Herder, Joseph Lautenbacher

Herders ausgewählte Werke

Johann Gottfried Herder, Joseph Lautenbacher

Herders ausgewählte Werke

ISBN/EAN: 9783744609272

Hergestellt in Europa, USA, Kanada, Australien, Japan

Cover: Foto ©Thomas Meinert / pixelio.de

Weitere Bücher finden Sie auf **www.hansebooks.com**

Herders

ausgewählte Werke

in sechs Bänden.

Mit einer biographisch-litterarhistorischen Einleitung

von

Joseph Lautenbacher.

Dritter Band.

Inhalt:
Kleinere Dichtungen. Prosaaufsätze und Schulreden.

Stuttgart.

J. G. Cotta'sche | Gebrüder Kröner,
Buchhandlung. | Verlagshandlung.

Legenden.

Ueber die Legende.

Der Name Legende hat seit der Reformation seine Würde so sehr verloren, daß man ihn in einem frostigen Wortspiel (Lügende) der Lüge für gleichlautend hält und nur ein einfältiges, von Kindern und Weibern geglaubtes Märchen mit ihm bezeichnet. Einst war dies nicht also. Legende hieß das Buch, das die Summe dessen umfaßte, was nicht nur durchs ganze Jahr hin dem Volk öffentlich vorgelesen, sondern auch zu seiner häuslichen Erbauung fast einzig in die Hand gegeben ward.*) Und da dies insonderheit Leben der Heiligen waren, auch allem, was man damals schrieb, der Ton der Andacht und des Wunderbaren anhing, so ist der Name Legende vorzüglich der wunderbarfrommen Erzählung, d. i. Lebensbeschreibungen und Geschichten, die durch das, was Andacht vermöge, zur Nachfolge reizen sollten, geblieben. Nebst den Ritterbüchern fassen sie also, nach dem Geist damaliger Zeit, die Blüte und Blume menschlicher Ausbildung in sich; die Ritterbücher für den Mann von Geburt, die Legenden für den andächtigen tugendhaften Menschen, welches Standes er auch sein mochte.

Aber der Geist der Zeit schwebt vorüber. Die Ritterbücher sanken, und die Legenden sanken ihnen nach. Was einst Legende, d. i. notwendig zu lesen hieß, ward in anderen Zeiten kaum lesbar gefunden; es ward verspottet und verachtet.

---

*) *Legenda, legendarius,* liber acta Sanctorum per anni totius circulum digesta continens, sic dictus, quia certis diebus *legenda* in ecclesia et in sacris synaxibus designabantur a moderatore Chori; unde a Graecis συναξάρια appellantur. *Du Fresne* Gloss.

Dreierlei warf man den Legenden vor, und keins mit Unrecht. Sie fehlen, sagte man, gegen die historische Wahrheit, gegen echte Moral, den Zweck der Menschheit, endlich gegen die Regeln einer guten Einkleidung und Schreibart.

I.

Wahrheit der Legenden.

Daß sie gegen die historische Wahrheit oft und viel anstoßen, ja daß sie überhaupt als Dokumente der Geschichte mit großer Vorsicht zu gebrauchen seien, werden sie selbst nicht ableugnen wollen; denn die wenigsten sind dazu geschrieben. Als Erbauungsschriften, als Tugend- und Andachtsbilder sind sie da, zur Erweckung ähnlicher Tugend, ähnlicher Andacht. Was hierzu den meisten Eindruck machen konnte, und wie es ihn machen konnte, das ward geschrieben. Vielen Legenden bricht man, wenn ich so sagen darf, den Rücken, wenn man sie zu historischen Dokumenten ängstlich gestaltet.

Denn woher waren diese Legenden genommen? Aus dem Munde der Erzählenden, meistens andächtiger Jünger und Jüngerinnen; oder aus einzelnen Aufsätzen, selten des Verstorbenen selbst, meistens seiner Freunde. Alle diese sprachen und schrieben nach einer Regel, zu einem Zweck ihres nächsten Kreises und des Geistes ihrer Zeit. Zur Erbauung sprachen und schrieben sie; nicht als vor Gericht gestellte Zeugen. Ueberhaupt ist über die Glaubwürdigkeit der Geschichte und dessen, was man in verschiedenen Zeiten, unter verschiedenen Völkern glaubwürdig nannte, beinahe noch nichts Haltbares geschrieben; und die Legende der mittleren Zeiten, so unentbehrlich sie der Geschichte ist, hat, außer einigen französischen Kritikern, wenig Bearbeiter gefunden. Wie billig, bewarben sich die Protestanten nach der Reformation wenig anders als streitweise um sie; die erzkatholischen Länder blieben im Glauben an die Legende, als an eine geschriebene Tradition, und die wenigen Untersucher wußten und kannten ihre Schranken. Eine vollständige Kritik der Chroniken und Legenden mittlerer Zeit, unparteilich und ehrsam,

geschrieben für jeden und für keinen Kultus, auf den Knieen
der Wahrheit geschrieben und von ihr selbst diktiert, gehört
noch unter die guten Wünsche.

Und doch wäre sie, was das Wunderbare anlangt, so
schwer zu schreiben eben nicht; das Wunderbare der mittleren
Zeit hat seine sehr enge Topik. Aus der biblischen Geschichte
und aus National-Traditionen, aus Einbildungen der Völker
entsprossen, unter denen und für die es gedacht ward, führt
es seine Quelle wie seine Bedeutung gleichsam mit sich. Da
es auf das Volk wirken sollte, so kann es leicht verstanden
werden; und da der Klerus weder zur Kunst, noch überhaupt
sehr kunstreich, diese wunderbaren Erzählungen formte, so ist
auch ihre Form nichts weniger als inkommensurabel. Wer
die Bibel gelesen und die Volksdenkart der Zeit und Gegend,
für die erzählt wurde, sich bekannt gemacht hat, versteht die
Bedeutung des Wunderbaren so einfach, als der sie verstand,
von dem die Legende redet.

Diesem Frommen z. B. ließen sich Stimmen vom Himmel
hören. Wer hörte diese Stimmen nicht in seinem Herzen,
wenn sie gleich das Ohr nicht vernahm, sobald ihr Inhalt
nur himmlisch, d. i. aufmunternd und erquickend ist?
Einem anderen sangen unsichtbare Chöre; diesem erschien sein
Schutzgeist und sprach mit ihm warnend, belehrend, tröstend.
Jenem Rechtschaffenen glänzte sein Antlitz vor Gericht, im
Gebet, gegen Verleumder und Bösewichter, bei einer frohen
Wohlthat, bei einer großmütig-stillen Verzeihung, im Tode,
nach dem Tode. Wem sind nicht ähnliche Eindrücke aus dem
Leben, aus der Erzählung eng umfangener Menschen bekannt?
Dem Einsamen z. B. schweben Töne, bleibende Töne im Ohr;
sie kommen in Stunden der Niedergeschlagenheit, den Geist
erhebend, als Freunde wieder. Siehe da die himmlischen
Stimmen und Chöre. Aus Beispielen ist bekannt, daß
eine starke Einbildungskraft das Bild seiner selbst gleichsam
aus sich herauszuwerfen und sich sichtbar zu machen vermöge;
daher die Erzählungen von Menschen, die sich selbst zu sehen
glaubten, daher die Gespräche mit sich selbst, als mit einem
guten oder bösen Genius, und bei zarten Gemütern am
liebsten das Gespräch mit einem edleren Ich, einem lei-
tenden liebenden Schutzgeist. Auf der Stirn fröhlicher guter Kinder, auf dem Antlitz der unbefangenen heiteren
Unschuld, der reinen Liebe, der verzeihenden Großmut — wer
sah und liebte nicht jene ruhige Stille, in der uns ein Engel

gegenwärtig zu werden scheint? Endlich in den Schmerzen
der Krankheit, der Leiden, der Verfolgung, im Tode, nach
dem Tode; hier gönnet der frommen Legende ganz ihren
Lauf; hier ist das Herz sich selbst eine reiche Legende. Wenn
eine Tochter am Sterbebett ihrer Mutter das Antlitz sieht,
das sie bald nicht mehr sehen wird, und ihre letzten Worte
hört; wenn der Blick des Redlichen, des zu Tode Gequälten
sich noch einmal dankbar-froh gen Himmel, segnend-froh zu
denen wendet, denen er hienieden nichts als Gutes gethan hat,
und wenige Augenblicke nachher, von der ernsten Hand des
Todes berührt, sein Gesicht, die wahre Gestalt seiner Seele,
im festesten Bilde zeigt, da lasset doch ja dem stillen Gemüt
einer trauernden Kindesliebe seine Kraft, die Züge des Sterbenden, des Gestorbenen zu einem Engel zu erhöhen, und ihn
in solcher Gestalt seinem Innersten einzuprägen. Lasset der
Sage ihren Gang, daß ihn Stimmen gerufen, getröstet, bewillkommnet haben; daß ein ambrosischer Duft, ein himmlischer
Glanz den zum Himmel Eilenden umschwebte. Hier läßt sich
die Phantasie der Empfindung weder etwas vorschreiben noch
ausreden.

Ein Gleiches ist's mit dem Wunderbaren, das die Legende
jetzt und hie und da auf die ganze Natur verbreitet.
Jedermann weiß, daß ihre Zeiten für die wahre und rechte
Naturwissenschaft nicht die blühendsten waren; die Gesetze der
Astronomie, die Verhältnisse der Körper gegeneinander waren
noch nicht in das Licht gesetzt, in welchem sie dem aufgeklär-
ten Teil unserer europäischen Nationen jetzt erscheinen. Was
Wunder also, daß man in der Dämmerung damaliger Zeiten
alle Erscheinungen der Natur zu sich so sprechen ließ, wie das
Gemüt, wie der Zustand des Herzens es verlangte? Dem
Einsamen, dem Geängsteten, dem Peinlichen, wiederum dem
Begeisterten, dem Entzückten spricht alles. Der Zweifelnde
sucht allenthalben Belehrung; der Verlassene merkt auf jeden
ihm entgegenkommenden Wink. Lasset also jenem Verirrten
einen Stern erscheinen, der ihn leite; diesem Dürstenden ent-
springe eine Quelle, jenem matten Wanderer entsprieße ein
Palmbaum in der Wüste. Hier falle auf des Frommen Gebet
ein längst erwünschter Regen und erquicke die lechzende Au;
dort komme ein Hagelwetter, ein Donner zu rechter Zeit
und schalle in Ohr und Seele. Jetzt läute die Glocke von
selbst und wecke auf; hier erscheine ein Tier und schrecke und
warne. Oder ein Vogel bringe himmlische Botschaft; ein

Adler, ein Storch, eine Schwalbe, eine Taube gebe der wartenden Menge Mut, der zweifelnden Menge Bestimmung. Im ganzen Altertum sind Augurien und Präsagien eine geglaubte Sprache der Gottheit gewesen; jedes Volk hatte sie in seiner Weise und pflanzte sie in Sagen fort. Die Dichter nutzten sie, und auch der Geschichte konnten sie nicht fremde bleiben. Wer begehrte nun, daß sie einer zur Erbauung geschriebenen Legende fremd bleiben sollten? Andacht, d. i. ein Aufmerken aufs Göttliche ringsumher, schrieb ja diese Legenden. Andacht sollte sie lesen; Andacht sollten sie einflößen und wirken.

Ueberdem wird dies Wunderbare in den mittleren Zeiten so leicht, ich möchte sagen so natürlich eingeführt, daß man es eben so leicht in die gewöhnliche Sprache übersetzen kann, eben weil es damals gewöhnliche Sprache und Vorstellungs= art war. Manches ist sogar in Sprichwörter übergegangen, deren Sinn ohne wunderbare Deutung jeder Einfältige an= zuwenden weiß. Wenn z. B. vor diesen fleißigen und rüstigen Männern, die eine wüste Gegend anbauten, Wölfe und Schlangen flohen; sie scheuchten Drachen aus ihren Höhlen hinweg; von ihrem Segen ward die verschlämmte Quelle ge= sund, der Pfuhl trocken, die Wildnis zu einem Garten und Fruchtlande; die Luft heiterte sich; das Klima ward milde — wem müßte diese Sprache noch erklärt werden? Sie sagt nichts, als was wirklich geschah durch den Fleiß emsiger Hände. Wenn nun solchen neuen gefürchteten Ankömmlingen entgegen aus Seen und Wäldern die Dämonen schrieen, die Geister heulten und schreckten, die Teufel wimmerten und klagten — wer, wenn er einen Begriff von den grausen Gegenden, von den wilden Einwohnern dieser Gegenden hat, verstünde nicht diese Sprache? Den Bären besänftigten sie, indem sie ihm Brot reichten (ein seltenes Nahrungsmittel mancher Ge= gend), und befahlen ihm Holz zu tragen; wem müßte er= klärt werden, wer diese Bären gewesen? Möchte das Zepter unserer Staatskunst, das Geschütz unserer Helden zur Urbar= machung der Welt, zur Brotausteilung und zu Erweckung des Fleißes der Bären allenthalben so wirksam und glücklich sein, als es damals das heilige Kreuz und das segnende Wort waren!

Sehr unverständig hat man daher über manche Legende dieser Art gespottet, so daß der heilige Esel, den man verlachte, dem Spottenden selbst den Hohn zurückgeben möchte.

Auch der Legende liegt also Wahrheit zum Grunde; nur
ist sie legendenmäßig eingekleidet und erzählt. Auch ihr Inhalt ist nicht immer so unwichtig, als man glaubt; denn sind
wir diesem Inhalt nicht einen großen Teil der Aufklärung
und Verschönerung Europas durch Kenntnisse und Fleiß schuldig?
Die Thaten, wovon sie erzählen, stumpften das Schwert ab
und bezähmten wilde Barbaren. Die meisten Institute unserer Wissenschaften und Künste nähren sich von den Brosamen
dessen, was einst die Männer der Legende mühsam erwarben,
andächtig stifteten, heilig bewahrten und der Nachkommenschaft
fromm vermachten. Ohne die frommen Männer und Weiber
der Legende bettelten jetzt vielleicht alle Musen in Europa;
oder vielmehr an Musen in Europa wäre ohne sie gar nicht
zu gedenken. —

Die Geschichte der mittleren Zeit kann des Studiums
der Legenden so wenig als der Chroniken entbehren, denn
beide fließen überhaupt in einander. Jene gehen allen Diplomen
voran und lange ihnen zur Seite. Die mythologische Sprache
und Einkleidung der Legenden muß also eben so wohl studiert
werden als die Sprache und Zeichen der Diplome. Sie sind
in den mittleren Zeiten das, was in der griechischen und römischen Urzeit die alten Heldensagen waren, aus denen einst
alle Dichtkunst und Geschichte hervorging. Die geheime, innere
Denkart der christlich gewordenen Völker, ihren Wahn, Aberglauben, Schwachheiten, kurz den dunkeln Grund ihrer
Seele lernt man aus mancher Legende mehr kennen als in
diesen Zeiten aus ihrer sämtlichen Staatsgeschichte. Nur
gehört ein Ausleger dazu, der auch das Wunderbare zum
schlichten Menschensinn hinabführe.

II.

Zweck der Legende.

„Schade," wird man sagen, „daß die meisten derselben
eine so verkehrte Tendenz haben! Wohin zielen alle diese
Wunder? Um welche Achse drehen sich alle Bemühungen der
Legende? Den Müßiggang zu ehren, Einsiedelei, Aberglauben,
überspannte Andacht, falsche Tugenden, eine fromme Dumm-
heit, eine den Geist ermordende Frömmigkeit, Heuchelei und

Abgötterei zu empfehlen — das ist ihre echtchristliche Absicht. Wem dienen diese Engel? Diese Raben, wem bringen
sie Speise? Einem Einsiedler. Ihm entspringt die Quelle,
ihm trägt der entblätterte Baum Früchte. Was thut er in
seiner Einsamkeit? Psalmen singen, schweigen, seine Seele zur
höchsten Unthätigkeit gewöhnen, sich unnütz peinigen und fol-
tern. Erwecken sie nicht Mitleiden und inneren Abscheu, jene
Büßungen, mit denen betrogene Unglückliche sich selbst mar-
tern? jene unnatürlichen Kämpfe, die ihre Seele verwirren,
ihre edelsten Kräfte lähmen, und mit denen sie sich mehr als
ein Fegfeuer, mehr als eine Hölle selbst schaffen und geben.
Hat sich nicht oft euer Busen verengt, und euer Haar empor-
gesträubt, wenn ihr diese unsinnigen Büßungen, diese sinnlosen Entäußerungen der Gedanken, Sinne und Triebe im
Leben eines Menschen Jahre hin verfolgtet? Und wenn ihr
die mütterlich rufende, warnende, wiederkehrende Natur hart
und schnöde zurückgewiesen saht, flossen euch nicht Thränen?
Vor Göttern und Menschen gibt es keinen thränenwerteren
Anblick als eine unschuldig zerrüttete Seele, ein durch an-
dächtige Grausamkeit niedergebeugter, zerquetschter, zerschlagener
Geist, ein Herz, das für und wider nichts sich selbst verwundet.
Und diesem bösen Ideal einer verführenden Sittenlehre, die
zu leerer Andacht, zu einem niedrigen Aberglauben, zu einer
nutzlosen Anstrengung, endlich zu jener völligen Aushöhlung
der Seele leitet, die mit äußersten Schmerzen ihren Kern aus
sich gebohrt hat und wie eine hohle Nuß sich dem Herrn
weiht — diesem bösen Ideal wolltet ihr eine Zeile des Lobes
widmen? Kreuz, Messe, Pönitenz, Sakramente, Tempel, Altäre,
heilige Gebräuche und Kleider, Zellen, Särge, Gräber sollten
die Sphäre sein, um welche sich alle Sphären und Elemente
der Menschheit bewegen?"

　　Wäre dem allen so, so könnte man nicht anders antworten als: „Spottet nicht, sondern bessert!" — Der Arzt
läßt sich die Gebrechen seines Kranken erzählen, nicht damit
er sie witzig zur Schau trage, sondern damit er ihm Leichte-
rung schaffe und ihm helfe. Wäre alles, wovon gesprochen
ist, ein schwerer dunkler Traum langer Jahrhunderte, ein un-
geheurer Wahnsinn der Zeiten gewesen — zeiget ihn als
solchen. Hebt die Erzählungen verführter, mißleiteter Seelen
sorgsam aus und bemerkt, wie sie mißleitet wurden, wie sie
sich selbst verführten. Zeigt dies mit aller zarten Teilnahme,
mit jedem hilfreichen Erbarmen, herabsteigend in die Tiefen

der menschlichen Natur, in ihre betrüglichen Tiefen. Wie
lehrreich werdet ihr schreiben! Eine kleine Legende wird mehr
Psychologie, mehr Warnung, Rat und Trost enthalten als
vielleicht ein ganzes System kalter pharisäischer Sittenlehre.
Sie wird wieder werden, was ihr Name sagt, ein durchaus
zu Lesendes, eine Legende.

Nur gehört vor allem hiezu Teilnahme, Versetzung
ins Zeitalter und Leben derer, von denen man redet.
Nach unserer lichten Zeit können wir nicht alles beurteilen;
nicht jede andere Zeit warf alles Heilige als einen Unrat
von sich. Das Kreuz hat einst den Völkern Ruhe gebracht;
es stillte Aufruhr, Fehden, Zwietracht und gebot den Gottes-
frieden. Tempel waren Zufluchtsorte der Unbewehrten gegen
Raub und Unterdrückung; der Altar war eine Stätte des
öffentlichen Bekenntnisses, des Gebets, der Gemeinschaft Gottes
mit den Menschen. Das Grab war ihnen eine Ruhekammer,
wo himmlische Geister das erstorbene Samenkorn zur Auf-
blüte eines künftigen ewigen Frühlings bewahrten. Ueber
heilige Gebräuche und Worte endlich läßt sich auch nicht
anders als aus dem Geiste der Zeit reden, für welche sie
gehören.

Und waren nach eben diesem Geiste der Zeit körperliche
Uebungen zur Enthaltsamkeit, Strenge zu festgehaltenem Andenken, zum Vermögen über Sinne und Neigungen verwerf-
lich? Waren rohe sinnliche Naturen anders zu besänftigen,
zu fesseln, zu zähmen, als durch ein gegenseitiges Extrem,
durch eine andere, geistige Welt noch stärkerer Leidenschaften
und Begierden? Woher kommt's, daß in unserem Zeitalter
wir so wenig können, so wenig ernstlich wollen und vermögen, als weil wir von Jugend auf zerstreut und ver-
zärtelt leben, indem uns zu anhaltenden schweren Uebungen
Anlaß, Regel, Ordnung, Sitte, tägliche Gewohnheit und
strenges Gebot fehlen. Gewiß vermögen wir nicht, was die
Männer der Legende vermochten, sonst brächten wir Wir-
kungen hervor wie jene, aus deren Pflanzungen wir, über
sie spottend, von ihren Früchten zehren.

Und dann, gäbe es in diesen Zeitaltern durchaus keine
Muster einer Tugend, die wirklich diesen Namen verdient?
keine Seelengröße, die, über sich selbst gebietend, Gefahren
nicht suchte, aber tapfer überwand, und das Leben selbst nicht
achtete zur Erlangung des Kampfpreises? Herausfordern und
angreifen ist freilich leichter als erwarten, bestehen, ausdauern.

Kein Siegesgepränge munterte diese Helden auf, keine irdische Belohnung. In der Verachtung fanden sie Ruhm, in der Verfolgung Gewinn, in der Mühe Lohn, in der Schwachheit Stärke. Oft, sehr oft zeigten sie mehr als Spartaner- und Römersinn; Tausende von ihnen ließen sich, ihrer guten Sache wegen, prunk- und namenlos gleichsam lebendig verscharren und begraben. Nicht nur Bequemlichkeit, ihr liebster Eigenwille war abgelegt zum Besten ihres Ganzen.

Sehet in den Gemälden großer Künstler, eines Raffael und Domenichino, Correggio, Guido und Guercino, jene Gestalten der Heiligen an und sagt, ob ihr von dieser Art geistiger Anmut und Seelengröße, von dieser transcendenten Erhabenheit und Hingebung, von dieser reinen Abgezogenheit und ehrfurchtgebietenden Würde, von dieser jungfräulichen Andacht, diesem Mutter- und Kindessinn, ich möchte sagen von diesem Engelsgefühl, sogar in den Werken der Alten etwas anderes als vielleicht nur hie und da eine in der Sinnlichkeit verhüllte Knospe findet? Hier ist sie hervorgegangen, die geistige Knospe; sie hat sich aufgethan in vielen Gestalten und Formen. — Um also auch nur die Werke der neueren Kunst in ihrem schönsten Zeitalter zu verstehen, kann und darf uns die Legende nicht fremd bleiben.

Ein ganz eigenes Gefühl ist es, dies süße Gefühl der Andacht. Es heftet so unabwendbar an und fesselt so ganz, läßt so vieles unmerklich hinschwinden und scheint uns mit wenigen Gedanken so viel, mit einem Gedanken alles zu geben! Dadurch macht es so unveränderlich, so heiter und stark in Sanftmut. Der Löwe wird Lamm, und das Lamm ein Löwe. — Spottet nicht der rauhen und beschwerlichen Wege, auf denen die fromme Einfalt, die sich damals mit wenigen, aber starken Gedanken begnügte, in dies Heiligtum unzerstörlicher Gemütsruhe und Seelenstärke gelangte. Genug, sie gelangte dahin, und wohl ist ihr. Suche jeder es auf seinem Wege. Jene geht ihren stillen Gang allein.

III.

Vortrag der Legenden.

„Wenn aber die guten Legenden nur nicht so erzböse erzählt oder gar besungen wären!" So erzähle, so besinge man sie besser. Ein Ton ist nicht für alle, und ihr Ton nicht für unsere Zeiten. Aber erbärmliche Pedanterei ist's, unter dem Vorwande des einzigen klassischen Stils, die Schreibart der Römer, die unter Cäsar und August aller= dings die beste war, in diesen Zeiten, zumal in Büchern der Andacht und Klosterzellen zu suchen. Der Kirchenstil der mittleren Jahrhunderte ist eine so eigene Sprache, als die romanische, die neben ihr galt, nur sein kann. Die Welt ihrer Gegenstände ist eine andere als die Welt der Römer; so auch der Geist und Sinn, mit dem man diese Gegenstände behandelte und ansah. Auch die lateinische Sprache der mitt= leren Zeiten hat ihre Perioden, und in diesen ihre sehr ver= schiedenen Schriftsteller, gute, mittelmäßige, schlechte. Vollends der Geist ihrer Dichtkunst war vom römischen ganz verschie= den; und doch hat's Liebhaber des Studiums dieser Zeiten gegeben, die auch ihnen ihre Grazie und Schönheit zuge= standen. Eine gewisse Innigkeit und schmucklose Einfalt, eine populare Herzlichkeit und Rührung wird niemand, der die besten Produkte dieser Jahrhunderte kennt, ihnen absprechen können. Dem sei aber wie man wolle; damals schrieb man die Legenden für seine Zeit; uns erzähle man, wenn man will, die denkwürdigsten für unsere Zeiten.

„Wozu dies alles? Etwa das Studium der Legende unbedingt anzuempfehlen, sie unbedingt zu rühmen?" Wahr= lich nicht. Bloß der Gesichtskreis sollte bezeichnet werden, in welchen die Legende gehört, mithin auch der Gesichtspunkt, aus welchem man sie anzusehen habe.

Bei den Griechen gab's viele Legenden. In älteren Zeiten hießen sie Sagen; nachher wurden sie aufgeschrieben, in Gesänge gebracht, und eine Mythologie daraus geformt. Jeder berühmte Tempel, jedes Götzenbild, jede Stadt, jeder Heldenstamm hatte seine Legende. Oder sind in den home= rischen Hymnen die Erzählungen von der Latona und dem Apoll, von Hermes, der Aphrodite, der Demeter etwas anderes?

Sogar die Schäferwelt der Griechen hatte ihre Legenden. Vom guten Daphnis, vom schönen Adonis erzählte man sich die alten Sagen und wiederholte und feierte sie in Liedern und Gebräuchen. Womit konnten sich Schäfer leichter und angenehmer unterhalten als mit alten Traditionen, mit Wunder- und Zaubermärchen?

Wäre die Legende der mittleren Zeiten so genützt, als es die griechische war; wäre jeder Wohlthäter des Menschengeschlechts auch aus diesen dunkeln Jahrhunderten in dem Tone gepriesen, der für ihn gehörte; hätte jede Stadt, jede. Kirche, jede gute Stiftung ihrem Heiligen diese Muse erweckt, wie manches Gute wäre dadurch befördert worden! Bei einigen ist's geschehen; es gibt einfachgroße und rührende Hymnen, die aber — unsere Zeit nicht kennt oder nicht liest. Vielleicht wird man auch nachstehende Erzählungen, die ich dem lehrenden Idyll näher zu bringen suchte, nicht lesen mögen. Und so seien sie denn, wie die, von denen sie erzählen, begraben! Vielleicht gehen sie in einer anderen Zeit fruchtreich hervor. Quiescant in pace!

Die Führerin.

Führe mich, o Muse, jenen engen
Steilen Pfad. Er windet sich durch Höhlen,
Wie man sagt, des dunkeln Aberglaubens
Und Betrugs. Er scheint sich in die Wüste
Zu verlieren, wo das rege Irrlicht
Auf den Sümpfen hüpft. Auch seh' ich Disteln
Neben mir. Nur locket jener Glanz mich
Auf der Höh'. Es tönen Lobgesänge
Droben. — Muse! —

        Doch sie ist verschwunden. —
Wie? und vor mir schwebet eine andre
Liebliche Gestalt, in hellen Byssus
Sanft verschleiert. „Himmlische, wer bist du?
Ach, auf deiner Brust sind Blutestropfen.
Und die Lilie in deinen Händen —"

„Von dem Dolche feindlicher Verleumdung,
Freundlicher Entweihung sind die Wunden
Mir gegraben; doch das Blut der Unschuld
Bringet Heil."

        „Um deine Stirn, o Göttin,
Starrt ein Dornenkranz."

            „Und auf dem Kranze
Sprießen Rosen. Auf! hinauf! Die Palmen
Winken uns; die Lobgesänge tönen.
Fürchte keine Höhlen des Betruges
Da, wo ich dich führe."

          „Und wer bist du?"
„Drei= und einfach ist mein heil'ger Name:
Niemand kennt ihn, als wer ihn empfähet.
Carita; Geduld und Lieb' und Hoffnung."

„Aber warum schwand vor dir die Muse?"
„Ach, den tausend unglückſel'gen Menſchen
Und den rohen Herzen, die ſie quälen,
Hilft kein Ton der Muſe mehr. Sie fordern
Andre Sorgen. — Hoffe keinen Lorbeer.
Nimm hier dieſen Zweig und meine Krone."

Die Turteltaube.

Wenn ein Menſchenhaſſer, ſpricht die Sage,
Ein Erobrer auf der Welt erſcheinet,
Trauert jedes Element; die Wolke
Regnet Blut; es ſchwärzet ſich der Himmel,
Und die Erde berſtet; Feuerſchlünde
Brechen aus dem Abgrund; in den Lüften
Heulen Stürme, Geiſter in den Stürmen:
„Weh den Menſchen, Weh! Zu Not und Jammer,
Tauſenden zum Weh iſt er geboren!" —

Als in dunkler Nacht das Licht der Völker
Aufging, lag die Welt in heil'ger Stille.
Heller glänzeten die Sterne; ſegnend
Trat ein neuer Stern hervor und ſagte
Frommen Weiſen in das Herz: „Erfüllet
Iſt der Zeiten langer Wunſch und Hoffnung:
Denn der Troſt der Völker iſt geboren!"

Und die Engel ſangen in den Lüften:
„Ehre, Ehre ſei Gott in der Höhe!
Fried' auf Erden! allen Menſchen Freude!"

Und ein Engel trat zu armen Hirten:
„Freuet euch! dem Volk iſt er geboren!"

Stillverborgnes Kind! es ſangen keine
Phöbusſchwän' um deine dunkle Krippe;
Aber was die treue Turteltaube
Deiner Höhle*) ſang (die ew'ge Liebe
Sprach und girrete in ihren Tönen),
Das erzähle mir die heil'ge Sage:

─────────

*) Nach der Tradition iſt Chriſtus in einer Felſenhöhle vor Bethlehem geboren.

Lieblicher Knabe,
Find' ich dich hier?
Hier in den Windeln,
Hier in der Kluft?

Zwar der Geliebte
Nahet sich gern
Seinem Geliebten,
Teilet mit ihm
Kummer und Schmach.

Und je verborgner,
Und je verkannter,
Desto zufriedner
Trägt er die Last.

Aber, o Knabe,
Wisse, du trägst,
Du, ein Lamm Gottes,
Sünden der Welt;
Alter Aeonen
Gräßliche Last,
Frevel und Irrtum,
Greuel und Wahn.

Lieblicher Knabe,
Schöner als jener
Leuchtende Stern!
Dornen und Undank,
Geißel und Schmach,
Hohn und Verfolgung
Warten auf dich.

Siehe, du lächelst?
Willst du mir sagen:
Liebe verschmähet
Ehrenden Dank.
Liebe besieget
Schmerzen und Tod.

Auf dann und ende,
Was du beginnst!
Greif in der Otter
Giftiges Nest.

Ueber der Drachen
Neidende Zähne
Wandle beherzt.

   Droben im Aether
Ueber den Sternen
Sehen wir uns,
Deine Geliebten,
Alle mit dir!

Also girrete die Turteltaube,
Und die Engel sangen in den Lüften:
„Friede, Freude!" — Und der Chor der Sterne,
Aller Zeit und Ewigkeiten Inhalt,
Sind ein langer Nachhall ihres Liedes.

———

Der gerettete Jüngling.

Eine schöne Menschenseele finden,
Ist Gewinn; ein schönerer Gewinn ist,
Sie erhalten, und der schönst' und schwerste,
Sie, die schon verloren war, zu retten.

Sankt Johannes, aus dem öden Patmos*)
Wiederkehrend, war, was er gewesen,
Seiner Herden Hirt. Er ordnet' ihnen
Wächter, auf ihr Innerstes aufmerksam.

In der Menge sah er einen schönen
Jüngling; fröhliche Gesundheit glänzte
Vom Gesicht ihm, und aus seinen Augen
Sprach die liebevollste Feuerseele.

„Diesen Jüngling," sprach er zu dem Bischof,
„Nimm in deine Hut. Mit deiner Treue
Stehst du mir für ihn! — Hierüber zeuge
Mir und dir vor Christo die Gemeine."

---

*) Patmos (Palmosa), eine Insel, auf welche der Evangelist und Apostel Johannes verbannt gewesen.

Und der Bischof nahm den Jüngling zu sich,
Unterwies ihn, sah die schönsten Früchte
In ihm blühn, und weil er ihm vertraute,
Ließ er nach von seiner strengen Aufsicht.

Und die Freiheit war ein Netz des Jünglings;
Angelockt von süßen Schmeicheleien,
Ward er müßig, kostete die Wollust,
Dann den Reiz des fröhlichen Betruges,
Dann der Herrschaft Reiz; er sammelt um sich
Seine Spielgesellen, und mit ihnen
Zog er in den Wald, ein Haupt der Räuber.

Als Johannes in die Gegend wieder
Kam, die erste Frag' an ihren Bischof
War: „Wo ist mein Sohn?" — „Er ist gestorben!"
Sprach der Greis und schlug die Augen nieder.
„Wann und wie?" — „Er ist Gott abgestorben,
Ist (mit Thränen sag' ich es) ein Räuber."

„Dieses Jünglings Seele," sprach Johannes,
„Fordr' ich einst von dir. Jedoch wo ist er?" —

„Auf dem Berge dort!"

               — „Ich muß ihn sehen!"
Und Johannes, kaum dem Walde nahend,
Ward ergriffen (eben dieses wollt' er).
„Führet," sprach er, „mich zu eurem Führer."

Vor ihn trat er! Und der schöne Jüngling
Wandte sich; er konnte diesen Anblick
Nicht ertragen. „Fliehe nicht, o Jüngling,
Nicht, o Sohn, den waffenlosen Vater,
Einen Greis. Ich habe dich gelobet
Meinem Herrn und muß für dich antworten.
Gerne geb' ich, willst du es, mein Leben
Für dich hin; nur dich fortan verlassen
Kann ich nicht! Ich habe dir vertrauet,
Dich mit meiner Seele Gott verpfändet."

Weinend schlang der Jüngling seine Arme
Um den Greis, bedeckte sein Antlitz,
Stumm und starr; dann stürzte statt der Antwort
Aus den Augen ihm ein Strom von Thränen.

Auf die Kniee sank Johannes nieder,
Küßte seine Hand und seine Wange,
Nahm ihn neugeschenket vom Gebirge,
Läuterte sein Herz mit süßer Flamme.

Jahre lebten sie jetzt unzertrennet
Miteinander; in den schönen Jüngling
Goß sich ganz Johannes' schöne Seele.

*

Sagt, was war es, was das Herz des Jünglings
Also tief erkannt' und innig festhielt?
Und es wiederfand und unbezwingbar
Rettete? Ein Sankt=Johannes=Glaube,
Zutraun, Festigkeit und Lieb' und Wahrheit.

Der Tapfere.

Ein böses Heldentum, wenn gegen Mensch
Der Mensch zu Felde zieht. Er dürstet nicht
Nach seinem Blut, das er nicht trinken kann;
Er will sein Fleisch nicht essen, aber ihn
Zerhaun, zerhacken will er, töten ihn! —
Aus Rache? Nicht aus Rache; denn er kennt
Den andern nicht und liebet ihn vielleicht.
Auch nicht sein Vaterland zu retten, zog
Er fernen Landes her. Ein Machtgebot
Hat ihn hieher geführet; roher Sinn,
Die Raubsucht, Sucht nach höhrer Sklaverei.
Von Wein und Branntwein glühend, schießt er, sticht
Und haut und mordet; mordet — weiß nicht wen?
Warum? wozu? bis beide Helden dann,
Verbannt ins Schloß der Unbarmherzigkeit,
Ein Krankenhaus, mit andern Hunderten
Daliegen ächzend; und sobald den Krieg
Not und der Hunger endet, alle dann
Als Mörder=Krüppel durch die Straßen ziehn
Und betteln. Ach, sie mordeten um Sold,
Gedungne Helden aus Tradition.

Ein edler Held ist, der fürs Vaterland,
Ein edlerer, der für des Landes Wohl,
Der edelste, der für die Menschheit kämpft.
Ein Hohepriester, trug er ihr Geschick
In seinem Herzen, und der Wahrheit Schild
Auf seiner Brust. Er steht im Felde, Feind
Des Aberglaubens und der Üppigkeit,
Des Irrtums und der Schmeicheleien Feind,
Und fällt, der höchsten Majestät getreu,
Dem redlichen Gewissen, das ihm sagt:
Er suchte nicht und floh nicht seinen Tod.

*

„Was tötet ihr die Glieder?" rief die Wut
Des Heidenpöbels. „Sucht und würgt das Haupt!" —

Man sucht den frommen Polykarpus, ihn,
Johannes' Bild und Schüler.*) Sorgsam hatten
Die Seinen ihn aufs Land geflüchtet.

„Ich
Sah diese Nacht das Kissen meines Haupts
In voller Glut (so sprach der kranke Greis),
Und wachte mit besondrer Freude auf.
Ihr Lieben mühet euch umsonst; ich soll
Mit meinem Tode Gott lobpreisen." —

Da
Erscholl das Haus vom stürmenden Geschrei
Der Suchenden. Er nahm sie freundlich auf:
„Bereitet," sprach er, „diesen Müden noch
Ein Gastmahl — ich bereite mich indes
Zur Reise auch." Er ging und betete.

Und folgete mit vielen Schmerzen ihnen
Zum Konsul. Als er auf den Richtplatz kam,
Rief eine mächt'ge Stimm' im Busen ihm:
„Sei tapfer, Polykarp!"

Der Konsul sieht
Den heitern, schönen, ruhigsanften Greis
Verwundernd. „Schone," sprach er, „deines Alters
Und opfre hier, entsagend deinem Gott!" —

---

*) Polykarp, Bischof zu Smyrna, ein im Christentum weitberühmter Lehrer, der in der Mitte des zweiten Jahrhunderts im höchsten Alter den Märtyrertod litt.

„Wie sollt' ich einem Herrn entsagen, dem
Zeitlebens ich gedienet, und der mir
Zeitlebens Gutes that?" —

                              „Und fürchtest du
Denn keines Löwen Zahn?"

                         „Zermalmet muß
Das Weizenkorn doch einmal werden, sei's,
Wodurch es will, zur künft'gen neuen Frucht."

   Der Pöbel rief: „Hinweg mit ihm! Er ist
Der Christen Vater. Feuer! Feuer her!"
Sie trugen Holz zusammen, und mit Wut
Ward er ergriffen.

                    „Freunde," sprach er, „hier
Bedarf's der Bande nicht. Wer dieser Flamme
Mich würdigte, der wird mir Mut verleihn."

   Und legte still den Mantel ab und band
Die Sohlen seiner Füße los und stieg
Hinauf zum Scheiterhaufen.

                           Plötzlich schlug
Die Flamm' empor, umwehend ringsum ihn
Gleich einem Segel, das ihn kühlete,
Gleich einem glänzenden Gewölbe, das
Den Edelstein in seine Mitte nahm
Und schöner ihn verklärte; bis ergrimmt
Ihm eine freche Faust das Herz durchstieß.
Er sank; es floß sein Blut; die Flamm' erlosch;
Und eine weiße Taube flog empor.

*

   Du lachst der weißen Taube? Soll einmal
Ein Geier dir, dem Sterbenden, die Brust
Durchbohren? dem Gestorbenen das Aug'
Ein Rab' aushacken? aus der Asche sich
Molch oder Natter winden? — Spotte nicht
Des Bildes, das die Sage sich erschuf:
Nur Einfalt, Unschuld gibt im Tode Mut.

Der Palmbaum.

Liebe kränzet sich mit Myrt' und Rosen;
Für den Held und Dichter sprießet Lorbeer;
Aber Palmen sind des heil'gen Siegers
Ehrenzweig; und auch dem matten Wandrer
In der Wüste sprießt von Gott ein Palmbaum.

*

Als Onuphrius, ein rascher Jüngling,
Von den Vätern des Elias Leben
Ueber alles hoch lobpreisen hörte,
Rüstet' er sich, eilend in die Wüste.

Sieben Tage ging er; keine Stimme
Rief ihm zu: „Was thust du hier, Elia?“
Bis von Sonnenglut und Durst und Hunger
Er ermattet sank. „Nimm meine Seele,“
Sprach er, „Herr! Nur einen Trunk zur Labung,
Eine Dattel laß mich hier nur kosten.“

Und ein süßer Schlaf umfing den Jüngling,
Und sein Engel stand bei ihm: „Verwegner,
Der du Gott versuchst, bist du Elias?
Doch zu deinem Lohn und deiner Lehre,
Hör'! — An deiner Seite rauscht die Quelle,
Und ein Palmbaum über deinem Haupte.
Siebzig Jahre sollst du hier mit ihnen
Leben, und sie werden mit dir sterben.
Aber keines Menschen süße Stimme
Sollst du, keines Mannes Fußtritt hören,
Bis dir einer kommt, der dich begrabe.“

Froh erschrocken sah der Auferwachte,
Was der Engel ihm im Schlafe sagte;
Nannte jetzt den Palmbaum seinen Bruder,
Nannt' die Quelle seine Schwester, labte
Sich an ihrem Trank, an seinen Früchten,
Kleidete sich in des Baumes Blätter;
Aber keines Menschen süße Stimme
Kam zu ihm die siebzig langen Jahre.

Endlich hört' er eines Mannes Fußtritt:
„Dieser,“ sprach er, „ist von Gott gesendet,

Daß er mich begrabe!" nahm den Gast auf
Und erzählt' ihm seines Baums Geschichte.
„Also, hast du deine Pflicht erfüllet,
Eil' hinweg! für dich ist dieser Ort nicht.
Menschen sind geschaffen für die Menschen."

Kaum gesprochen, sank der Greis danieder
Tot; ein Sturmwind riß den Baum mit seinen
Wurzeln aus; die Quelle war versieget.

Und ein Lobgesang sang in den Lüften:
„Komm, o Bruder, komm aus deiner Wüste;
Was dir deine eigne Schuld versagte,
Singet dir der Himmel jetzt entgegen,
Süße Freundschaft unter Himmelspalmen."

Und Paphnutius begrub den Toten,
Dessen Antlitz glänzete. Die Wüste
Heulte rings um ihn und trieb ihn von sich:
„Ach," sprach er, „so viel sie Leid sich bringen,
So viel geben sie sich Trost und Stärke;
Menschen sind geschaffen für die Menschen."

*

Dank, Onuphrius, nach tausend Jahren
Dank dir, daß du eines Mannes Seele
Noch in seiner letzten Stund' erquicktest.

Schüchtern, krank, mißtrauend allen Menschen,
Ein gejagtes Reh (den Pfeil des Jägers
Trug er in der Brust), so floh Torquato
Tasso zu dir. Seine zarte Schläfe
War bedeckt mit Lorbeer; keinen Lorbeer
Sucht' er mehr; ihn labte deine Palme.*)

---

*) Tasso, dieser liebenswürdige, aber fast sein ganzes Leben hindurch un-
glückliche Dichter, als er erschöpft an Kräften in Rom ankam, um auf dem Kapito-
lium gekrönt zu werden, ließ sich in das Kloster St. Onofrio bringen, wo er, indes
alle Anstalten zur Feierlichkeit gemacht waren, den Tag vor seiner Krönung sanft
entschlief. Er liegt mit Bartlai und dem Dichter Guidi in der Kirche St. Onofrio
unter einem Steine begraben; zu einem Denkmal ist kein Raum da. Man zeigt
sein Brustbild und die dem Gesichte des Toten entnommene Larve.

Der himmlische Garten.

Maximina, die an ihres Vaters
Herzen hing (denn nach der Mutter Tode
Hatt' er sie, sein einzig Kind, erzogen
Und der Mutter Bild in ihr geliebet),
Maximina hing auch nach des Vaters
Tod an seinem Herzen, und verlassen,
Wie ein Lamm in öder wilder Wüste,
Sehnte sie sich oft zu ihm hinüber:
„Ach, daß ich ihn einmal schauen könnte
Droben, dort in seinem Paradiese."

Und ein süßer Schlaf umfing sie freundlich,
Und sie sah im holden Traumgesichte
Einen Garten voll der schönsten Blumen,
Die auf Erden sie noch nie gesehen.
Goldne Früchte glänzten auf den Bäumen,
Deren Zweige klingend sich bewegten.

Freundlich kam der Vater ihr entgegen:
„Sieh, o Kind, wie angenehm ich wohne!"
Nahm sie bei der Hand und zeigt' ihr tausend
Schöne Blumen. —

                    „Laß mich," sprach sie träumend,
„Diese junge Rosenknospe brechen. —"

„Brich sie, wenn du kannst!" — Die Knospe wich ihr.

„Sieh, o Tochter, eben das war deine
Lebensblum'. Unausgeblühet kannst du,
Darfst du sie nicht brechen; unter Dornen
Blühet sie, doch voll und schön und einsam."

„O so zeige mir dann, guter Vater,
Dein' und meiner Mutter Lebensblume."

„Siehe hier auf einem Stengel beide.
Eine längst, die andre kaum verblühet."

Wundernd sah sie jetzt die vielen Blumen,
Rosen, Lilien und Hyazinthen,
Knospend, blühend und verwelkend.

"Tochter,"
Sprach die himmlische Gestalt und wurde
Leuchtender, „du siehest hier den weiten
Lebensgarten auserwählter Menschen.
Engel wachen über Bäum' und Früchte:
Deiner Knospe Hüter sind wir beide,
Ich und deine Mutter." —

„Ach, wo ist sie?"

Glänzend ging die schönste der Gestalten
Ihr vorüber, und das Kind erwachte.
Paradies und Vater war verschwunden.

Aber immer blieb ihr tief im Herzen
Dieser Traum; auch sehnlich=wünschend wollte
Sie die Lebensknospe eh' nicht brechen,
Eh' es ihres unsichtbaren Wächters
Linde, leise Vaterhand geböte.

Das Paradies in der Wüste.

„Mein Freund Antonius, der Vater mir
Und Lehrer war, mit dem ich lebenslang,
In weitester Entfernung ungetrennt,
Ein Herz und Seele war; der hundertjähr'ge Greis
(Das saget mir mein Geist) ist jetzt gestorben;
Noch einmal wollt' ich ihn im Leben sehn!
Wohlan, ich will die Stätte sehen, wo
Er lebete und starb." So sprach zu sich
Hilarion in Palästina, der,
Wie sein Antonius, der Armen Freund,
Ihr Arzt und Trost, sich selber aber hart
Und strenge war. Er zog zur Thebaide.

Durch grause Wüsten ging er; siehe, da
Erhob ein Fels sich; aus dem Felsen sprang
Ein heller Bach, beschattet rings von Palmen.
Am Felsen hob sich eine Traubenwand
Empor. Wohl ausgehauen leitete
Ein Schneckengang zur Höh' hinauf; im Teich
Des Baches spielten Fische. Kräuter blühten,

Und viel gesunde Früchte prangeten
Im •Garten — ringsum ein Elysium.

   Verjünget wanderte Hilarion
Hin und daher, stieg auf und ab; ihm sangen
Die Vögel, die einst mit Antonius
Loblieder angestimmt, den Freundesgruß
Und flogen ihm vertraut auf seine Schultern.
Des Greises beide Jünger zeigten ihm
Jedweden Lieblingsort des Heiligen,
Dem sie gedienet. „Hier, hier betet' er.
Auf dieser Höhe sang er Hymnen; dort
Pflegt' er zu ruhen; hier arbeitet' er.
Den Palmenhain hat er gepflanzet; er
Die Reben sich erzogen; diesen Teich
Hat er mit eigner Hand umdämmet. Hier,
Die Bäum' und Kräuter dieses Gartens sind
Des guten Greises Kinder. Dies Gerät
Gebrauchte seine Hand. Komm her und sieh!
Dies ist die Hütte, wo er sich dem Volk,
Das zu ihm strömte, dann und wann entzog.
Er gab dem Orte Sicherheit; das Wild,
Waldesel, die zu naschen pflegen, was
Sie nicht gesäet, wies er segnend weg.
Sie trinken an dem Strom und stören nicht
Den Garten.“

       „Wohl! nun zeiget mir sein Grab!“

   „Sein Grab ist nirgend. Wir versprachen ihm,
Es niemanden zu zeigen: denn der Mensch
Ist Staub,“ sprach er, „und muß zu Staube werden.
Feind war er jeder leichenehrenden
Aegyptischen Abgötterei.“ —

       „Er ruhe,
Da, wo er ruhet!“ sprach Hilarion.

   „O bleibe du bei uns!“ so baten ihn
Die Jünger. „Du, sein Freund und Schüler, bist
Antonius anjetzt der Christenheit.“

   „Das bin ich nicht!“ sprach er. „Der Heil'ge lebt
Bei Gott! Sein Geist in tausend Herzen; auch
Im eurigen. Antonius ist nicht

Begraben, er, der rings die Seele war
In dieser weiten, regen Gottesstadt.
Die Wüsten hat er mit unglücklichen
Verbannten Flüchtlingen bevölkert. Fern
Von ihren Treibern leben sie, der Welt
Entnommen, hier im brüderlichen Fleiß.
Antonius' geweihte Höhe zu
Bewohnen, ziemt mir nicht. Lebt alle wohl,
Ihr Brüder und ihr Palmenbäume, Bach
Und Teich und Garten, jede Frucht, die er
Gepflanzt, ihr seine Vögel, lebet wohl!
Ich nehme mir sein fröhlich Angesicht,
Sein fröhlich Herz aus dieser Wüste mit,
Durch sie wird jede Wüste Paradies."

Er ging. Auf Cypern lebete fortan
Hilarion in einem Garten, streng
Und milde wie Antonius. Er ward
Da, wo er starb, versenket. —

Die laute Klage.

Sanft entschlummert lag des Greises Antlitz,
Hingegangen schien die fromme Seele,
Als der Brüder laute Totenklage
Noch einmal zurück ihn rief ins Leben.

Auferwachend lächelt' er und sagte
Bittend: „Brüder, wozu dieses Jammern?
Fürchtet ihr den Tod? Er ist ein Engel!
Mög' er euch, wie mir anjetzt, erscheinen.

„Oder gönnet ihr dem matten Wandrer
Nicht die Ruh'? beim letzten Augenblicke
Nicht die Einkehr in mich selbst, daß heiter
Ich vor Gott und unverworren trete?

„Hab' ich es verdient, daß ihr die letzte
Stunde mir betrübt?" — Er sank danieder
Und entschlief. Der Engel, der die Seele
Von ihm nahm, sah eine stumme Thräne

In des Jünglings Auge, den als Vater
Er geliebt (es hielt der Greis die Hand ihm
Sterbend noch); die stille stumme Zeugin
Trat vor Gott mit der entflohnen Seele.

Die Ameise.

Ein Müßiggänger sah die Lilie
Des Feldes blühn, und hört' der Vögel Chor
Lobsingen. „Bin ich denn nicht mehr als sie?"
Sprach er. „Wohlan! so sei mein Leben auch
Blühn und Verblühen, Anschaun und Gesang!"

Er ging zur einsam-frommen Wüstenei
Und harrete auf Offenbarung. Da
Rief eine Stimme: „Schau' zur Erd' hinab,
Simplicius."

    Er sah. Ein wimmelnd Nest
Ameisen war vor ihm in lebender
Bewegung. Diese trugen eine Last,
Viel größer als sie selbst. Ein andrer Hauf'
Hielt Kräutersamen in dem Munde, fest
Wie mit der Zange. Jene holten Erd'
Herbei und dämmten ihren breiten Strom.
Die andern trugen für den Winter ein
Und schroteten die Körner künstlich ab,
Daß ihre feuchte Wohnung nicht mit Kraut
Verwüchse. Diese hielten einen Zug;
Sie trugen einen Toten aus der Stadt.
Und keiner stört den andern; jeder wich
Beim Ein- und Ausgang seinem Nachbar aus.
Wer unter seiner Last erlag, und wer
Die steile Straße nicht erklimmen konnte,
Dem half man auf, man bot den Rücken dar. —

Simplicius sah's mit Verwunderung
Und sähe noch, hätt' ihm die Stimme nicht
Gerufen: „Bist du nicht viel mehr als sie?"

Und vor ihm stand ein Greis: „Verlorner Sohn,
Wie? hast du keinen Vater? keine Mutter?

Und keinen Freund und Armen, dem du jetzt
Beispringen könntest? Bist vom Himmel du
Entsprossen? keinem Menschen auf der Welt
Verbunden oder wert, daß ihm ein Teil
Von dir gehöre? — Sieh das kleine Volk
Ameisen. Jede wirket ingemein,
Und ohne Eigentum hat jede gnug."

Belehret kehrt Simplicius zurück
Zur muntern Thätigkeit und sah fortan
Im großen Ameishaufen dieser Welt
Die Gottesstadt, die (oft sich unbewußt)
Im Wirken fürs Gemeine lebt und webt,
Niemand für sich, für alle jedermann.

Die Fremdlinge.

Gegrüßet seid ihr mir, ihr Morgensterne
Der Vorzeit, die den Alemannen einst
In ihre Dunkelheit den Strahl des Lichts,
In ihre tapfre Wildheit Milde brachten. —
Beatus, Lucius und Fridolin,
Und Columban und Gallus, Magnoald,
Othmar und Meinrad, Notker und Winfred,*) —
Ihr kamet nicht mit Orpheus' Leierton,
In phrygisch-wilden Bacchustänzen nicht,
Noch mit dem blut'gen Schwert in eurer Hand;
In eurer Hand ein Evangelium
Des Friedens und ein heilig Kreuz, mit ihm
Die Pflugschar war es, die die Welt bezwang.

Graunvoller Anblick! Undurchdrungner Wald,
Bedeckte Thäler, Auen und Gebirg',
Bis hinten unersteigbar hoch das Eis
Der Gletscher glänzt in kalter Majestät.
Aus Klüften stürzten Ströme wild herab,
Felsen zerreißend. Tief im Hain erscholl
Das Kampfgeschrei der Männer und des Urs,
Geschrei der Weiber und Gefangenen.

---

*) Belehrer Deutschlands in der Schweiz, in Schwaben und am Rhein.

Aus Höhlen zischten Drachen; am Altar
Floß Menschenblut dem Wodan. Oede lag
Das Feld umher in trägem Sumpf und Moor.
Der armen Hütte ärmste Notdurft ward
Von hartgehaltnen Knechten arm bestellt. —

Da wagten aus entfernten Landen sich
Von Gott erweckte Männer in das Graun
Der alten Nacht, durchwanderten das Land,
Arm, einsam, unbekannt, verfolget. Da
Versuchte sich Beatus übern See;*)
Der ungestüme schwieg vor ihm. Er trat
Vor eines Drachen Kluft; der Drach' entfloh
Und ließ die Höhle jetzt zur Wohnung ihm
Und seinem Freund Achates. — Lucius,**)
Aus Königsstamm und jetzt ein Wanderer,
Zwang Auerstier' ins Joch; und Fridolin***)
Bracht' aus der Gruft den Toten, vor Gericht
Mit ihm zu zeugen.

    Dann verschaffete
Der Orden Benedikts der Sonne Raum,
Die Erde zu erwärmen. Wessen Hand
Hat diesen Fels durchbrochen? diesen Wald
Gelichtet? jenen seucheschwangren Pfuhl
Umdämmt, und ausgehackt die Wurzelknoten
Der ew'gen Eichen? Wer hat dieses Moor
Zum Garten umgeschaffen, daß in ihm
Italien und Hellas, Asien
Und Afrika jetzt blühet? War es nicht
Gottsel'ger Mönche emsig=harte Hand?

Und wie den Boden, so durchpflügeten
Sie wilde Menschenseelen. Manchen Ur
Belegt' ein Heil'ger mit dem sanften Joch
Des Glaubens. Mancher Drache flog, besprochen
Vom mächt'gen Wort, lautzischend in die Luft
Zur Ruh' der ganzen Gegend. Leo ging

---

*) Den Brienzer und Thuner See. Beatus hat den Namen St. Batt in der Volkssprache.
**) Lucius, der Sage nach ein britischer Königssohn, Bekehrer der Graubündner.
***) Fridolin, Bekehrer derer von Glarus und der Rheinanwohner. Zu Säckingen auf einer Insel des Rheins begraben.

Dem Attila*) und manchem Giselaar,
Und Gibich, Godemar und Gunthar ging
Ein Bischof fromm entgegen, sprach mit ihm
So lange, bis der Dämon von ihm floh;
Die freche, starre Geißel Gottes ward
Ums heil'ge Kreuz gewunden. Billigkeit
Und Milde trat im schlichten Mönchsgewand,
Im Waldeskittel, wie im Priesterschmuck
Hin vor den Thron und ins Gewühl der Schlacht,
Trat zwischen die Zweikämpfer, in den Rat
Der Ritter und ins Haus und Brautgemach,
Versöhnend, schlichtend, sanftverständigend.
Dem Knecht entfiel die Kette. Menschenkauf
Und Menschendiebstahl traf des Bannes Fluch. —
Wie Tempel und Altar, so ward auch Herd
Und Eh' befriediget. Gedrückte wallten
Zur Stätte des Erbarmens. Hungernde,
Verfolgte, Kranke flohn zum heil'gen Raum,
Erflehend Gottes Frieden, der am Bett
Der Sterbenden, in Aufruhr, Pest und Not,
Erquickte, linderte, beruhigte.

Wes ist der Erdenraum? Des Fleißigen.
Wes ist die Herrschaft? Des Verständigen.
Wes sei die Macht? Wir wünschen alle, nur
Des Gütigen, des Milden. Rach' und Wut
Verzehrt sich selber. Der Friedselige
Bleibt und errettet. Nur der Weisere
Soll unser Vormund sein. Die Kette ziemt
Den Menschen nicht, und minder noch das Schwert.
Der Alemannen Sitten und Gespräch
Sind nicht die besten Sitten. Das Gespräch
Von Bärenbraten, Auerochsenjagd
Und Weiberjagd und Mähr' und Hunden — doch
Genug, o Muse, lieber sage mir
Von Columban und Gallus, was du weißt.**)

*

*) Attila, der Hunnen König. Leo III. ging ihm in die Lombardei entgegen und rettete Rom. Giselaar, Gibich u. f. sind Könige der Alemannen und Burgunder.
**) Gallus heißt ein Gale. Columban und seine Gefährten waren nicht von Fingals Stamm, aber edle Schotten (Scoten) aus Erin (Nordirland) gebürtig. Der erste Zug Columbans war in die Hebriden (die westlichen Inseln bei

Verklungen war die Harfe Ossians
Im fernen West, auf jenen Eilanden
Des sanften Galenstammes: Fingal lag
Im Grab und schwebte nur in Wolken noch.

Was tönet jetzt aus neuen Wölbungen
Dort für ein andrer Klang? Nicht Ossians
Gesänge mehr; sie singen Davids Psalmen
Im feierlichen düstern Jubelchor.

Der Strom der Zeiten ändert seinen Lauf
Und bleibt derselbe. Die zu Schlachten einst,
Zu Rettungen auf ferne Küsten zogen,
Errettend ziehn sie jetzt zu stillen Siegen aus.

„Laß mich, o heil'ger Vater" (also sprach
Zu Comogellus Columban), „laß mich
Mit meinen zwölf Gefährten über Meer
Und Land hinziehen, zu besänftigen die Welt."

Er zog mit seinen Freunden über Land
Und Meer, bis er des Frankenkönigs Herz
Gewann. „Erwähle dir," sprach Siegbert,
„In meinem Reich zu wohnen, wo du willst."

In einer Wüste des vogesischen
Gebirges fanden sie ein warmes Bad.
Sie bauten sich in alten Mauern an,
Hier Menschen zu erquicken Leib und Geist.

Und viele Kranke walleten zu ihnen;
An Leib und Geist geneset kehrten sie
Zurück. Auch der Burgunderkönig kam
Und bat den heil'gen Mann um Lehr' und Rat.

„Thu deinen Aussatz von dir, König!" sprach
Sankt Columban, „und nimm ein ehlich Weib,
Zur Ehre dir und deinem Land und Stamm;
Von deiner Unzucht wasch, o König, dich."

Schottland). Auf Hy oder Jona war ein Chorherrnstift errichtet, nach einer morgen-
ländischen Regel. Von da begaben sich viele nach Bangor, einem berühmten Kloster
in Wales; von da in die mittäglichen Länder. S. Müllers Geschichte der Schweiz.
T. 1, S. 158, 205 u. f.

Brunhilde, Königs Mutter, hörte das;
Herrschsüchtig, scheut sie eine Königin
Und haßte Columban.   Er ward verbannt
Aus seiner Zelle und aus Siegberts Reich.

Jedoch die Meeresflut empörte sich
Und bracht' ihn wieder an den Strand.   Er ging
Mit seinen Freunden bis zur Limmat hin,
Gen Arbon und hinüber nach Bregenz.

Sie lehrten unermüdet, litten viel
Vom wilden Volk (noch lehrt uns Columban
In seinen Schriften); bis er, ausgestoßen,
Die Alp' hinüber ging zur Lombardei.

Zu Füßen fiel ihm Gallus: „Laß mich hier
Zurück, den Sterbend=Kranken." — Columban,
Unwillig zwar, jedoch mitleidend, ließ
Ihm Magnoald und Dietrich auch zurück.

                    *

Erhebe dich, Gesang, vom Bodensee
Zu jenen schönen Höhen, die uns einst
In heil'gen Zellen das Verlorene
Bewahrten, das noch jetzt die Welt belehrt.

„In jenem Walde dort, ob dieser Burg,
Dort, wo die Steinach aus dem Felsen springt,"
Sprach Hildebald, „ist eine Ebene;
Dahinten steigen Berge hoch empor.

„Nur ist Gefahr an diesem wilden Ort,
Denn Wolf und Bär kommt sich zu laben da!" —
„Ist Gott mit uns, was thut uns Wolf und Bär?"
Sprach Gallus, „morgen, Brüder, ziehn wir hin!

„Und keine Speise kommt mir in den Mund,
Bis ich die Stätte meiner Rast erseh'!"
So sprach der achtzigjähr'ge Greis und zog,
Besah das Land umher und betete.

Er pflanzte einen Haselstecken statt
Des Kreuzes hin und lebte wirksam dort
Mit seinen Brüdern Mang und Dietrich, trieb
Die Teufel heulend aus der Wüstenei.

Er segnete den Bär und Wolf hinweg;
Die Schlange floh; er baute seine Zell'
Ins Nest der Schlangen, und die Ebne ward
Ein Garten, fischreich, fruchtreich, segensvoll.

Hier lebte Gall, verschmähend allen Reiz
Der Kirchenehren, wirkend weit umher
Mit Hilf' und Trost; es flohen vor ihm Leid
Und Krankheit, Leibes und der Seelen Schmerz.

Die schöne Wüste schenkt der König ihm;
Dann bauet' er mit seinen Freunden dort
Ein Tempelhaus; der Heilige entschlief,
In Freundes Arm, ein fünfundneunzigjähr'ger Greis.

In seiner Zelle folgt' ihm Mang, sein Freund.
Nach fünfzig Jahren stand ein Kloster hier
Und eine Bücherei. Mit Danke nenn'
Ich Ottmar, Waldo, Gottbert, Hartmuth, Grimmwald,
Der Bücher, Armen und der Schulen Väter.

Wer an Valerius und Cicero,
Lucrez und Silius, Quintilian,
Sallust und Ammian, Manilius
Und Columella sich erfreut, der sage
Sankt Gall und Mang und allen Schotten Dank,
Die scotice mit altem Bardenfleiß
Die Bücher schrieben und bewahreten.
Es lebe Benediktus und Sankt Maur,
Und wer uns je was Schönes aufbewahrt!

Der Helden Fußtritt ist mit Blut gefärbt;
Bekehrungskolonieen gehen oft
In Staatslist über. Gute Galen, euch,
Die bis gen Lappland, bis zur Lombardei
Die Völker lehrten, Bücher sicherten,
Nachkommen euch des menschlichsten der Helden,
Des menschlichsten der Sänger,*) Ruhm und Dank.

----

*) Fingal und Ossian.

Christenfreude.

Bruder Leo und Franziskus gingen
In den Pflichten ihres strengen Ordens
Ueber das Gebirge. Schneidend wehte,
Um und um sie, Hauch des kalten Winters.
Und ihr Ordenskleid war kahl; die Kutte
Deckt' ihr nacktes Haupt nur dünn und kärglich.
„Bruder Leo," rief Franziskus, „höre!
Stehe still!

       Wenn hinter uns die Menge
Auf uns winket: ‚Siehe da die Säulen
Aller Christenheit! der Erden Sterne!'
Und der Ruf uns gegen Ost und Abend,
Nord und Süd auf seinen Flügeln träget,
Daß, wohin wir kommen, Städt' und Dörfer
Helle Haufen uns entgegensenden,
Die uns grüßen, uns Erquickung reichen,
Knieend unsern Segen sich erflehen,
Und darüber unser Herz frohlockte —
Bruder Leo, das ist nicht die Freude,
Echte, wahre Christenfreude nicht."

Weiter gingen sie; der Hauch des Winters
Wehete gelinder, und Franziskus
Redet fort: „Wenn vor dem hohen Pulte
Des berühmtesten, des vollsten Tempels
Zehentausend um uns stehn und horchen
Auf die Sprüche unsrer Weisheit, saugen
Durstend ein den Odem unsrer Lippe;
Wenn wir Herzen spalten, führen Seelen,
Tausend Seelen im Triumph gefangen,
Daß, berauschet auf des Wohllauts Strömen,
Jedes Ohr dahinschwimmt, und die Augen
Süße Bäche weinen; Seufzer steigen
Zu uns auf, ein süßer, süßer Weihrauch —
Und uns dann der Busen voller schläget,
Unser Mund frohlockender ertönet —
Bruder Leo, das ist nicht die Freude,
Echte, wahre Christenfreude nicht."

Als sie weiter kamen in die schöne
Reichbewohnte Ebne, sprach Franziskus:

„Wüßten wir die Sprachen aller Völker,
Die Geheimnisse in Erd' und Himmel,
Kenneten den Weg der Vögel, Fische,
Tier' und Menschen, selber auch der Sterne;
Bruder Leo wüßte jede Zukunft,
Die auch, die sein könnend doch nicht sein wird --
Und wir aller Menschenherzen Tiefen,
Jeden Abgrund der Gewissen sähen
Und sie wie Allmächtige beherrschten,
Wenn darüber unser Herz frohlockte —"

Indes hatte sich das Volk in Haufen
Schon gesammelt und begehrte Wunder.
„Bruder, wenn uns Gott nun Wunder gäbe,
Wunder, selbst den Satan zu entwaffnen,
Kräfte, diesem Tauben, jenem Stummen,
Blinden, Lahmen Ohr und Zung' und Auge,
Hand und Fuß zu geben, der verwesten
Menschenasche neue Lebensfunken" —

Leo fiel ihm ein: „O guter Vater,
Warum sprichst du also? Oeffne lieber,
Oeffne mir der wahren Freude Quell!"

Sprach Franziskus: „Als vor jener Hütte,
Der wir Segen brachten, uns der Pförtner
Halbgesehn, die Pforte kaum eröffnet,
Drohend fortwies und uns heil'ge Lügner,
Uns Verräter schalt und schloß die Thür zu —
Wenn wir da, als hätt' er uns mit warmem
Mildem Bad erquickt, den Gruß annahmen
Und uns freuten und in Windes Pfeifen
Auf dem harten Stein, auf jenem Berge
Ruheten, als lägen wir auf Rosen,
Und der Schnee uns wie mit Rosen deckte;
Wir besprachen uns, wie wir dem Feinde
Wohlthun könnten, ihn mit Segen lohnen —
Bruder Leo, war uns das nicht Freude?"
„Himmelsfreude war es, o Franziskus!"

„Jener Jünger, den als Kind wir liebten,
Dieser Freund, dem wir das Herz vertrauten,
Jener Fremdling, dem wir Gut und Leben,

Glück und Wohlsein gaben, wenn der eine
Bitter uns nun hasset, und der andre
Das Geheimnis unsres Herzens ausstößt,
Vollgemischt mit Lügen, und der dritte
Ins Gesicht uns speit und schlägt uns blutig,
Schneidet uns mit Waffen unsrer Güte
Tief ins Herz, daß unsrer Eigenliebe
Feinster Nerv erbebt, und alle Buben
Ueber uns frohlocken; und wir dennoch
Unsre Güte nicht bereuen, fröhlich
Uns zu neuer größrer Güte rüsten
Und uns in den Spott als Purpur kleiden,
In die Dornenkron', als wär' es Lorbeer,
Den Verräter mit dem Kuß der Liebe
Segnen und uns freun der Ehren Christus' —
Bruder Leo, das ist Christenfreude!"
„Himmelsfreude," sprach er, „o Franziskus!"

„Sieh, wir gehen jetzt in die Versammlung
Unsrer Brüder, wohin sie mich luden,
Daß ich ihnen meinen Rat erteile.
Wenn ich rede, was das Herz mir eingibt,
Und sie alle wider mich dann aufstehn,
Rufend: ‚Nein! wir wollen nicht, daß dieser,
Ein Unwissender, ein Unerfahrner,
Ueber uns gebiet'!' und mit Verachtung,
Hassend mich aus ihrer Mitte stoßen
Und vor aller Welt mich schmähn und lästern; —
Wenn ich dann nicht, als ob sie mit hohen
Ehren mich empfingen und lobpriesen,
Ihren Spott in höchster Ruh' ertrüge;
Heiter im Gemüt, mit frohem Antlitz,
Willig, ihnen jedes bittre Unrecht
Mit demüt'ger Liebe zu vergelten,
Bruder Leo, so bin ich des Ordens,
Den ich Christo stiftete, nicht würdig."

Die drei Blinden.

Drei Blinde traten einst vor einen Heiligen
Und flehten ihn um ihr verlornes Licht
Der Augen an. „Erzählet mir zuerst,
Wie ihr's verloret!" sprach der Heilige.

„Ich," beichtete der erste, „nahm mir vor,
Ins Sonnenlicht zu schaun, bis seinen Glanz
Mein Aug' ertrüge; davon ward ich blind."

„Ich," sprach der andre, „machte den Versuch
An meinen Augen, ob aus ihnen nicht
Vielleicht das Licht entspräng', und drückte sie
Und preßte sie so lange, bis ich erst
Sehr schöne Farben, und dann nichts mehr sah."

„Ich," sprach der dritte, „war (verzeihe mir!)
Ein Totenräuber. Einst in Mitternacht
Stieg in die Gruft ich mitten vorm Altar
Und plündert' einen reichen Toten. Da
Erwacht' er, richtete sich auf und drückte
Mit beiden Händen mir die Augen ein."

„Hinweg, du Bösewicht," antwortet' ihm
Der Bischof. „Wem die kalte heil'ge Hand
Der Toten rächend seine Augen nahm,
Dem gibt die Ewigkeit sie nicht zurück.

„Euch, beide Thoren, hat die Eitelkeit
Genug gestraft. Genest und werdet klug."

Und wandte sich zu seinen Lehrlingen:
„Der Sonnenschauer, wie der thörichte
Empiriker belehren euch; doch dieser —
(Er wies auf den verworfnen Kritiker)
Ist schrecklich. Seinem eignen Vater grüb'
Er in der heil'gen Gruft die Augen aus,
Drum sind ihm bei Lebzeiten von der Hand,
Der kalten Hand der Toten (schaut ihn an!)
Die Augen tief und ewig eingedrückt."

———————

Das Teufelchen mit dem verbrannten Daum.

Ein muntres Teufelchen fuhr aus dem Pfuhl
Der Höll' hinauf, dem heil'gen Dominik
Auch einen Streich zu spielen. Schamlos flattert
Es um den Emsigschreibenden; es tanzt
Vor ihm (wie denn die Teufelchen
Vor Heil'gen pflegen) in unzüchtigen
Gestalten.

   „Komm," sprach Sankt Dominikus,
„Und halte mir das Licht."

      Der Teufel hielt,
Der Heil'ge schrieb; er zupft ihm oft das Ohr,
Die Nase; strich dem Heiligen das Kinn,
Das Augbran — denn er sah ihm ins Papier.

Wie flammete den heil'gen Mann das an!
Daß ihn auch selbst ein Teufel lobte. „Halt,"
Sprach er, da schon das Licht am Ende war,
„Halt! und dein eigner Daume brenne; bald
Bin ich am End'." Er schrieb, der Eiferer,
Das Buch der Inquisition und schrieb.
Der Teufel hielt. Der Daume und die Brust
Des Heil'gen flammten. „Jetzt bin ich am Ende,"
Sprach Sankt Dominikus; „du hast mir fest
Gehalten."

   „Doch mein Daume schmerzt."

       „Thut nichts!
Bei alle dem, wozu du leuchtetest,
Kommt aller Schmerz gar nicht ins Ansehn, kommt
In keinen als gericht= und kirchlichen
Betracht. Und kühle dir — du weißt es ja —
Den Daumen in der Ketzer Blut." —

       Es schied
Das Teufelchen und pfiff am Gaum vor Schmerz;
Doch nieden in der Hölle prahlt es sich
Als Ueberwinder des Dominikus.

   „Geh," sprach Beelzebub, „und prahle fortan,
Du dummer Dämon, je mit deinem Daum!

Weißt du nicht, daß aus Flammen, daß aus Blut
Rechtschaffener nichts mehr erwächst als unser
Verderben? Kühl' einmal in jenem Blut
Den Finger, und er schmerzt, er schmerzt dir mehr.
Steck' ihn — unwiderruflich ist der Schade
Durch jenes Höllenfeuer unserm Dampf.
Jetzt läutern sich die Seelen; jetzt erhellen
Sich die Gedanken; jedes menschliche
Gefühl erwacht, empört sich. — Geh, du armer Teufel,
Und trage fort und immer deinen Namen,
Den unsrer heiligen Versammlung
Du gibst, den keine Flut abwäschet, den
Kein Seufzer löst: das muntre Teufelchen,
Der Eiferer — mit dem verbrannten Daum.
(An dir hat unser Reich ihn sich verbrannt.)

Töten und Lebendigmachen.

„Ertöten will ich diesen wilden Stier
Mit einem Wort, das leise ich ins Ohr
Ihm sage!" Also sprach der Zaubrer Jambres
Vor einem Heidenrichter; „dieses sei
Beweis für meinen Glauben, gegen jenen,
Der mir vorübersteht."

                „Er holte mutig
Den wilden Stier herbei, der bäumte sich
Und stieß mit seinen Hörnern. Leise sprach
Der Zauberer sein Wort ihm in das Ohr;
Mit lautem Brüllen sank das Tier danieder.

Ihm gegenüber stand der Christ und sprach:
„Ertöten konntest du mit gift'gem Hauch;
Doch kannst du auch, was tot ist, auferwecken?
Denn also steht geschrieben: ‚Der bin Ich,
Der töten und lebendig machen kann!'
Noch mehr als dies; er kann das Wilde zähmen!" —

Danieden fiel er betend: „Höre, Herr,
Nicht Wunder fleh' ich; deine heilige
Religion bedarf der Wunder nicht;

Ich fleh' und bete um das innre Zeichen,
Wozu sie ist? Erteil' es gnädig mir."

Auf stand er froh, getrost und heiter, sprach
Den heil'gen Namen laut hin überm Toten;
Der regte sich. Geschwind ergoß der Strom
Des Lebens sich in Ader, Nerv und Bein,
Ein wundervoller Strom. Der wilde Stier
Erstand gezähmt und schaute mild umher,
Er nahte sich dem Christen, seinem Herrn,
Ihm willig folgend.

          Nicht ertöten soll
Religion; das Tote neu beleben,
Das Wilde zähmen, soll und kann nur sie.
Dies ist das innere, fortwährende,
Das wahre Zeichen ihrer Göttlichkeit.

Die Orgel.

O sagt mir an, wer diesen Wunderbau
Voll Stimmen alles Lebenden erfand?
Den Tempel, der, von Gottes Hauch beseelt,
Der tiefsten Wehmut herzerschütternde
Gewalt mit leisem Klageflötenton
Und Jubel, Zimbeln= und Schalmeienklang,
Mit Kriegsdrommetenhall und mit dem Ruf
Der siegenden Posaune kühn verband.

Vom leichten Hirtenrohre stieg der Schall
Zum Paukendonner und der weckenden
Gerichtsdrommet'. Es stürzen Gräber! Horch',
Die Toten regen sich! —

          Wie schwebet jetzt
Der Ton auf aller Schöpfung Fittichen
Erwartend. Und die Lüfte rauschen. Hört,
Jehovah kommt! Er kommt! Sein Donner ruft! — —

In sanftanwehendem beseelten Ton
Der Menschenstimme spricht der Gütige
Anjetzt; das bange Herz antwortet ihm. —

Bis alle Stimmen nun und Seelen sich
Zum Himmel heben, auf der Wolke ruhn —
Ein Halleluja! — Betet, betet an!

Apoll erfand die Zither, Majas Sohn
Bespannete die Lyra; Pan erfand
Die Flöte; wer war dieser mächt'ge Pan,
Der aller Schöpfung Atem hier vereint?

Cäcilia, die edle Römerin,
Verschmähete der weichen Saite Klang,
In ihrem Herzen betend: „Wäre mir
Gewährt, den Lobgesang zu hören, den
Die Knaben sangen in des Feuers Glut,
Das Lied der Schöpfung!"

　　　　　　　　　　Da berührt' ihr Ohr
Ein Engel, der ihr sichtbar oft erschien,
Der Betenden. Entzücket hörte sie
Das Lied der Schöpfung. Sterne, Sonn' und Mond
Und Licht und Finsternis, und Tag und Nacht,
Die Jahreszeiten, Winde, Frost und Sturm,
Und Tau und Regen, Reif und Eis und Schnee
Und Berg und Thal in ihrem Frühlingsschmuck,
Und Quellen, Ström' und Meere, Fels und Wald,
Und alle Vögel in den Lüften, was
Auf Erden Odem hat, lobpries den Herrn,
Den Heiligen, den Gütigen.

　　　　　　　　　　　Sie sank
Anbetend nieder: „Würd', o Engel, mir
Ein Nachhall dieses Liedes!" —

　　　　　　　　　　　Eilig ging
Er hin zum Künstler, den Bezaleels
Geweihter Geist belebte, gab ihm Maß
Und Zahl in seine Hand. Es stieg ein Bau
Der Harmonieen auf! Das Gloria
Der Engel tönt'; einmütig stimmete
Die Christenheit ihr hohes Credo an,
Der Seelen große Gottvereinigung.
Und als beim Sakrament das Heilige:
Er kommt! Gesegnet, der da kommt! erscholl,
Hernieder ließen sich die Seligen

Und nahmen an — der Andacht Opfer. Erd'
Und Himmel ward ein Chor; den Bösewicht
Erschüttert an des Tempels Pforte schon
Die Tuba, die den Tag des Zorns erklang. —

Mit allen Christenherzen freute sich
Cäcilia, genießend, was das Herz
Der Betenden verlanget, Einigung
Der Seel' und Herzen, Christvereinigung.

„Wie nenn' ich," sprach sie, „den vielarm'gen Strom,
Der uns ergreift und in das weite Meer
Der Ewigkeiten träget?" „Nenne," sprach
Der Engel, „es, was du dir wünschetest,
Organ des Geistes, der in allem schläft,
Der aller Völker Herzen reget, der
Anstimmen wird der ew'gen Schöpfung Lied,
Im reichsten Labyrinth die volleste
Vereinigung, der Andacht Organum."

Freundschaft nach dem Tode.

„Wen von uns am ersten Gott hinwegnimmt,
Steht dem andern bei, auch nach dem Tode.
Dieses woll'n wir, Schwester, uns geloben,
Und die erste Bitt' an seinem Throne
Sei, daß Gott uns unsern Bund gewähre."

Anastasia und Theodora
Sprachen so, zwei schwesterliche Seelen,
Die nicht sich, die ineinander lebten.
Sie besuchten Leidende und Kranke,
Labten sie mit dem, was sie erworben,
Und noch inniger mit Trost und Hoffnung.

Anastasia ging erst von hinnen;
Theodora blieb und ward die Mutter
Dreier Kinder, die ihr ihre Freundin
(Süßes Unterpfand!) im Tode nachließ.

Und ein reicher Römer warf sein Auge
Auf die keusche, schöne Theodora.

Als sie seinem Willen fest entsagte,
Sollte sie im Kerker Hungers sterben.
Ins Gefängnis folgten ihr die Kinder;
Fest verschlossen ward der harte Kerker.

Aber ihre treue Himmelsfreundin
Hinderten nicht Riegel, Schloß und Mauern.
Anastasia erschien der Schwester
Täglich, spielte da mit ihren Kleinen,
Brachte jedem süße Himmelsspeise.
Theodora, wenn ihr Aug' in Schlummer
Sank, sie sah nur sie, die Himmelsschwester,
Und erwachte; so erwacht am Morgen
Neu gestärkt die jungfräuliche Rose.

Der wollüstige Tyrann, ermüdet
Von der fabelhaften Wundernachricht,
Rüstet' ihr ein Schiff und gab Befehle,
Daß in Wellen ihren Tod sie fände.

Bald stand Anastasia am Steuer,
Als das Schiff ersank; es hob sich aufwärts,
Flog mit allen günst'gen Himmelswinden
Hin zum Ufer. Theodora kniete
Nieder mit den Knaben, die die Mutter
Liebend küßte: „Kinder! meine Schwester!
Bald, o bald seh' ich euch alle wieder.
Denn in Wellen nicht, o Theodora,
Meines Todes wirst du sterben." Freundlich
Glänzend stand sie da und schwebte sanft auf,
Wie ein Stern, und war dem Aug' entschwunden.

Aber als in Flammen Theodora
Gott pries, welch ein Wunder in der Flamme!
Zwei Jungfrauen, die wie Engel Gottes
Sich umarmen. Fächelt nicht die eine
Der Gebundnen kühlend ab die Flamme
Und besprenget sie mit tau'nden Düften?
Seht die Bande fallen! Ihre Knaben
Schlingen sich um sie; ein Kranz von Rosen
Blühet um ihr Haar; der Tau des Himmels
Wird zu Perlen. Seht, sie steigen aufwärts
Auf den hellen Fittichen der Flamme,

Ungetrennt im Tode, Mutter, Kinder,
Anastasia und Theodora.

Steigt, ihr Festverschlungnen, auf gen Himmel
Und genießet eurer Liebe Freuden!
Aber uns hienieden wecket Herzen,
Die euch gleichen und wie ihr sich beistehn,
Anastasia und Theodora.

Die wiedergefundenen Söhne.

Was die Schickung schickt, ertrage;
Wer ausharret, wird gekrönt.
Reichlich weiß sie zu vergelten,
Herrlich lohnt sie stillen Sinn.
Tapfer ist der Löwensieger,
Tapfer ist der Weltbezwinger,
Tapfrer, wer sich selbst bezwang.

Placidus, ein edler Feldherr,
Reich an Tugend und Verdienst,
Beistand war er jedem Armen,
Unterdrückten half er auf.
Wie er einst den Feind bezwungen,
Wie er einst das Reich gerettet,
Rettet' er, wer zu ihm floh.

Aber ihn verfolgt das Schicksal,
Armut und der Bösen Neid.
„Laß dem Neid uns und der Armut
Still entgehn!" sprach Placidus.
„Auf! laß uns dem Fleiße dienen!"
(Sprach sein Weib) „und, gute Knaben,
Tapfre Knaben, folget uns."

Also gingen sie; im Walde
Traf sie eine Räuberschar,
Trennen Vater, Mutter, Kinder —
Lange sucht der Held sie auf.
„Placidus," (rief eine Stimme
Ihm im hochbeherzten Busen)
„Dulde dich, du findest sie."

Und er kam vor eine Hütte;
„Kehre, Wandrer, bei mir ein,“
(Sprach der Landmann) „du bist traurig:
Auf! und fasse neuen Mut.
Wen das Schicksal drückt, den liebt es,
Wem's entzieht, dem will's vergelten,
Wer die Zeit erharret, siegt.“

Und er ward des Mannes Gärtner,
Dient' ihm unerkannt und treu,
Pflegend tief in seinem Herzen
Eine bittre Frucht, Geduld.
„Placidus,“ (rief eine Stimme
Ihm im tiefbedrängten Busen)
„Dulde dich, du findest sie.“

So verstrichen Jahr' auf Jahre,
Bis ein wilder Krieg entsprang.
„Wo ist Placidus, mein Feldherr,“
(Sprach der Kaiser) „suchet ihn.“
Und man sucht ihn nicht vergebens;
Denn die Prüfzeit war vorüber,
Und des Schicksals Stunde schlug.

Zweene seiner alten Diener
Kamen vor der Hütte Thür,
Sahn den Gärtner und erkannten
An der Narb' ihn im Gesicht,
An der Narbe, die dem Feldherrn,
Statt der Schätze, statt der Lorbeern,
Einzig blieb als Ehrenmal.

Alsobald ward er gerufen;
Es erjauchzt das ganze Heer.
Vor ihm ging der Feinde Schrecken,
Ihm zur Seite Sieg und Ruhm.
Stillen Sinns nahm er den Palmzweig,
Gab die Lorbeern seinen Treuen,
Seinen Tapfersten im Heer.

Als nach ausgefochtnem Kriege
Jetzt der Siegestanz begann,
Drängt mit zween seiner Helden

Eine Mutter sich hervor.
„Vater, nimm hier deine Kinder!
Feldherr, sieh hier deine Söhne,
Mich, dein Weib, Eugenia.

„Wie die Löwin ihre Jungen
Jagt' ich sie den Räubern ab.
Nachbarlich in dieser Hütte, —
(Komm und schau'!) erzog ich sie.
Glaubte dich uns längst verloren;
Deine Söhne mir statt deiner,
Deiner wert erzog ich sie.

„Als die Post erscholl vom Kriege,
Rufend deinen Namen aus,
Auferweckt vom Totentraume
Rüstet' ich die Jünglinge.
„Zieht! verdienet euren Vater!
Streitet unerkannt und werdet,
Werdet eures Vaters wert.'

„Und ich seh', sie tragen Kränze,
Ehrenkränze dir zum Ruhm,
Die du unerkannt den Söhnen,
Nicht als Söhnen, zuerkannt.
Vater, nimm jetzt deine Kinder,
Feldherr, sieh hier deine Söhne
Und dein Weib Eugenia." —

Was die Schickung schickt, ertrage.
Wer ausharret, wird gekrönt.
Placidus, der stillgesinnte,
Lebet noch in Hymnen jetzt;
Christlich wandt' er seinen Namen,
Seinen Namen nennt die Kirche
Preisend Sankt Eustachius.

Der Friedensstifter.

Dreimal war der kühne Karl geschlagen,
Und die Macht Burgunds im Blut erlegen;
Gransee, Murten, Nansen zeugten ewig,
Was der Tapfre über ungerechten
Stolz vermag, als sich die böse Zwietracht
Auch ins Herz der Tapfern schlich. Sie zankten
Lieblos um des Sieges reiche Beute.
Fast schon teilte sich der Eidgenossen
Bündnis; denn mit Frankreichs Gelde waren
Frankreichs Sitten in das Land gekommen,
Ueppigkeit und Pracht. Dem Schweizerbunde
Drohte Auflösung. Da, am letzten
Friedenstag zu Stanz in Unterwalden,
Trat ein alter Mann in die Versammlung.

Grad und hoch: sein Auge blitzte Schrecken,
Doch gemischt mit Gütigkeit und Anmut;
Lang sein Bart, von wenig schlichten Haaren,
Zweigespalten; auf dem braunen Antlitz
Glänzt' ein Himmlisches. Gebietend stand er
Dürr und hager da und sprach anmutig,
Männlich-langsam:

           „Liebe Eidgenossen,
Lasset nicht, daß Haß und Neid und Mißgunst
Unter euch aufkommen; oder aus ist
Euer Regiment! — Auch zieht den Zaun nicht
Gar zu weit hinaus, damit ihr eures
Teur erworbnen Friedens lang genießet.
Eidgenossen, werdet nicht verbunden
Fremder Herrschaft, euch mit fremden Sorgen
Zu beladen und mit fremden Sitten.
Werdet nicht des Vaterlands Verkäufer
Zu unredlich-eignem Nutz. Beschirmet
Euch und nehmt Banditen, Landesläufer
Nicht zu Bürgern auf und Landesleuten. —
Ohne schwere Ursach' überfallet
Niemand mit Gewalt; doch angefallen,
Streitet kühn. Und habet Gott vor Augen
Im Gericht, und ehret eure Priester.
Folget ihrer Lehre, wenn sie selbst auch

Ihr nicht folgen. Helles frisches Wasser
Trinket man, die Röhre sei von Silber
Oder Holz. — Und bleibet treu dem Glauben
Eurer Väter! Zeiten werden kommen,
Harte Zeiten, voll von List und Aufruhr.
Hütet euch und stehet treu zusammen,
Treu dem Pfad und Fußstapf' unsrer Väter.
Alsdann werdet ihr bestehn! kein Anstoß
Wird euch fällen, und kein Sturm erschüttern.
Seid nicht stolz, ihr alten Orte. Nehmet
Solothurn und Freiburg auf zu Brüdern:
Denn das wird euch nützen." — Also sprach er,
Neigte sich und ging aus der Versammlung.

Alle, die den heil'gen Mann erkannten,
Hörten in ihm eines Engels Stimme:
Bruder Klaus war es von Unterwalden,
Der an seiner einsamen Kapelle
Ohne Speis und Trank (so spricht die Sage)
Zwanzig Jahr' gelebt. Dem Kind und Jüngling
War am Himmel oft ein Stern erschienen,
Der sein Herz ins Innre zog. Er hatte
Jederzeit, auch emsig in Geschäften,
Stille Einkehr in sich selbst geliebet,
Zehen Söhn' und Töchter auferzogen,
Auch in Kriegeszügen seinem Lande
Treu geholfen; bis die Welt zu enge
Für ihn ward. Er nahm von Weib und Kindern
Liebreich Abschied, und mit ihrem Segen
Ging er zur Einöde. Vielen Pilgern,
Die ihn suchten, gab er Rat und Hilfe.
Manchen Sturm der Seele, manche Unruh'
Senkete ein Wort von ihm zur Ruhe.
Denn er war von starkem Herzen; mächtig=
Frei, und floh wie Pest die Landsverderber.
Oft weissaget' er, und wußt' der Seelen
Innerstes Geheimnis. Seines Lebens
Täglicher und hocheinfält'ger Spruch war:
„Nimm, o Gott, mich mir; und gib mich ganz dir."

Der war Bruder Klaus. Die Bundsversammlung
Folgte seinem Rat; einmütig wurden

Aufgenommen Solothurn und Freiburg;
Und so manche Ratsversammlung wünschte
Bruder Klaus zu sich von Unterwalden,
Mit der Bärentappe, die der Engel,
Falls er in den Himmel kommen wollte,
Ihm zum führenden Panier gegeben.

Der Schiffbruch.

Mitten in des Weltmeers wilden Wellen
Scheiterte das Schiff. Die Edlen retten
Sich im Fahrzeug: „Wo ist Don Alonso?"
Riefen sie. (Er war des Schiffes Priester.)

„Reiset wohl, ihr Freunde meines Lebens,
Bruder, Oheim!" (sprach er von dem Borde)
„Meine Pflicht beginnt; die eure endet."

Und er eilt' hinunter in des Schiffes
Kammern, seine Sterbenden zu trösten,
Höret ihre Sünden, ihre Buße,
Ihr Gebet und wehret der Verzweiflung,
Labet sie und geht mit ihnen unter.

*

Welch ein Geist war größer? jenes Cato,
Der im Zorne sich die Wunden aufriß;
Oder dieses Priesters, der, den Pflichten
Seines Amtes treu, im Meer ersinket?

II.

Dramatische Stücke.

Admetus' Haus.

Der Tausch des Schicksals.

Ein Drama mit Gesängen.

Prologus.

Wenn ein Ereigniß sich am Himmel zeigt,
Die Sonn' erlischt, der Mond verdunkelt sich,
Aus Nacht wird Tag, im Dunkel glänzt ein Licht auf,
Ein Stern erscheinet neu und wunderbar;
Zusammen tritt die Menge dann und staunt,
Erschrickt und fraget um die Ursach'. Wer
Sie ihr erklärt, ist der Natur Prophet.

Im Menschenleben, wenn ein Unglücksfall
Das schönste Glück der Sterblichen zerstört;
Ein Blitz trifft ihre Hütte; jäher Sturm
Stürzt den Palast hinab von seiner Höh';
Die Menge staunt, erschrickt und fragt um Rat
Den Weisen, der die Schickung ihr erklärt.

Wenn in dem Labyrinth des Lebens zwei
Verschlungne Seelen, die die Liebe band,
Ein widriges Geschick mit wilder Macht
Aus'nander reißet, und ein gütiges
Sie unverhofft und froh zusammenführt,
Wenn, die sich auf der Woge roll'ndem Lauf
Ueber dem Abgrund jetzt das einz'ge Brett,
Das beide trug, einander willig lassen

Und dem Erbarmen sich der Flut vertraun;
Mit Thränen sieht vom sichern Ufer dann
Der Harte selbst der Liebe letzten Kampf
Um Tod und Leben, klagt die Götter an
Und dankt den Göttern, wenn die Liebenden,
Großmütigen, das Ufer beide froh
Betretend, wechselnd sich das Leben danken.

*

Ein Sturm des Unglücks wird euch dargestellt,
Ihr Freund'; ein Blitz, der auch in Tempes Thal,
In eines Gottes Näh', das Heiligste,
Die reinste Freude, die auf Erden blüht,
Ein häuslich Glück zerstörte, unerbittlich. —
Im Schiffbruch werdet ihr der Liebe Kampf
Erblicken; über Tod und Leben wie
Die Lose sich verändernd wechseln, und
Nicht im Olymp allein, im Orkus selbst
Die tapfre Liebe siegt.
                              O sehet's an
Mit Augen des Gemütes, nicht mit schwacher
Zerstreuter Rührung nur: (denn rühren kann
Der Unsinn auch, den die Vernunft verwirft,
Das Herz verabscheut). Wägen soll der Kampf
Großmütiger Gesinnungen, was auch
Der Zärtlichkeit, und was ihr nicht gezieme;
Wem wir das Leben schuldig sind, wem nicht;
Was Ehr' und Pflicht gebieten, und was sie
Auch als ein williges Geschenk verschmähn;
Wie hilfreich uns des weisen Freundes Rat,
Des Güt'gen That in der Verwirrung sei,
Wenn sich des Schicksals Lose wechseln. Seht
Mit festem Mut die Fabel an und hofft
Den schönsten Ausgang — der Gerechtigkeit.

1.

Chor der Alten in Admets Gebiet.

Der Chorführer.

In banger Todesstille
Schweiget der Palast,
Wo täglich sonst der Freude Jubel tönten,
Denn sein Bewohner, unser König, stirbt.
  In Blüte seines Lebens, im Genuß
Der schönsten Freuden mit Vater und Mutter
Und Kindern und Gemahl
Mähet den Guten, den Wohlthätigen
Die Hippe des Todes langsam=früh hinweg.
So bald verblühn auch die unschuldigsten
Lebensfreuden, wenn die Parze winkt.

Chor.

Admet, der Gute, der Wohlthätige,
Der Hochbeglückte, stirbt.

Der Chorführer.

Seit Phöbus=Apoll den Olymp verließ,
Verbannt von seines Vaters Zorn,
Wählt' er die Auen Admets,
Des schönen Tempe Thal; er weidet' unsre Herden
Mit Segen und Ruh' und Glück.
Um ihn tanzten Chöre der Schäfer und Schäferinnen,
Die er beim Klange der Leier zum Olymp erhob;
Um ihn scherzten Mütter und Kinder,
Die er zu sanften Sitten bildete;
Den Palast Admets umtönten früh und spät
Gesänge des dankenden Volks,
Des glücklichen Thessaliens. —
Apoll entzieht sich unsrer Flur;
Er weidet fern von uns.
Thessaliens Volk singt Trauertöne jetzt,
Trauertöne.

Chor.

Admet, der Gute, der Wohlthätige,
Der Hochbeglückte, stirbt.

Der Chorführer.

Die tiefste Klag' ertönt im jammererfüllten Hause dort,
Der Sorgen Wolke brütet auf ihm,
Seufzen und Aechzen ruft
Das Erbarmen an, das, ach! die Parze nicht kennt.
Seht! Aus dem Palaste tritt
Die Gemahlin hervor,
Tief verhüllet. Sie träget selbst
Ihre Kinder, und Dienerinnen tragen
Weihgelübde, sühnende Geschenke
Den Göttern der Unterwelt — doch nein!
Den guten Göttern ihres Hauses. Seht!
Die Königin entschleiert sich. Mich dünkt,
Ein Strahl der Hoffnung glänzt auf ihrem Angesicht.
Heil dir, Königin, Heil!

Chor.

Trost dir, Königin, Trost!

2.

Die Vorigen. Die Königin.

Königin.

Thessaliens Bürger, die ihr unser Haus
Und euern König liebt, o helft mit mir
Die Götter anflehn, daß sie der schwarzen Nacht
Begier zum Leben meines Gemahls
Abwenden und die hohe Parze besänftigen.
Oder ist Admetus' Haus verschuldet, liegt
Ein geheimer Fluch auf seinem kleinsten Gut,
Wenn etwa wir unwissend, dennoch sündig,
Der Götter Gunst undankbar angewandt,
Daß sie Anzeigung uns und Kunde der
Versöhnung geben. —
          Wißt daher, ich sandte
(So riet es mir mein pochend=sehnend Herz),
Nicht ohne Strahl der Hoffnung sandt' ich noch
Zu unserm Freund Apollo, der uns liebt
Und in der Nähe, wie ich freudig hörte,
Noch bei uns weidet, Botschaft sandt' ich ihm,
Daß er ein Mittel uns der Hilfe, der

Errettung sage; denn
Der Seher kennt die Zukunft; auch hienieden
Ist ihm der Götter Ratschluß offenbar.
Indes vereinet euch mit mir, ihr Bürger,
Zu flehn den Guten, den Unsterblichen.

(Alcestis zum Altar der Hausgötter auf dem offenen Platz vor dem Hause tretend, nimmt Blumen und Kränze aus den Händen ihrer Kinder und bekränzt den Altar.)

Unsrer Auen Geschenk —
Euer Geschenk, ihr Himmlischen, Kräuter und Blumen
Und Kränze weihen wir euch:
Denn was kann den Unsterblichen
Ein Sterblicher geben als ihr eigen Geschenk?
Ist's euch Freude, blühende Gefilde,
Lachende Fluren zu sehn und fröhliche Geschlechter —
O schonet der Auen Admetus',
Schonet des edlen Haupts!

Chor.

Schont, o schonet der Auen Admetus',
Schonet des edlen Geschlechts.

Königin.

Milch und Honig weih' ich euch, Götter,
Die stets beglückten unser Haus.
Von den Händen unschuldiger Kinder
Nehmet sie an für ihren geliebten Vater,
Und laßt sie nicht verwaiset stehn.

Chor.

Schont, o schonet des liebenden Vaters,
Und laßt sie nicht verwaiset stehn.

Königin.

Gastfreundliche Götter! War unser Palast
Dem Fremden offen, dem Freund ein heiliges Haus,
Eine Zuflucht jedem, dem rettende Hilfe gebrach,
O so rettet den Herrn des Hauses,
Mit froher Botschaft vom weissagenden Phöbus-Apollo.

Chor.

O so rettet den Herrn des Hauses,
Mit froher Botschaft vom weissagenden Phöbus-Apollo.

Chorführer.

Der Bote kommt; mich dünkt, mit Glückeszeichen —
Dein Wort, o sag' es an!

3.

Die Vorigen. Der Bote.

Bote.

Der Königin geziemet's, mich zu fragen.

Königin.

So rede, wie denn auch die Antwort sei.

Bote.

Apollo saß im Schatten eines Baumes;
Neben ihm lag die Leier stumm; er sprach:
„Admetus' Leben kann gerettet werden,
Wenn einer seines Hauses sich für ihn
Dem Tode willig weiht. Wo nicht, so schneidet
Die Parze heut den Faden unerbittlich."
Er nahm die Leier und sang den Parzen
Ein Trauerlied, das — das ich nicht verstand.

Königin.

Verstandest du denn seine Rede? Sprichst
Du mir zuerst das Wort des Schicksals? Mir?

Bote.

Ich suchte dich in dem Palast und sprach
Es seinem Vater, seiner Mutter aus.
Sie wandten sich, blaß und entrüstet.

Königin.

Ich —
So steh' ich von Admetus' Hause dann
Für ihn allein? Denn meiner Kinder kann
Sich keins für ihn zum Opfer stellen. Ich. —
Die Mutter zwar gehört den Kindern an,
Von ihnen unzertrennlich. Welchen Abschied
Soll ich von euch, ihr Mutterlosen, nehmen?
Ihr Hilfsbedürftigen! Wie euch verlassen?
Verwaiset, tief gesenkt zu Boden; Blumen,
Entrissen meinem Stamm, der euch erzog.

Im Orkus noch und im Elysium
Wird sich nach euch mein Herz verlangend sehnen. —

(Sie nimmt eins nach dem andern auf den Arm.)

Doch sehet ihr nicht euerm Vater gleich?
Und bleibet ihr nicht euerm Vater? Er
Wird eure Mutter sein! — Und kann er's sein?
So gern er's wollte. Wird er euch nicht eine —
Was sprech' ich? eine böse Mutter geben? — Nein!
Das wird er nie!
Er wird in euch mich lieben, seines Lebens
Mit euch genießen, im Andenken meiner —
Und ich? Ach, mein blutloses, ödes Herz,
Den welken Schatten im Elysium,
Erwärmt, ich fühl' es, noch die Mutterliebe;
Auch in Elysium bleib' ich die Eure,
Ihr Kinder, und vielleicht gewähren mir,
Der Mutter, die für euern Vater sich
Hingab, die Götter eine Bitte noch,
Euch nah, die Zeugin eures Glücks zu sein.
Kommt, meine Lieblinge!

Kinder.

                Was sprichst du, Mutter?
Du bleibest bei uns. Du verläßt uns nicht.

Chor.

Hör' auf der Kinder Wort, o Königin!
In ihnen schlägt dein Herz, in ihnen fließt
Dein wallend Blut; verlaß, verlaß sie nicht!
Die Mutter, sprachst du recht, gehört den Kindern,
Von ihnen unabtrennlich.

Königin.

                Und die Gattin
Ist des Gemahls. Als ich zum Weibe mich
Ihm gab, vertraut' ich ihm mich selbst,
Auf jeden Zufall. Hätte mich nicht Krankheit,
Mein erstes Mutterbett hinraffen können,
Wie andre Mütter? Ließen mich die Götter
Mein Leben froh bisher genießen, ihm
Zur Freude, so genoß ich es in ihm.
Er lebte für uns. O ein zarter Band
Ward von den Charitinnen nie gewebt,

Von Rosen und Jasmin und goldnen Früchten
Durchflochten, ewig fest gebunden.

Chor.

Und
Du willst's zerreißen? willst dem liebenden
Gemahl ein traurig Leben hinterlassen,
Und deine schöne Jugend, willst dein Herz
Dem freudenlosen Orkus weihn?

Königin.

Für ihn!
Noch einmal sprich mir, Bote, sprich noch einmal
Das süße Wort, das dir Apollo sprach.

Bote.

Er sprach:

Königin.

Vernahmst du recht?

Bote.

Auf jeden Laut.
„Admetus' Leben kann gerettet werden,
Wenn einer seines Hauses sich für ihn
Dem Tode willig weiht."

Königin.

Für ihn! für ihn!
(Die Hände auf den Altar breitend.)
So nehmt denn an, ihr großen Götter, nehmt
Mit diesen Weihgeschenken, diesen heil'gen
Versöhnungsgaben, auch mein Leben hin,
Das ich euch willig weihe; nehmet's hin
Zu Lösung für Admetus' Leben. Legt
Ihm meine Jahre, meine Jugend bei,
Laßt ihn sie lang und froh genießen, laßt
Auch diese Kinder glücklich sein mit ihm.
Ein gutes Zeichen ist's, daß ihr ihn liebt,
Indem ein fremdes Leben für das seine
Ihr anzunehmen würdigt. Gebt auch mir,
Daß mein Geschenk mit Huld und Güte ihr
Annehmet und sein Leben ihm erneut;
Ihr guten Götter, gebt ein Zeichen mir.
(Ein sanfter Donner ertönt. Ein Blitz umleuchtet den Altar.)

Unterirdische Stimmen.

„Wir nehmen, wir nehmen
Alcestis für Admetus' Seele
Zur Lösung an."

Königin.

Ihr Unterirdischen antwortet mir?
Auf meinen Schatten seid ihr so begierig? —
Was fühl' ich in mir? Welche sondre Glut!
Ein Fieber wallt durch meine Adern, tritt
Zu meinem Herzen. — Kommt, ihr Kinder, zum
Palast, damit ich langsam scheidend mütterlich
In meinem Arm euch halte, daß mein Auge
Auf eurem süßen Angesicht im Anblick
Sanft breche, meine kalte Hand an euch
Ersterbe. — In mein Brautgewand will ich
Mich kleiden; wie ich dem Admetus einst
Vertrauet ward, vertrau' ich mich für ihn
Dem wüsten Orkus jetzt; für ihn! für ihn!
Ihr Bürger, lebet glücklich, lebet wohl!

(Die Königin mit Kindern und Dienerinnen geht langsam in den Palast.)

4.

Chorführer.

O welch ein großes Herz!
Sah je die Erde eine That, wie die?

Chor.

Und wie Alcestis eine Königin.

Chorführer.

Im Taumel nicht, in heitrer Ueberlegung
Der Mutterliebe, der Muttersorgen voll,
Weiht sie dem Tode willig sich
Für den Gemahl.

Chor.

Verlassend ihre Kinder
Aufopfernd ihre Jugend, zählt die Jahre,
Die sie verliert, den seinigen sie zu.
In ihm, dem Lebenden, ein Schatte selbst,
Noch fort zu leben. Welch ein großes Herz!
Sah je die Erde eine That, wie die?

5.

Admet (aus dem Palast tretend).

Erfreuet euch mit mir, Thessalier!
Wißt, euer König lebt. Ein Wunder hat ihn
Dem Tod entrissen. Hört! Danieder lag ich,
Den letzten Augenblick erwartend; schon
Umfingen mich des Orkus Schrecken; schon
Hört' ich die Wogen rauschen des Cocyts,
Des Acherons. Der blassen Schatten Heer
Winkte mir zu; mir winkte Charon, in
Den Kahn zu steigen — da ergriff mich eine Hand;
Ich sah mich um; Alcestis war's; sie winkte
Mir liebreich zu; sie zog mich sanft zurück; —
Da schwand der furchtbar-angenehme Traum,
Und ich erwachte. Denkt, ihr Bürger, denkt!
Wie neugeboren durch den Traum, gesund.

Chorführer.

Wem also dankst du, König, die Gesundheit?

Admet.

Zuerst den Göttern. Dann verdank' ich sie
(Dies lehret mich der Traum zu deutlich) ihr,
Die eben ich hier suche.

Chorführer.

　　　　　Weißt du auch,
Um welchen Preis?

Admet.

　　　　　Um welchen Preis? Ihr Leben,
Ihr frohes Herz und ihre Liebe, sind
Den guten Göttern sie nicht Preises gnug?
Ihr Flehn, ihr Bitten, ihre Thränen — wer?
Wer widerstünde ihnen? — sie erweichten
Der Götter Herz; die schenketen mich ihr.
Als ich vom Traum erwachte, sucht' ich sie
Zuerst; ich fand sie nicht; ich suche sie
Hier beim Altar.

Chor.

　　　　　Eil' in dein Haus zurück,
O König! Dort, dort findest du sie jetzt,
Als eine Braut geschmückt, die dir sich weihte.

Admet.

Sie kleidete als eine Braut sich an —
(Das ist sie mir und wird mir's ewig sein)
Mein neuverjüngtes Leben neu verjüngt,
Mein neugeschenktes Leben neu geschenkt
Mit mir zu leben.

Chor.

Eile zu ihr, König!
(Admet eilt in den Palast.)

6.

Chorführer.

Du Glücklich=Unglückseliger, du weißt
Noch nicht, was bald dein Herz durchbohren wird.

Chor.

Sind die Schmerzen des Todes,
Oder ist der Seele' langer unendlicher Schmerz
Schwerer zu dulden? Du wirst's
Erfahren, o König! des,
Dem einen entrissen, der andere harrt.
Umsonst nicht schenkten die Götter
Das Leben dir wieder; sie verkauften dir's,
Um hohen Preis, zu langer, langer Pein.

Wer nennt im Busen die blutende Wunde? Wer
Nennt den stechenden Schmerz,
An des liebenden unglückseligen Gatten Tode
Die traurige Schuld zu sein. Du tötetest sie,
Zerreißend ihrer Jugend lieblichen Kranz,
Raubend den Kindern die liebende Mutter, du.
Was kannst du ihnen, was kannst du ihr
Dagegen, Unglücklicher, sein?

Bald spricht also das Herz in deiner Brust und weckt
Mit immer neu gewaltigem Schlag
Die Natter des Vorwurfs dir, die mit giftigem Gezisch
Jede Freude dir raubt, im innersten Gemüt
Nagend. — „Sie starb für dich!"
Tönen vom Orkus herauf die Stimmen der Furien. „Sie
Wandelt ein Schatte mit Schatten anjetzt,
Freudelos, blutlos." Unglücklich=Glücklicher du!

7.

Gemach der Königin. (Alcestis,) wie eine Braut geschmückt, auf dem Ruhebette, matt; vor sich ihre Kinder. (Erblickend den eintretenden Admet. rafft sie sich zusammen, will ihm entgegeneilen, sinkt aber matt nieder.

Heil dir, Admet! Ins neue Leben Heil!
Ich kleidete mich an als eine Braut,
Um mit dir diesen Tag, den ersten deines
Verjüngten Lebens freudig zu begehn,
Dankend den Göttern. Da erfaßte mich,
Vom Schicksal mir gesandt, ein Zufall, eine —
Wie nenn' ich's? -- eine Mattigkeit. Sie wird
Vorübergehn.

Die Kinder.

O Vater, Vater!
Die Mutter stirbt für dich.

Admet.

Für mich? Erkläre,
Erklär', Alceste, mir das schreckliche
Geheimnis.

Alcestis (gefaßt und sanft).

Ja, für dich, Admet, und gern.
Die Götter forderten für dich ein Opfer,
Der Deinen eins; ein willig Opfer. Wer?
Wer, o Admet, ist mehr dein als Alcestis?
Wer dem Gemahle näher als sein Weib?
Sie ist sich ganz ihm schuldig. Hab' ich nicht
Der schönen Tage viel mit dir gelebt?
Besaß ich nicht dein Herz, wie keine Braut
Es je besaß? Ich war dir die Geliebte,
Mit jedem Tage neu und schöner dir,
Mit jedem Tage du mir neu und schön;
Vergönne mir den schönsten Brautschmuck heut,
In dem ich dir mich ewig, ewig weih'. —

(Ueberirdische Töne lassen sich hören. Während ihrer Schweigen und Staunen
Sie verhallen. Alcestis fährt fort.)

Zwar muß ich dich und diese Kinder hier
Verlassen; doch — Admet, gelobe mir's!
Komm, lege deine Hand hier auf mein Herz,
Und schwöre mir auf deiner Kinder Haupt,
Daß nie du ihnen, diesen Mutterlosen,

Statt meiner eine böse Mutter gebest.
Das schwöre mir. Doch nein! wozu der Schwur?
Mir und den Kleinen bürget es dein Herz.
(Die einladenden Töne kommen wieder.)

Admet.

Alcestis, nein, du sollst nicht sterben; nicht
Für mich. Mit welcher Schmach ertrüg' ich je
Mein Leben, so erkauft — mit deinem Tode?
Was lebt' ich für ein Leben ohne dich? —

Alcestis.

So wirfst du mein Geschenk zurück, Admet?
Die Liebe schenkt es dir, die treuste Liebe?
Die Götter nahmen's an.

Admet.

   Wer von den Göttern
Sprach den grausamen, sprach den ungerechten,
Den harten Spruch, der dir für mich zu sterben
Gebot?

Alcestis.

  Nein, nicht gebot. Niemand gebot
Es mir. Apollo, unser Freund, der Seher,
Zu dem ich, als du schon dem Tode nah
Danieberlagst, um deine Rettung sandte,
Er offenbarte mir der Götter Schluß,
Daß, wenn der Deinen jemand willig sich
Für dich dem Orkus weihte —

Admet.

    Gnug! genug!

Alcestis.

Ich fühlt' im Herzen mich die Nächste dir,
Ich überlegte reif der Trennung Schmerz,
Der Kinder Schicksal. Ueber alles siegte,
Daß du in ihnen mich noch lieben wirst,
Admet, die froh für dich ihr Leben gab.
Du mußt nicht sterben. Dein bedarf die Stadt,
Das Land, dein Haus. Du, König milden Herzens,
Du, Vater, Freund, Gemahl, wie keiner war,
Du mußtest leben. Ohne dich, was wären
Wir alle, und Alcestis selbst? --

Admet.

　　　　　　　　Ihr Götter!
Vertilget ihr Gelübd', als wär' es nie
Gesprochen! Legt die Lose, wie sie lagen!
Ich eile zu Apoll. Die Götter können
Nicht ungerecht und grausam deine Liebe,
Dein großmutvolles Herz für meine Schuld
Annehmen und für meinen milden Dank.

Alcestis.

Umsonst! umsonst! Leb' innig, innig wohl,
Geliebter, und in diesen Kindern denke,
Gedenke meiner. Meine Tage legen
Mit Freud' und Segen dir die Götter zu.

(Admet reißt sich hinweg.)

8.

(Die Mutter und die Kinder allein. Die vorigen Töne beginnen mit sanft
einladenden Worten.)

　　„Schwester Alcestis, komm!
　　Auch in Elysium wehn himmlische Lüfte;
　　Auch in Elysium blühn amaranthene Blumen;
　　Schwester Alcestis, komm!"

Alcestis.

Hört ihr's, ihr Kinder! Stimmen rufen mich.
Nun, meine Lieben, noch ein letztes Wort:
Denn meine Augen brechen, meine Hand
Erkaltet. Lebet wohl! Seid eurem Vater
Liebend=gehorsam, wie ihr mir es war't.
Er ist euch Vater jetzt und Mutter. Denkt
In ihm an mich, wie ich an euch — auch drunten
Gedenke. Dunkler, dunkler wird
Mein Auge. Schweb' ich? schwind' ich? Süße Töne!
Mich heben Lüfte! Töne wiegen mich
In süßen Schlummer! Lebt —

(Das Wort erstirbt auf ihrer Lippe. Alcestis entschläft. Der vorige Gesang
kommt wieder.)

　　„Schwester Alcestis, komm! 2c. 2c. 2c."

(Indes hebt der Genius des Todes leise sich aus der Erde empor; fürchtend
entfliehen die Kinder.)

9.

Der Tod.

Mit meiner scharfen Hippe tret' ich hier,
Ein Bote der Gefürchteten, heran;
Ich selbst gefürchtet allen Lebenden,
Und jetzt erschrocken und verwirret. Solch
Ein Pfand des Orkus kam uns nie. Ich darf
Darum die Locke dieses heil'gen Haupts
Noch nicht berühren. Unentschieden ist noch
In diesem Augenblick der Toten Schicksal,
Und über sie ein wunderbarer Kampf.
Die menschenfreundlichen der Götter nahmen
Alcestis' Anerbieten für die That.
„Sie weihte," sprachen sie, „sie weihte sich
Dem Tode willig, ruhig, überlegt,
Und fühlte tief den Schmerz des Scheidens, fühlte
Des Todes ganzen Jammer. Dennoch trat
Nie reuig sie, erschrocken nie zurück.
Erfüllt ist ihr Gelübde; sei versöhnt,
O Orkus!"
      Also sprachen droben die
Barmherzigen; der harte Orkus sprach:
„Nein, täuschen, täuschen lassen wir uns nicht
Von solchem Blendwerk; auf Vollziehung des
Gelübdes stehen wir." Und sandten mich
Hieher, auf ihren Wink zu warten.
          Jetzt
Ist, dünkt mich, ist vollzogen das Gelübd'.
Ich fürchte, daß im Nu
Die Stimme drunten ruft: „Nun mähe sie!
Die Beut' ist unser." Also steh' ich hier,
Der Toten Wächter, selbst bewegt, die Stimme
Selbst fürchtend, wenn sie ruft. Denn ist die ganze,
Die ganze reife Ernte der Sterblichen,
Unkraut und Kraut nicht unser? Warum früh
Die schönste Blume, die auf Erden blüht,
So selten blüht, warum die himmlische,
Häuslicher Liebe Glück, unzeitig mähn,
Und grausam? Warum frech zerreißen ihn,
Der Vater=, Mutter=, Kinderliebe Kranz,
Den zartesten, den Charitinnen flochten?

Ich hoff' es, Hermes selber weigert sich,
Solch eine Seel' ins Schattenreich zu führen,
Die großmutvoll den Orkus selbst bezwang.
Es siege droben seine Beredsamkeit! —

    Horch'! Welch ein Glanz tritt ein in dieses Haus?
Ich höre des Olympus Töne. Nahn
Sich mir nicht Wohlgerüche, meinem Atem
Zuwider? (Er weicht zurück.)

10.

Hygieia tritt ein, weißgekleidet, einen Blumenkranz auf dem Haupt, einen andern
um die Brust, den Stab Äsklepios' (Äskulaps) in der Hand, ebenfalls von
Blumen umwunden.

Hygieia.

Von hinnen, böser Tod! Du wirst die Stimme
Der Unterirdischen, die du erwartest,
Nicht hören. „Unser ist sie!" sprachen alle
Die Himmlischen, „sie ist unser!" Und die Parze,
Sie selbst, gerührt von der erhabnen Großmut,
Die sich so rein im andern fühlete,
Vergaß zu schneiden, und des Schicksals Wage —

Tod.

O sage mir, du sonst mir widrige,
Jetzt freundliche Erscheinung, sage, wie?
Wie wägete die Wage? Was überwog?

Hygieia.

Als lange schon der Kampf gedauert, drang
Apollos Stimme zum Olymp empor.
Apollo, dieses Hauses Gastfreund, der
Admetus' Ann und seines Hauses Glück
Seither beschützt' und liebte; mächtig drang
Sein Lied empor; er sang den edlen Freund,
Den milden, gütigen, gerechten König,
Den liebenden Gemahl, den Vater, ihn,
Der Lieder und der Menschen seltnen Freund,
Der Musen heiligen Verehrer; da
Sank frohbeladen seine Lebensschale.
Noch einmal sang er der Alcestis Lob
In wen'gen Tönen; und die Todesschale,
Sie flog empor! Entweiche!

Tod.

Gern! o gern!
Ich hasse selbst mein Sklavenwerk, bei solchen
Geliebten, Glücklichen, und fühl' es tief:
„Die Lieb' ist stärker als der Tod. Sie sollten
Unsterblich sein."

Hygieia.

Und sind, und sind unsterblich!

Tod.

Wohl ihnen! Doch sag', o Hygieia, mir,
Wie kommest du hieher, da deinen Vater
Asklepios der stärkste Gott zum Orkus
Hinabwarf, als er eine Beut' uns raubte?
Apoll, sein Vater, er verließ aus Unmut
Darüber den Olymp und weilet noch
Auf Erden; und du, seine Enkelin,
Asklepios' Tochter, fürchtest nicht die Rache
Der Unterirdischen?

Hygieia.

Entweiche, Tod!
Mein Vater ist mit Jupiter versöhnt;
Apollo kehrt zum Himmel wieder, wenn
Er seinen Freund gerettet. Des erfreun
Die Unsterblichen alle sich; sie sandten mich
Einmütig nieder. Fort, du störst mein Werk.
Es gilt hier keines Säumens. (Der Tod versinkt.)

11.

Eine himmlische Musik hebt an, zuerst in Tönen ohne Worte, die Seele der Alcestis
vom Rande des Schattenreichs sanft zurückführend. Hygieia mit Aeskulaps Stabe
berührt ihre Stirn; ein Chor der Unsichtbaren in langsam wachsenden Tönen:

Chor.

Süßer Strom des Lebens,
Kehre der Entschlafnen
Sanft zurück.
Kehrt zurück ihr, ihr Gedanken,
Die am Rande der Schatten jetzt
Schlummernd wanken;
Zum Reich des Lichtes kehrt zurück,
Zu neuer Freude, zu neuem Glück.

Hygieia.

Zum Reiche des Lichtes kehrt zurück,
Zu neuer Freude, zu neuem Glück.

(Hygieia mit dem Stabe ihr Herz berührend.)

Chor.

Hebe dich wieder und schlag entzückt,
Großmütig=mütterlich Herz!
Des Gatten Herzen entgegen,
Der Kinder Herzen entgegen,
Wall', o liebende Brust,
Jugendlich wieder empor.

Hygieia.

Des Gatten Herzen entgegen,
Der Kinder Herzen entgegen,
Wall', o walle, liebende Brust,
Jugendlich wieder empor.

(Hygieia berührt mit dem Stabe die Augen und Lippen der Toten.)

Mehrere Chöre.

1. Erwacht, ihr Augen, die Sonne wieder zu sehn,
   Das liebliche Licht!
2. Erwacht, ihr Augen, die Blumen wieder zu sehn
   Auf Tempes Flur!
1. 2. Erwacht, die Lieblinge wieder zu sehn,
   Die holder euch sind als Blumen und Sonn' und Licht.

Hygieia.

Oeffnet euch, ihr süßen Lippen,
Reiner Atem, kehre wieder
Mit deinem Silberton,
Mit deiner sanften Rede.
Oeffnet euch, ihr Rosenlippen,
Heil'ger Atem, kehre zurück.

Alcestis, sanft=erwachend, richtet sich empor.

Alcestis.

Wo bin ich? Sanft zurück ins Leben riefen
Mich süße Töne. Warest, warest du
Es nicht, Geliebte, die mich rückwärts zog?
Wer bist du? Hier in meinem Brautgemach?
Seh' ich dich wieder, schöne Sonne? Wer,
Wer bist du, Holde, der mein Leben ich
Verdanke? Wo sind meine Kinder? Wo —

Hygieia.

Beruh'ge dich, Alcestis! Sanften Schlummers
Gingst du hinab zum Rande der Unterwelt,
Sanften Weges führten die Götter dich
Durch ihre Dienerin, durch mich, empor.
Wie euer Leben, so ist euer Abschied,
Den Guten sanft, den Bösen fürchterlich.
Hygieia bin ich, Phöbus' Enkelin,
Fortan die Freundin deines Hauses. Nimm
Hier diese Blumen, deinen neuen Brautkranz.

(Sie nimmt den Kranz von ihrem Haupt und setzt ihn der Alcestis auf.)

Und diese Blumen wahr' ich deinen Kindern,
Und diesen Helferstab dem Ehgemahl.

Alcestis.

Wo ist er, mein Verehrter?

Hygieia.

　　　　　Mit Apollo,
Dem Hirten, nahet er, zu dem er floh,
Der von den Göttern dich erbitten half.

Alcestis.

Das weiß ich. Ach, was sah mein Todestraum!

Hygieia.

Beruh'ge dich, Alcestis!

Alcestis.

　　　　　Die Erinnrung
Des hohen Traumes gibt mir hohe Ruh'.
Ich sah die Wage schweben, die Verdienst
Und Schuld, die Tod und Leben wäget. Mein
Verdienst, das kleine, schwebte leicht. Da drang
Mit seinen Bitten, mit Admets Verdienst
Als König und Gemahl, als Vater, Freund
Und Bürgerfreund, Apoll zum Himmel auf.
Da sank die Wage schwer; ihm bin ich jetzt
Mein neues Leben schuldig. O wie lohnt
Die Menschengüte! — Nein! Der Götter Wage
Richtet leichtsinnig nicht; der kleinste Fehl,
So wie die kleinste Tugend, steigen kühn
Und wunderbar ans Licht, dem Wichtigsten
Den Ausschlag gebend. Näher, als wir wähnen,

Hängt Unſichtbares und die Sichtbarkeit
Zuſammen, zart verſchlungen, feſt vereint!
Entfernt den Meinen, war ich ihnen doch
So nah! Der Mutter Sehnen zog und hielt
Den Geiſt zurück. Wo das Geliebte wohnt,
Da, da iſt unſer Herz. Sieh, meine Kinder!
Mein Wunſch zog ſie herbei.

12.

Die Kinder, furchtſam eintretend.

Kinder.

Sohn.

Laß ſehen uns,
Ob noch der ſchwarze Totenmann bei unſrer
Geliebten Mutter weilet?

Tochter.

Ach, ſie lebt!
Du lebſt, o Mutter, wieder?
(Zu ihr eilend. Mütterliche Umarmung.)
Und wer iſt
Die Göttin da? Die ſchöne Jungfrau? Ach,
Sie hat ſo ſchöne Blumen. (Zu Hygieia.)
Gib mir eine,
Du Freundliche, und eine meinem Bruder.
Die Mutter hat, o welchen ſchönen Kranz! —

Hygieia.

Nehmt, Kinder, was ihr wünſchet. Freut euch eurer
Geliebten Mutter. Freud' und Leben bringen,
Wenn ihr ſie pfleget, dieſe Blumen euch.
Komm, Knabe, wähle! — Sieh, ein Sprößchen Lorbeer
Und eine Lilie; du wähleſt recht!
Alceſtis' Tochter — wählt der Myrte Zweig
Und eine Roſe. Dieſer ganze Kranz
(Sie nimmt den Kranz von der Bruſt.)
Iſt eu'r, o Kinder, Glück für euch und Freude,
Wie der auf eurer Mutter Haupt, Geſundheit.

Tochter.

Ich weiß ein ſchönes Lied auf die Geſundheit,
Apollo lehrt' es uns.

Hygieia.

So sing es, Kind.

Tochter.

Hygieia, schönste der Seligen,
Möcht' ich wohnen mit dir
Mein ganzes Leben hindurch,
Und möchtest du auch huldreich mit mir wohnen
Denn was das Leben Liebliches hat,
An Kindern Freude, wohlthätiger Herrschaft Glanz,
Wenn Lieb' ergötzet, und was Schönes uns
Der Reichtum gibt, genießen wir,
Selige, nur durch dich!

Knabe (der Schwester in den Gesang fallend).

Auch ich, ich weiß ein schönes Lied, das mich
Mein Vater lehrt'; es heißt Admetus' Lied.
Dir, Freundschaft, dir zur Ehre
Erschallen unsre Chöre —

13.

Apollo und Admet treten hinein.

Knabe.

Sieh, da kommt unser Vater.

Tochter.

Und Apoll,
Der uns die schönen Lieder lehrte. Vater,
Sieh, unsre Mutter lebt!

Admet.

Wie neu verjüngt!
Jetzt meine Braut! (Umarmung.)

Alcestis.

Durch dich verjüngt, durch dich!
Nur dein Verdienst zog mich zurück ins Leben.
Solchem Gemahl und König, solchem Mann
Wollte die Parze selbst sein Glück nicht rauben.
„Geh," sprach mit freundlicher Gebärde sie
Zu mir, „und bleibe deines Mannes Weib,
Die Mutter deiner Kinder. Lohnen wollen

Die Götter euer Glück; nicht es zerstören."
Dein bin ich doppelt jetzt, Admet; mein Leben
Ist deiner Güte Lohn.

Admet.

Das danken wir,
Alcestis, unserm Freund. O welch ein Glück
Ist's, eines Gottes Gunst genießen! Reich
Und edel lohnt die Milde! Dir, Apoll,
Verdankt' ich längst den Segen meiner Aun
Und Fluren, so wie meiner Völker Liebe
Und ihrer bessern, sanften Sitten Bildung;
Jetzt dank' ich dir die Krone meines Hauses,
Mein Weib, der Kinder Mutter, all mein Glück. —

(Zu Apoll.)

Und wer ist diese Himmlische, die sich
Zu deiner Seite hält? — (Zu Alcestis.)

Wie ward sie dir
Bekannt, Alcestis?

Apollo.

Meine Enkelin;
Hygieia ist ihr Name.

Alcestis.

Durch sie riefen
Die Götter mich ins Leben sanft zurück,
Mit diesen Blumen kränzte sie mein Haupt,
Und diese Blumen gab sie unsern Kindern.

Hygieia.

Und diesen Stab reich' ich dem Könige,
Den Wunderstab Asklepios', meines Vaters,
Der Tote aufweckt. Solch ein Helferstab
Gebührt dem Könige. Gebrauch' ihn lang,
Admet, das Zepter deiner schönsten Macht,
Lechzendes zu erquicken, Krank=Entseeltes
Neu zu beleben. —

Apollo.

Und ich weihe dir,
Alcestis, diese Lyra, die mir hier
So manchen Schmerz versang. Froh kehr' ich jetzt
Zum Olymp zurück: denn ich verlass' auf Erden
Im schönsten Thal der friedlich=schönsten Sitten

Und Würde Glück. Wenn meinem Freunde du
Das Sinnbild eurer süßen Harmonie,
Die Lyra, rührest, ihm den kleinsten Harm
Verscheuchest und dein Herz zum Himmel hebst,
So denke mit den andern Göttern auch
Phöbus-Apollos. Auf, hinaus, Admetus!
Zu deinem Volk, das freudig dich erwartet.

Alcestis.

Und ich mit euch zu meinem Weihaltar.

14.

Die Vorigen. Das versammelte Volk.

Alcestis

(mit der Lyra vor den Altar tretend. Sie legt ihren Kranz, die Kinder ihre Blumen,
Admet den Stab Äsklepios' auf den Altar. Zur Lyra singend.)

Von Cocytus' Ufer bring' ich euch zurück
Des Landes Sonne, der Bürger Glück.

Chor.

Zu Dank und Freuden kehret uns zurück
Des Landes Sonne, der Bürger Glück.

Alcestis.

Den Göttern Dank!
Dem Apollo Dank!
Und unser Leben sei sein Lobgesang.

Chor.

Den Göttern Dank!
Dem Apollo Dank!
Und unser Leben sei sein Lobgesang.

Alcestis.

Von Cocytus' Ufer kehr' auch ich zurück,
Mich zog zu euch der sehnenden Liebe Blick.
Den Göttern Dank!
Hygieia Dank!
Und all mein Leben sei ihr Lobgesang.

Chor.

Zu Dank und Freuden kehrest du zurück,
Des Hauses Sonne, deiner Kinder Glück.

Den Göttern Dank!
Hygieia Dank!
Und all dein Leben sei ein Frohgesang.

Admet.

Mein Zepter ist fortan der segnende,
Der Stab des Heils, ihr Bürger!

(Er schwingt Asklepios' Stab.)

Alcestis.

Dein Geschenk,
Apollo, bleibt jetzt meines Lebens Lyra.
Da, wo du weiltest, wo du mir den Spruch
Der Errettung gabest, grüne dir ein Hain!

Admet.

Und in ihm steh' am Ort des Heiligtumes
Hygieias Bild.

Hygieia.

Du wirst es sein, Alcestis!

Apollo.

Und du das meine, segnender Admet!
Jahrhundertelang nennt man deinen Namen
Bei Freundschaft, Freud' und stiller Liebe Glück.
Lebt, Bürger, wohl! Ich kehre zum Olymp
Mit größern Freuden, als ich niederstieg.

Chor des Volkes.

Alle.

Den Göttern Dank!

Die Männer.

Apollo Dank!

Die Weiber.

Hygieia Dank!

Alle.

All unser Leben sei ihr Lobgesang!

(Chöre von Schäfern und Schäferinnen schlingen sich tanzend um den Apollo, der
unvermerkt aus ihrer Mitte verschwindet. Hygieia desgleichen. Admet und Alcestis
mit den Kindern führt der Tanz in den Palast zurück.)

Epilogus.

In einem Wort, ihr Freunde, liegt das Glück
Des Menschenlebens, wie der Wesen Ordnung
Und innigster Zusammenhang. Ein Wort
Enträtselt uns des Weltalls Labyrinth
In Lust und Schmerz, im Lohne süßer Müh'
Und freudiger Aufopferung, im Streben
Der schwersten Tugend. — Was ist schwer und leicht?
Was Lust und Pein? Ein Wort vermischt die Grenzen
In süßester Verwirrung, macht den Schmerz
Zur höhern Lust, den Mangel zum Genuß,
Den Tod zum Leben, zum Triumph die Qual —
Es ist das süße Zauberwort: „Für dich!"

„Für dich!" ruft eine Mutter aus und stirbt
Für ihre Kinder. Für den Ehgemahl
Arbeitet, duldet, mühet sich das Weib;
Für Weib und Kinder der Gemahl, der Vater;
Für seinen Freund der Freund; für Vaterland
Und alles Gute, was die Zukunft birgt,
Der Tapfere, der Weise; für die Nachwelt,
Auch wider Willen, lebt und stirbt der Mensch.

Entfesseln wollt' uns die Natur, befrein
Von engen Schranken unsres armen Selbst,
Als sie das Wort aussprach: „In andern, nicht
In dir, o Mensch, sei deines Daseins Reiz
Und Seligkeit und deines Wirkens Ziel."
Vom Element, vom kleinesten Atom
Erhebt sich dies Gesetz der Einigung,
Des Füreinanderseins und Wirkens, bis
Zur reinsten Flamme, die auf Erden glüht,
Der ehlich=mütterlichen Zärtlichkeit.

Oft fragt ihr: „welch Geschlecht am stärksten liebe?"
Gewiß nur das, was sich des andern Glück
Großmütig, freudig, willig, zart ergibt,
Das keine Qualen achtet, seine Pflichten
Als Lust ausübet; im Geliebten lebt,
Von sich entfesselt, wer wahrhaftig liebt.

Glaubt ihr, die Götter mischten ungerecht
Des Schicksals Lose? War's in ihrer Macht?

Da unser Herz die Urn' ist, die sie mischt
Und schüttelt, und jetzt dies, jetzt jenes zieht,
An Freud' und Schmerz, wozu es selbst sie macht.

Niemand ist glücklich als der Liebende,
Noch glücklicher, wer sich in Liebe müht,
Am glücklichsten, wer seiner Mühe Lohn
Im andern froh und unerkannt genießt:
So (glaubt es) und nicht anders mischten droben
Die Götter unsre Lose. Aeußres Glück
Entscheidet nie; für die Empfindung ordnen,
Für Herzen mischen, schmelzen, wechseln sie,
So Glück als Unfall; und die höchste Lust —
(Ihr wißt es, die des Lebens Schauspiel mit
Verstand und Herz erwägen), die höchste Lust
Erschufen weise sie aus Lieb' und Schmerz.

Dank euch, ihr hohen Götter, daß ihr uns
Das Rätsel löstet, und des Schicksals Faden
Treu in die Hand gabt! Wer in sich erliegt,
Ist elend; wer für andre wirkt, in ihnen
Genießt und lebt, er ist der Selige.
Im Lebensbecher mischen sich die Seelen,
Im Lebensringe tauschen sich die Lose,
Das Zauberwort der Liebe heißt: „Für dich!"

Aeon und Aeonis.

Eine Allegorie.

Zu Anfang des neunzehnten Jahrhunderts.

1.

Aeon *)

(allein, auf einem breiten Ruhestuhle sitzend).

Der alte Aeon bin ich. Lang gelebt
Hab' ich und viel erfahren, Ungemach
Und Glück. Auch hab' ich deren beide selbst
Den Sterblichen in gutem Maß beschieden.

(Ein Horn und eine Trompete tönen in der Ferne.)

In meiner raschen Jugend tönte mir
Der Hörner und Drommeten Klang, zu Jagd
Und Schlachten, lieblich. Meine Hund' und Heere,
Voran mir, weckten mich zu Jagd und Schlacht
Frühmorgens; darum nannte man mich Ares.**)
Auch Pracht und Hoheit lieb' ich, Festlichkeit
Der Tafel und der Becher lauten Klang;
Auch reiche Diener, stattliche Genossen
Der Freuden meines Hofes, und was sonst
Zu Tag und Nacht dem Fürsten wohlbehagt.

(Pause.)

— Jetzt ist es anders. Es ergötzet mich
So manches nicht mehr . . . Auch ertönen Klagen
Und Seufzer um mich, die mir sonst der Schall
Des Hifthorns raubte, die mir sonst der Klang
Der Pauken und Drommeten glücklich barg. (Er ruft.)
Kommt, meine treuen Diener!

---

*) Aeon, ein Zeitlauf von vielen Jahren.
**) Ares, der Kriegsgott.

2.

Herkommen und Ansehen treten hinein, jener in einer gerichtlichen Staats-
kleidung, dieser in einer Hofuniform, die mit vielen Ordensbändern begabt ist.

Aeon.

Ihr Stützen meines Reiches, kommt! Erzählt
Mir etwas Fröhliches. Dem Alten ziemt
Statt einem Mädchen jetzt ein junges Märchen.
— Vor allem aber rücke mir das Polster
Zurecht, Herkommen!

Herkommen (für sich).
Es ist ziemlich kahl.

Aeon.

Und du, Freiherr von Ansehn, rücke mir
Den Schemel.

Ansehen.
Ach, Gebieter, leider steht
Auf seinen eignen Füßen dieser schlecht.

Aeon.

So! — Nun erzählet!

Herkommen.
Böse Zeitung zu
Vermelden. Allenthalben, hoher Fürst,
Schmäht und verschmäht man mich und in mir — dich!
Es heißt, du alterst, du vertrauest dich
Zu sehr den Dienern deines Reiches, mir,
Dem treuen Diener, und dem Festen dort,
Marschall von Ansehn. Unser Dasein, heißt es,
Geht mit dem deinen bald zu Ende.

Aeon.
Freilich,
Ich spüre so was.

Herkommen.
Meine muntere
Gemahlin —

Aeon.
Wie befindet sie sich, die Frau
Von Herkomm!

Herkommen.

Achtlos nennet man sie jetzt
Die blinde Meinung.

Aeon.

Sieht sie denn nicht gut?

Herkommen.

Zwar etwas schwach und stumpf ist ihr Gesicht;
Doch desto muntrer ihre Zunge, desto
Geschäftiger sind unsre Kinderchen;
Du kennest sie, die Vorurteile.

Aeon.

Sollt'
Ich sie nicht kennen? Bin ich doch mit manchen
Verwandt. Ich weiß, du zürnst nicht, guter Alter!
Zwar hinken ein'ge —

Herkommen (sich verbeugend).

Doch sie hinken artig.

Aeon.

Zwar schielen andre —

Herkommen.

Doch höchst liebenswert.

Soll ich sie rufen?

Aeon.

Laß! — (Sich wegwendend.)
Baron von Ansehn!

Ansehen.

Unübertrefflicher! Ich habe nicht
Viel Tröstliches zu sagen. Meiner spottet
Man gar, wenn jenen alten weisen Rat
Man nur verachtet. Nennen sie ihn doch
Abkommen, Herkomannus, alten Item —

Aeon (lächelnd).

Und wie denn dich?

Ansehen.

An Titeln fehlt mir's nicht;
(An Parodieen meiner Titel.) Tel
Est notre plaisir nennt man gewöhnlich mich,

Baron von Ansehn ohne Einsehn. Selbst
Die Ahnen, die mir Agamemnon doch
Nicht nehmen kann; auch die Geschenke, die,
Huldreichster, du mir und den Meinen gabst
Auf ewig-ew'ge Zeiten —

Aeon.

Freilich war
Das etwas stark von mir! vorgreifend etwas;
Denn künft'gen Zeiten kann ich nicht gebieten,
Und ihren Kindern, Freund, durch deine Kinder
Nichts rauben.

Ansehn.

Meine stattliche Gemahlin —

Aeon.

Die Frau von Ansehn? Nun, was macht ihr Hof?
Die Artigkeiten alle, (für sich) ziemlich grob,
Und Zeitvertreibe, Putz und Spiel und Tänze,
Langweil'ge Kurzweil und — (gähnend) aus Langerweile
Amores —

Ansehn.

Alle sind in tiefer Trauer,
Sie knirschen ob der Pöbel-Arroganz.

Aeon.

Und schläft denn eure Polizei?

Ansehn.

Man weckt sie
Und hält sie ziemlich in Bewegung. Herr,
Du kennest meinen trefflichen Beamten:
Gewalt für Recht; jetzt wird er rücklings aus
Der Thür gestoßen. „Buchstabier' er, Freund,
Sich rückwärts," rufen sie, Recht für Gewalt.

Herkommen.

Und meine alten Waffen, Daumenschrauben,
Verlies und Scheiterhaufen kann ich gar
Nicht mehr gebrauchen; denn das Holz ist teuer —

Aeon.

Und was will denn der Pöbel?

Herkommen.

                    Der will viel.
Statt meiner, des Herkommens, will er — (sich besinnend)
                                    Was doch?

Jetztsein, er will die jetz'ge Nutzbarkeit.

Ansehen.

Und statt Ansehens will er Einsehn, statt
Des Scheines Sein; er trotzt auf Recht und Pflicht.

Aeon.

So war's in meiner Jugend nicht; da schwebten
Die Hirngespinste noch in keinem Hirn.
Und worauf hoffen denn die Thoren?

Beide.

                        Herr!
Auf deiner Tochter junges Regiment.

Herkommen.

Die, sprechen sie, sei aufgeklärt und weise.

Ansehen.

Die, sagen sie, sei billig, mild und gut.

Herkommen.

Von jungem Sinn, und sehe neu die Dinge.

Ansehen.

Voll junger Kraft, und ordne alles selbst.

Herkommen.

Und ordne, wie es jetzo sich gebührt,
Nicht wie's vor tausend Jahren nützlich war.

Ansehen.

Und schlichte unparteilich, ohne Ansehn,
Ohn' alles Vorurteil für Rang und Stand.

Aeon.

Ich hab' ein Kind, ein ebenbürtiges,
Das seine Mutter, meine Jugendliebe,
Mir bald entzog und selber mit ihm ging.
Sie wollt' es, sprach sie (und ich konnte mich
Auf sie verlassen, die mich nie getäuscht),
Vom Hofe fern, nach ihrer Väter Sitte
Mir auferziehn. Seitdem vergaß ich sie. (Pause.)

Doch weiß ich eins, daß weder Mutter noch
Die Tochter mir nach meinem Reiche streben,
Solang ich lebe. Meiner Tochter ist
Mein Reich gewiß; die Mutter denket bieder.
Arete*) heißt sie. Und Aeonis nannten
Wir unser Kind. Erschienen sie! — Doch nein!
Ihr Kommen ist das Zeichen meines Todes.

Herkommen und Ansehen (eifrig).

Sie sind schon da in Abgesandten.

Aeon.

Wo denn?

Herkommen.

In Abgesandten, die ihr Reich verkünden.

Ansehen.

Und wollen es bereiten.

Aeon.

Wer? Das thut

Mein Kind nicht, noch auch seine Mutter.

Herkommen.

Herr!

Sie thun's.

Aeon.

Durch wen denn? Redet oder schweigt.

Herkommen.

Durch eine Schwätzerin, Allwissenschaft.

Ansehen.

Durch einen Allgebieter, Egoismus.

Aeon.

Gespenste! — Geht und laßt mich schlummern. Geht!

(Für sich.)

Vielleicht mein letzter Schlummer.

(Sie gehen ab.)

----

*) Kraft, Tugend.

3.

Acon (allein).

Sanfter Schlaf!
Verscheuche mir die Bilder. — Alles that
Ich freilich nicht; doch that ich, was ich konnte
Und — mochte. War es nicht das Beste stets,
So das Gelegenste, was meine Diener,
Herkommen angab, Ansehn billigte,
Und ich dann — wollte. Und ich wollte stets,
Wie mir es dann so dünkte. Denken war
Zu meiner Zeit noch nicht so streng im Brauch.
Man nahm und that, so wie sich's gab und fügte.

(Die Kriegs- und Jagdinstrumente, die Rüstungen und alte Zieraten an der Wand
bewegen sich ertönend.)

Was regt sich da in meinem Hause? Spielt
Ein Geist mit meinen Jugendzeitvertreiben?
Ein Trauerton. Er seufzet! — Und da fällt
Der welke Lorbeerkranz von meiner Stirn,
Zerfallen; nur noch ein'ge Zweige grünen.

(Er betrachtet ihn.)

Auch Tropfen Bluts daran; noch frisches Blut,
Und doch so längst vergossen. — Mich ergreift
Ein Schauer. Rinnt in meinen Adern Blut,
Verwandt mit dem auf diesem Lorbeer? Auch
Der Schemel wankt, das Polster weicht? Ich schlummre.

(Er fällt in einen unruhigen Schlaf. Eine sanft-traurige Musik läßt sich hören,
zuweilen inne von wilden Gängen und rauhen Tönen der Jagd- und Kriegsmusik
unterbrochen, bei denen jedesmal der schlafende Greis im Traum sich regt und sein
Herz bedeckt, immer aber, wenn die Töne sich sanft auflösen, wieder zur Ruhe sinkt.
Unterdes tritt Aconis hinein, weiß gekleidet, wie eine Vestalin verschleiert. Zwei
Knaben, mit Palmzweigen in der Rechten, treten ihr voran. Bescheiden schaut sie
nieder.)

4.

Aconis.

Tret' ich dich, heil'ger Boden? Fand ich dich,
Geliebte Thür der alten Vaterwohnung?
Von der so oft ich hörte, und die nie
Mein Auge wissend sah — entkommen endlich
Dem greulichen Getümmel derer, die mich
Abkonterfein und damit listig grausam

Verhaßt mich machen, eh' man mich gesehn,
Verachtet machen, eh' man mich gekannt.
Zwei Knaben, sagte mir die Mutter, würden
Unsichtbar mich geleiten, an der Schwelle
Sichtbar empfangen. Sprecht, wer seid ihr, Holde?
Sah ich euch beide nicht bei meiner Mutter?

Erster Knabe.

Mein Nam' ist „guter Wille".

Zweiter Knabe.

Meiner ist
„Der gute Ausgang". Unabtrennlich wollen
Wir dienen dir, wenn du uns treu und hold bist;
Doch ohne meinen Bruder dien' ich nie.

Aeonis.

Geliebte Knaben, meiner Mutter Freunde,
Ihr, die ihr mich unsichtbar leitet
Und sichtbar jetzt mich führen werdet, euch
Verlaß' ich nie, verlaßt auch ihr mich nicht. —
Schläft dort mein Vater?

(Sie tritt näher dem Schlafenden.)

Heil'ges Angesicht!
Schau' ich dich endlich? Doch, wie blaß und matt!
Auf dieser holden Stirn so schwere Tropfen!
Die rechte Hand am Herzen, schlummert er —
Unruhig, scheint es. Und ein welker Kranz
Auf seinem Schoß, zerfallen, hie und da
Noch grünend, blühend. Vater, schlummre sanft! —
Dürft' ich die Schläfe küssen! Dieser Stirn
Den Schweiß enttrocknen! Doch das darf ich nicht.
Wenn du erwachest, will ich vor dich treten.

(Sie sieht umher.)

Verehrte Wohnung! Doch was seh' ich in dir?
Geräte, die mein Auge nimmer sah.
Sie schrecken mich. Dort blinkendes Metall,
Geschoß und Schwert. Hier Stammestafeln, Spielwerk
Und Bänder, Bänder mancher Art. Ich staune.

(Sie erblickt einen Altar, an dem die Knaben sie erwarten.)

Doch dort auch ein Altar! Die Knaben stehn
Erwartend mich. Ich komme. — Wem ist er
Geweiht?

(Sie liest die Inschrift.)

„Der heiligen Vergangenheit!"

(Anbetend kniet sie nieder.)

O seid mir gütig, ihr Unsterblichen!
Ihr hohen Ahnen, die, noch nicht vergangen,
In Thaten, in Erfindung ewig leben.
Vorbilder und Gedankenführer, ihr
Schutzgeister meines Lebens, seid mir hold,
Daß, komm' ich einst zu euch, ihr mich mit Ruhm
Empfanget, und die nach mir Kommenden
Mit Dank mich nennen mögen.

Aeon (erwachend).

Täuschet mich
Mein Auge? Welche weibliche Gestalt
Kniet vorm Altare meiner Väter dort,
Verhüllt?

Aeonis (vor ihm knieend).

O du, mein Vater, segne mich!
Mich, deine Tochter.

Aeon.

Ich dich segnen? Zwar
Du gleichest deiner Mutter, und mein Herz
Beruhigt sich bei deinem süßen Anblick
So wunderbar. Es ziehet mich zu dir —

Aeonis.

Mein Vater, segne mich!

Aeon.

Kind! ich dich segnen?
Die du mir meine letzten Stunden trübst
Und mir mein Reich verwirrest?

Die Knaben treten hinan, wehend die Palmzweige über seinem Haupt.

Beide.

Flieht, ihr Nebel!
Ihr Nebel, flieht!

Erster Knabe.

Versündige dich, Greis,
An deiner Tochter nicht. Sie selber litt,
Auf ihrem Wege zu dir, vom Gezücht
Der sie Voräffenden. Wir führten sie

Durch ein Gedräng, das ihr den Weg vertrat.
Es ist von deinem eignen Hofe. Diese
Verhaßt zu machen, wählten sie die Larven.
Das Weib, die Wisserin, ist deines Dieners
Herkommens Weib, die alte blinde Meinung;
Jetzt neu geputzt, in Spinngeweb' gekleidet.

Zweiter Knabe.

Der Egoismus, der zwei Silben nur
Gelernt hat und sie fordernd wiederholt:
„Man soll! mit reinem Soll!" ist deines Ansehns
Lallender jüngster Sohn. — Verwechsle nicht
Dein Kind, o Greis, mit ihren ärgsten Feinden.

Aeon.

Nun so verzeih, verzeih mir, Tochter! — Doch
Dich segnen kann dennoch die Rechte nicht,
Die diesen Kranz berührte. Segen sei dir
Mein unvollendet Werk; vollend' es, froh
Und glücklich. Spotte deines Vaters nie.
Er läßt dir manches, manches Gute nach.
Verbeßre, was er that; was er versäumte,
Das thue du. Dies werde dir zum Kranz,
Zum beßern, als der jetzt vom Knie mir fällt.
(Er schüttelt ihn zur Erde.)
Komm, lege deine Hand hier auf mein Herz
Und schwöre, mit gewissenhafter Treu'
Dein Wort zu halten; zu verbessern, was
Ich mißgehandelt, zu vollführen, was
Ich anfing oder auch versäumete.

Aeonis (die Hand auf sein Herz legend).

Mein Wort sei dir Gelobung, heil'ges Herz!

Aeon.

Es wird mir leichter. Kühlet mir die Stirn,
Ihr Knaben! — Kind, in deiner Jugend nannten
Wir dich Aeonis. Deines Vaters Name
Ward dir gegeben. Sprich, wie nannte dich
Seitdem die Mutter?

Aeonis.
Bald Aeonis, bald
Agape.*)

*) Liebe.

Aeon.

Nun so führe diesen Namen,
Den trefflichsten, den je du führen kannst;
Denn Ehr' und Tand verschwindet, Liebe bleibt.

Ihr Knaben, leitet zum Altare mich,
Dem furchtbaren der Allvergangenheit.
Dein weißer Schleier decke mich, o Tochter!

(Die Knaben führen den Greis zum Altar; anbetend kniet er nieder. Aeonis hebt vom Boden die grünenden, blühenden Zweige des zerfallenen Kranzes auf, bindet sie sorgsam und legt sie auf den Altar. Nach einer kleinen Stille schlägt die Glocke; beim ersten Schlag sinkt Aeons Haupt nieder. Aeonis nimmt den Veilchenkranz von ihrem Haar und legt ihn aufs Haupt des Toten, das sie mit ihrem Schleier verhüllt. Ein Gesang Unsichtbarer läßt sich hören in sanften Tönen.)

Chor.

Steig hinunter zu den Schatten,
Mit dem Schicksal ganzer Völker
Schwer, beladen. Deine Thaten,
Deinen Willen, deine Fehle
Wägt und misset die gerechte,
Linde Abrastea dort.

An die Folgen seiner Thaten
Bleibt der Geist mit ew'gen Banden
Angefesselt. Bös' und Gute
Lohnen, strafen ihn mitfühlend,
Bis, hinweggetilgt die Bösen,
Ihn empfängt Elysium.

Steig hinunter zu den Schatten,
Mit dem Schicksal deines Lebens
Schwer beladen. Deine Tochter
Tilget bald aus deine Leiden;
Sendet bald von schönen Früchten
Atem dir des Dankes zu.

5.

Die Musik verändert sich. Die Pforten eines innern, hell erleuchteten Tempels gehen auf, in dem zu beiden Seiten fröhliche Arbeiter und Arbeiterinnen, Erwachsene und Kinder, mit mancherlei Gewerben beschäftigt sind. Singend bei ihrer Arbeit.

Beide Chöre.

Sie kommt, sie kommt, die muntre Zeit!
In ihrem hellen Jugendschmuck,
Aeonis kommt.

Chor der Arbeiter.

Ihr Blick belebet jeden Fleiß;
Wie von der Sonne güldnem Strahl
Die Welt erklingt.

Denn Müßiggang ist ihr verhaßt;
Anmaßung, Krieg und Neid und Haß,
Sie fliehen bald!

Freut euch, ihr Mütter, Töchter ihr!
Denn euer ist nun Bruder, Sohn
Und Bräutigam.

Chor der Arbeiterinnen.

Freut euch, ihr Väter, Söhne ihr!
Denn euer ist nun Bruder, Sohn
Und Braut und Kind.

Frei wie die Luft, und wie das Licht
Erfreuend ist nun unser Fleiß,
Und Geist und Herz.

Von süßer Arbeit flicht die Zeit,
Die immerflechtende, den Kranz
Dem Menschenheil.

Beide Chöre.

Sie kommt, sie kommt, die muntre Zeit!
In ihrem hellen Freudenschmuck,
Aeonis kommt.

Aeonis, die so lange vor dem Tempel harrte, betritt seine Schwelle. Im Bürger-
gewande das Recht, Wahrheit im Priestergewande bieten ihr die Hand,
sie einführend.

Aeonis.

Seh' ich euch wieder, heilige Gefährten,
Wohlthäter meiner frohen Jugend, die
Ihr mir mein bestes Ich, mich selbst, gewährtet.
Du, heil'ge Wahrheit, lehrtest die Natur,
Du, heil'ges Recht, der Menschen Weise kennen
(Von Leid und Freude, Thorheit und Vernunft
Ein sonderbar Gewebe), wie aus Thorheit
Nur Leid, und nur aus Tugend Freud' entspringt,
Die dauerndste. Ihr lehrtet beide mich
Es mitempfinden, wodurch jeder litt,
Durch Einen Viele, oft Unzählige.

Da pflanztet ihr in mich die ew'ge Liebe
Für Recht und Wahrheit, nie verdrossen sie
Zu üben, jedem schlauen Hindernis
Sie zu entreißen, bis an meinen Tod. —
O weichet nie von mir, und wenn ich euch
Entweiche, straft mit euern Pfeilen mich
Im Busen Nacht und Tag. Ich bin die Eure.

(Zu den Arbeitern und Arbeiterinnen sich wendend.)

Ihr Fleißigen, die ihr mich rufet, mich
In Liedern preiset, euch beschützen sollen
Die Wahrheit und das Recht; belohnen wird
Euch euer Werk. Es darf nicht fremden Lohnes.
Vorgänger und Gehilfen seid ihr mir,
In rascher Munterkeit will ich euch folgen.

Die Wahrheit.

(Sie nimmt einen Rosenkranz vom Altar des inneren Tempels.)

Nimm, die du deines Vaters greises Haupt
Mit Veilchen deiner Jugend schmücktest, die du
Jedwede Blüt' aus seinem Kranze sorgsam
Vom Boden sammeltest, nimm diesen Kranz!
Und jeder Dornbusch trage Rosen dir.

Das Recht (nimmt den Königsmantel vom Altar).

Nimm, die du deines Vaters heil'gen Leichnam
Mit deinem Jungfrauschleier decktest, ihm
Entsöhnung auf sein Herz gelobetest,
Nimm diesen Königsmantel, blau und gold.
Rein wie der Himmel, wie die Sonne glänzend,
Hell und erfreuend sei dein Regiment.
Zum Purpur werde dieser Mantel nie! —
Wie wird dein Name sein?

Aeonis.

Agape.

Recht und Wahrheit.

Sei er's!

Das Recht (zu den Versammelten).

Des alten Aeons und Aretens Tochter,
Aeonis, als Agape wird sie jetzt von euch
Verehret und geliebt.

Stimmen.

Wir lieben sie.

Die beiden Knaben treten zu ihr mit ihren Palmzweigen.

Beide.

Statt Schwert und Zepters nimm hier diese Palmen.

Erster Knabe.

Die Palme, guter Wille.

Zweiter Knabe.

Gut Gelingen.

(Agape schwingt die Palmen und legt sie auf den Altar.)

Chor der Arbeiterinnen.

Sie wehn uns Lust zu jedem Guten zu.

Chor der Arbeiter.

Und süße Ruhe nach gelungner That.

Agape.

Ihr überströmet mich mit Hoffnungen;
Und doch entbehr' ich noch mein Teuerstes;
Wo ist sie, meine Mutter?

Ein Vorhang hinter dem Altar geht auf. Arete in ihre Arme eilend.

Meine Mutter!

Arete.

Du, meine Tochter, nichts, nichts soll uns trennen!

Chor der Arbeiterinnen.

Freudig singen
Wir eure Liebe den Enkeln einst.
Die schönre Nachwelt sei Gesang von euch!

Chor der Arbeiter.

Dankbar tragen
Wir eure Thaten in unsrer Brust.
Die beßre Nachwelt sei euch Preis und Ruhm.

Ein **Gesang der Unsichtbaren** *läßt sich hören.*

Aeonen weben den Gang
Der Gestirn' und Erden und Menschen,
Den Wahrheit zeichnete, den
Festhält das Recht,
Und Lieb' und Tugend beleben.
Sterbliche, betet an
Den Gott der Aeonen!

Brutus.

(Aelteste Fassung von 1772.)

Erste Handlung.

1.

Cassius (auf der Straße Roms).

Welch eine Nacht! so fürchterlich,
So grausend! = Flammenheer',
Am dunklen Himmel kämpfend! Und der Himmel
Reißt! schaudert! kracht! = Was ist es? Will
Die Erde beben? = = Wälzen
Nicht unterirdne Donner? = Alles bebt,
Heult! Ha! welche Löwin brüllt
Mit offnem Feuerrachen! Dort! Ihr Götter!
Was ist's? = = Da zittert Rom!
Mit Tempeln und Palästen! — bebt
Wie unter Cäsar, Sklavin! — falle
Wie unter Cäsar! = = = = Donner!
Komm, schmettre mein zerstörtes Haupt! die Brust
Dir offen, willig offen! = = = Wenn ihr braust,
Ihr Element', und bangt und tobt! und alles
Notfühlende wehklaget — fühlt
Sich ächzend eures Grimmes Fronknecht — Nichts
Ist's gegen Rom und Cäsar! — Wut und Hohnwut! — Nur
Die Löwin brüllt und bebt und flieht! —
Und jene Schmeichler bleiben! — lecken
Den Staub ihm! — Cäsar! — Was ist Er, nicht Ich? —
Ist Mensch, wie ich! muß ängsten, schmachten, siechen! —
Wie ich! — Ein sterblich Tier! — Und Cäsar
Ist Gott! — ist Einer nur auf Erden! — Rom
Für ihn nur — kriechend, schmeichelnd! — Donner, kommst
du wieder

Nicht auf mein Haupt? Was säumst du, Bundgenoß
Von Cäsars Hohnwut! Töte! was soll mir
Mein elend Sklavenleben?

    Mühselig, ach! ohne Mut
Hin sich leben!
Im Staube kleben,
Wurm, im Blut
Sterbender Würme beben!
Elendes Leben!
    Frei ist Leben! ist vor allen Göttern
      Mein Gut!
    Ist mein Ich! frei unter Todeswettern
      Fließt mein Blut!
Mühselig, ach! ohne Mut 2c.

2.

Cassius (in Pompejus' Halle).

Seid da, ihr Brüder! = Edle Brüder, seid
In welches großen Mannes Hall' = und ach!
Er fiel, der große Mann! = Held! Bürgerfreund!
Pompejus fiel! — lag da im Blut
Vorm Jüngling Cäsar! Ach! da lag mit ihm
Rom da im Blut! = Da liegen alle wir
Noch! — Sklaven Roms, nicht Römer mehr!
Elende! — tragen Cäsars Ketten; gehn,
Leichname nun, daher! die Ein, Sein stolzer Geist
Beherrscht, beseelt! — Ein Wink — so zittert ja
Die Welt und wir! Ein Wink — ihr Brüder! so
Verbannt, gefangen wir! — Dein Bruder, Cimber!
Wir alle, Cinna, Casca! Wir,
Ligar, Trebon, gefangen alle! sehn's
Und dulden's! — Wer lebt unter euch?
Liebt Rom, liebt Freiheit?

Chor.

    „Alle!"
             Liebt
Vielleicht auch Cäsar? haßt Gefahren? liebt
Freiheit und Sklavenleben? Wer,

Der's liebt und wählt Frei oder Tod? „Wir alle!"
Tod Wütrichs oder seinen!

               „Alle!"

                          Der
Zieh aus den Dolch und heb empor
Den Arm und schwör's, zu rächen Rom!
„Wir schwören!"

           Schwör's, zu retten Geist und Rom
Und Herz der Römer!

              „Schwören!"

                    Dolch,
Zu töten Cäsar oder sich.

              „Wir schwören!" = = =
Es donnert! Hört! Der Himmel hat's
Mit uns beschworen! — Laßt! — Pompejus' Geist
Ist um uns! hat's gehört! es webt
Um uns welch Grausen
Der Mitternacht! — Sei heilig Römerwort
Und That der Freiheit!
     Fallen soll er!

Chor.
    Er soll fallen.

Beide.
Hoch von seiner Allmacht Thron!
Rom gerächt, gerettet werden!

Chor.
Von uns allen! von uns allen!
Winden er sich tief auf Erden!
Opfer fallen!

Chor.
    Von uns allen!

Beide.
Rom, dein Festtag nahet schon,
    Großer Tag! Blutig schön!
    Die Nachwelt wird ihn schauernd sehn
    Und sagen, er ist schön.
Fallen soll er 2c.

3.

Brutus (bei ſich).

O könnt' er ohne Blut erſterben! fallen,
Doch ohne Dolch! Sein Geiſt, und nicht ſein Leben,
Sein edles Herz verbluten! Er
Ein Vater mir! Freund! Bruder! Er! in Fehlen
Noch edel! — Grauſam edel! Größeſter
Gewiß der Menſchen! — Und durch meine Hand
Soll Er nicht mehr ſein? = = Freundes Herzensblut,
Du Dolch, mir ſtets in ſtarren Tropfen zeigen? —
Grauſamer Stand! — Und ſoll er leben? ſoll
Verjochen Vaterland? Soll Recht
Und Tugendfreiſinn aus der Welt
Verbannen? — Und wird Er's nicht? und thut's?
Und hat's gethan! Die Krone aller Welt
Faſt ſchon auf ſeinem Haupte! Wenige
Nur noch, die Ketten fühlen! und die wenig'
Erwählen mich! vertraun ſich mir,
Freiheit und Vaterland zu retten! Mut
Und Freiheit aller Welt zu retten! und
Ich zweifle? zögre? ſehe mich
Allein in Cäſar? Mich? —
　　　Schwach Gefäß, voll Streit und Kummer,
　　　Menſchenherz!
　　　Was iſt gut? die Wahngedanken
　　　Taumeln! wanken!
　　　Und dann drückt ein öder Schlummer
　　　Ach, wie niederwärts!
　　　　　Freundesmilde — ſoll ſie ſiegen?
　　　　　Und unterliegen
　　　　　Freiheit! Tugend! Vaterland?
　　　　　Eins iſt Tand! Was iſt Tand?
　　Schwach Gefäß ꝛc.

4.

Sie kommen, die Verschwornen! wie verhüllt!
O Mordverrat, so auch der schwarzen Nacht
Mußt du dein Haupt verhüllen! und wie bist,
Erscheinst du dann dem Licht, dem Wesen
Des Lichtes allenthüllt! — Wer seid ihr, Freunde?
Wohlan, seid alle edle Römer! wert
Der That, die groß und ewig sein wird — Brüder!
Dürft' aber sie nicht blutig sein! = = Wohlan,
Ich bin mit euch, ihr Römer, schlummre nicht!
Er falle morgen denn! doch, Brüder, falle
Kein Mordtier! fall' ein Opfer Gottes! Roms,
Der Freiheit Opfer! Blutig, nicht erwürgt!
Tot ohne Todesnot — Gebt alle mir
Die Hände! — Schwören nicht! — Wir halten! — Geht —
Der Tag bricht an! es dämmert! Schöner Tag!
Seid heiter, meine Brüder! Unumwölkt
Die Stirn mit Unmutsmörderwolken! Seht,
Ein schöner Tag bricht an! nach solcher Nacht!
Der Freiheit Vaterlands ein schöner Morgen!
  Die Götter thun's! der Menschen Hand
  Ist Waffe! Weiht die Hand,
  Ihr Brüder, dem Gotte fürs Vaterland!
   Die Götter sehen's! Unser Sinn
   Blickt nicht auf Größe hin,
   Blickt nur auf Freiheit hin!
Die Götter thun's 2c.

Zweite Handlung.

Musik, die Cäsars Tod fern ankündigt.

1.

Cäsar (vorm Kapitol. Morgen).

Wenn alle Welt erbleichte! Mich,
Was sollte mich die Nacht erschrecken? Wunder?
Weissagung? — Aberglaub'! ich geh'
Zum Kapitol.

Stimme.

„O Cäsar, hüte
Dich heut!"

Und warum heut? sind immer wir
Nicht in der Götter Hand? Und mit mir sind
Die Götter!

Stimme.

Ach! sie drängen
Um Cäsar! — Cinna, Casca stoßen Dolche! —
Ihm Dolche!

„Auch, mein Brutus! du!" Er spricht's
Und sinkt! ach, liegt wie wundenvoll,
Wie blutend! „Auch, mein Brutus, du!" Er sprach's
Und sank! sein großer Geist
Floh unter Freundes Dolch verzeihend! liegst
Da, großer, edler, tapfrer Mann! zu Füßen
Da deinen Feinden allen! tief zu Füßen
Des überwundnen Feindes Bild! O bist
Gefallen! Ungemeßner Geist! (Die Erde
War ihm nicht weit genug, dem Herzen!) Schmaler Raum,
Und fließt im Blut! so warm! sein edles Herz,
Da schlägt's im Blut — —

Stimme 1.

Armseligkeit!
Des Menschen Geist,
Er umfaßt die Welt!
Fleucht auf in Sterne!
Zählt in Ferne
Blicke der Zeit,
Baut in Ferne
Sich Ewigkeit
Und fällt und fällt
In den Staub.

Stimme 2.

Mühseligkeit!
Des Menschen Herz,
Es hat nimmer Ruh';
Voll Angstbeschwerde,
Müh' der Erde,

Freude voll Leid,
Aller Erde
Zu weit! zu weit,
Und wallt zur Ruh'
In das Grab.

Stimme 1. Armseligkeit!

Stimme 2. Mühseligkeit!

Stimme 1.

Des Edlen Geist,
Ich seh ihn! er entfleucht
Den Olymp! erreicht
Die großen Schatten, Romulus,
Gott Numa und Fabricius:
Ihr Anruf preist
Willkommen den Helden! den edlen Geist,
Zu groß, zu groß der Niederwelt!
Armseligkeit 2c.

Stimme 2.

Des Helden Geist,
Ich seh' ihn! er ersteigt
Aus der Gruft einst! feucht
Nach Rach' und Kampf und fordert Blut,
Geht her auf Leichen! atmet Glut
Der Römer! reißt
Hinunter die Sklavin! Rom fällt, fällt!
O käm' er wieder der Niederwelt!
Mühseligkeit 2c.

2.

Brutus (vor dem Volke).

Noch alle bebt ihr! staunet — höret denn,
Warum ihr staunen müsset — Cäsar fiel,
Und Brutus stieß den großen Cäsar nieder!
Doch Cäsars Geist nur stieß er nieder! sein
Tyrannenherz! den Knechtegeist! Hätt' einer
Den lebend töten können! hätte
Das Brutus können, Cäsar lebte! Doch

Wer konnt's? den Stolz, die Allgewalt,
Den Göttergeist bezwingen! Seht!
Er ist bezwungen! Tyrannei
Liegt stumm im Blut! Der Freiheitmörder, Sohn,
Der's Vaterland verjochte, liegt
Da stumm im Blut! Seid frei, ihr Römer! Seid's
Durch diesen Dolch nun! Brutus
Will Cäsars Thron nicht, weil von diesem Thron
Den Größten, Edelsten, weil seinen Freund
Von diesem Thron er stieß. Die That
Ist recht und gut! Macht ihr sie glücklich.

Chor.

Triumph dem edlen Brutus!
Dem Vater Roms! dem Tyrannensieger!
Dem Freiheitstifter! Kronen, Triumph!

3.

Antonius (vorm Volke).

Lobsänger, edle Römer! voll Gefühls
Des Edlen! Einen Blick noch gönnt
Dem edeln Cäsar! Edelarm — nun nichts mehr
Als dieser Leichnam! blaß und blutend! wie
Zerrissen! — Großer Cäsar! Seht sein Kleid,
Sein Kleid, mit Feindespfeilen einst durchbohrt
Hier! dort und da! die edle Brust, so oft
Durchbohrt mit Feldherrnwunden — wem so oft
Durchbohrt? o Römer, euch! und glaubt's,
Auch jetzt durchbohrt für euch, so ruhig
Ihr seht die Wunden fließen! Arme, rote Wunden,
Umsonst, daß ihr für Vaterland, für Rom
So oft einst flosset! Umsonst, daß, großer Cäsar, du
Für Rom einst Erden unterjochtest, Recht
Und Zeit und Kriegesweisheit — Ewigkeit!
Die Herrschaft aller Welt Rom gabest — all' umsonst!
Dein Blut fließt ungerächt und stumm!
Erstarret schon! Verzeih, o Blut,
Das schon erstarrt! Du stummer, kalter, blasser,
Erwürgter Leichnam! und der du hier schwebst,
O Cäsars Geist, verzeih! Dein Waise kann

Für dich nicht reden! Feindesherzen nicht,
Ach, deiner Freunde Herzen rühren nicht! Verzeihn
Dem Mörder, wie du ihm verzeihtest! wirst
Da unbeweint und ungesalbt
Und ungeahndet modern.

Chor.

Rache dem Mörder Brutus!
Dem Vatermörder! dem Romverräter,
Held Cäsars Mörder! Rache! Blut!

Arie.

Sie toben! wüten! wüten Rache!
Grausames Spiel der Menschen Rat!
Brutus' Göttersache
Ist nun Lasterthat!
    Dunkel, o Schicksal, ist dein Pfad;
    Auf Weltmeers rollenden Wogen
    Hinuntergeflogen,
    Liegt dies Schifflein nun
    Unter den Wogen!
    Es sollt' da ruhn!
Sie toben! 2c.

Dritte Handlung.

1.

Brutus.

Sieh, Cassius, die Götter wollen's so! =
Da sind wir! Feinde Roms nun! die für Rom
Den besten Freund aufopferten! den Freund,
Der mich im Todesstich umarmte! = Wollüstlinge,
Anton und Unterdrückung siegt! Uns lassen
Die Götter sinken — Wer, o Cassius,
Versteht der Götterwage Sinken! Auch
Mein edles Weib ist tot,
Aus Gram und schweren Todes
Gestorben! All' entronnen! Ehre
Der Pöbelhauch, er hauche weg! Mir gleich,
Feind' oder Freunde Roms; im Herzen

Nur Roms und Vaterlandes Freund und wert
All' edler Menschen. Grämt, o Cassius,
Dich Götter Richten? weißt du, Cassius,
Wie Götter richten? Aber daß mich lebend
Kein Menschenherz verließ, kein Freund
Mir untreu ward, das ist
Mir süßer Blick im Tode!

　　Komm, o komm, noch Lebens Abendstunden
　　　　Froh genießen, Freund!
　　Was ich gefunden
　　Auf der Welt! — kein Freundesherz gefunden,
　　Das untreu mir's gemeint.

　　　　Ach! Wann wir uns droben noch begegnen,
　　　　　　Droben, was wir hier gewählt
　　　　　　Und verfehlt,
　　　　　　Froh versegnen,
　　　　　　Freund! —
　　Komm, o komm, noch 2c.

2.

Brutus (zu Mitternacht).

Sie schlummern alle! Auch mein Cassius! —
Mein treuer Lucius ist ob der Abendharf'
Entschlafen! und die Saiten lispeln
Die letzten Schlummertöne! — Komm,
Wie du von hinnen gingst, o Sokrates,
Sei Lehrer mir der Nacht! Du große Seele,
Mir Wohllaut noch in Schlummer. Auch er
Ging scheiternd unter! sah nicht Ufer! Wahr'
Und Tugendschöne siegt' erst spät! sah sterbend
Sie nicht, und doch
Wie göttlich starb er! = = Götter,
Was ist's? ein Wahnbild meiner Augen! Bild,
Grauser Schatte, wer bist du?

　　　　　　　　　　„Brutus!
Dein Todesgeist!"
　　　　　　　Und Todesgeist, was ist's?
„Daß morgen zu Philippen du mich sehn!" — Wohlan!
So seh' ich dich! Er ist verschwunden! Blaß
Und grausend. — Alle schlummern! — Schlummernder,

Freund Cassius, mein Ende naht! soll morgen
Ihn sehn! Wohlan! Auch Cäsar
Werd' ich dann sehn, und heiter wird er mir
Begegnen, wie er starb: „Auch du, mein Brutus!
Hast auf der Welt des Irrtums dich geirrt
An Tugend! ich an Größe! bist erlegen,
Wie ich erlegen."

Arioso. Accomp.

Rings um meine Seele schwimmt
Nebelhülle!

Fremde Stimme. Arioso.

„Arme Schatten, die sich fanden
Unten hier, und strebend,
Wünschend, hoffend, gegenstrebend
Schwanden.
Abgelegt nun eure Hülle,
Welch ein Blick auf diese Welt!"

Accomp.

Komm, grauser Genius! ergrimmt
Und blaß! Der Vorhang fällt!
Nichts mehr! ich bin der Götter Wille
In andrer Welt.

3.

Brutus (unter dem Sternhimmel).

Aus ist's! Roms Heil! die Freiheit! Alles Gut
Der Erd' erloschen! Auch mein Leben glimmt,
Die kleine Flamme zu erlöschen! — Armes Rom!
Tyrann wird auf Tyrann dich frönen! dich
Im Blute baden! dich ohnmächtig
Aufopfern Priestern und Barbaren! Gräber
Der Väter! unsre Gräber! welche Welt
Wird auf euch wandeln, Urnen suchen
Und ob der Väter Urnen nicht erröten! immer
Verargen! — Tugend! ach, ich hoffte
Dir Freistatt auf der Welt zu hinterlassen! — hoffte
Vergebens! schwindest! seh' sie schwinden! — Schwinden?

Weil Römerfreiheit stirbt? Rom stirbt? — Was weiß ich,
Was nachbleibt, und wohin ich geh'? — Ich stand —
(Die Götter würdeten mich's) auf dem Rande
Des Abgrunds! Scheidepunkt! stand zwischen Freiheit
Und Elend! wollte Freiheit retten, ewigen!
Vollbrachte letzte Freiheitthat — ich seh'
Mißlingen sie! — und sterbe frei und froh,
Der letzte! — Edler, schöner Tod, auf welch
Ein ehrenvolles Leben! — Himmel
Voll Sterne, du bist schön! — Die Götter rufen
Wohin mich unter Sterne? — Genius,
Ich sehe dich! ich komme! = = =

Cassius.

Er ist entflogen,
Der Pfeil! Sein Bogen
Liegt ausgespannt! ermattet schwer,
Und droben wandeln die Sterne daher.
　　Wo auf aller Erde Gründen
　　Ist, wie er
　　Ein edler Feind,
　　Kein edler Freund zu finden.
Er ist entflogen 2c.

III.

Paramythien.

Dichtungen aus der griechischen Fabel.

––––––––

Bruchstück aus einem Gespräch.

Demodor.

Was haben Sie weiter?

Theano.

Etwas, was mich nebst den Blumen am meisten vergnügt hat, Paramythien. Was bedeutet das Wort?

Demodor.

Paramythion heißt eine Erholung; und wie Guys erzählt, nennen noch die heutigen Griechinnen die Erzählungen und Dichtungen, womit sie sich die Zeit kürzen, Paramythien. Ich konnte den meinen noch aus einem dritten Grunde den Namen geben, weil sie auf die alte griechische Fabel, die Mythos heißt, gebauet sind und in den Gang dieser nur einen neuen Sinn legen.

Theano.

Ein schöner Name zu einer schönen Sache: denn, Demodor, ich wünschte, daß ich alle abgetragenen, zu oft gebrauchten Märchen der Mythologie wenigstens in einer neuen Absicht wieder kommen sähe. Ja, mir wäre es lieb, wenn ich jeden schönen Gegenstand um mich her mit einer Dichtung aus alten Zeiten gleichsam zu verwandeln und neu zu beleben wüßte.

Demodor.

Versuchen Sie es, Theano, und Sie werden unvergleichbar schönere hervorbringen, als hier versucht sind. Wissen Sie, wie diese entstanden? Durch das Spiel eines Wettstreites auf einigen Spaziergängen.

Theano.

Es scheint, Sie setzen die Geschichte Ihrer Blumengesellschaft fort.

Demodor.

Ungefähr. Zwei Einsiedler gaben sich auf einigen ihrer
Spaziergänge Gegenstände auf, darüber eine Fabel, eine Dich=
tung, oder was ihnen sonst einfiele, zu sagen. Ich war einer
derselben, setzte auf, was gesagt wurde, und so sind diese Er=
zählungen worden. In einigen werden Sie noch Spuren des
Wettstreites finden.

Theano.

Ein Spiel, das nicht jedem glücken wird.

Demodor.

Ihnen gewiß, und ich sehe schon schöneren Paramythien
über einige Ihrer geliebten Gegenstände entgegen. Niemals
dichtet die Seele angenehmer als in solchen Spielen, und ich
wollte, wie schon Lessing bei der Aesopischen Fabel gesagt hat,
daß man auch Kinder darin übe. Die alte Mythologie würde
ihnen durch diese Verwandlung lieb werden, ihre Empfindungs=
kraft wird geschärft, und ich habe Proben, wie naive Ge=
danken zuweilen aus der Seele eines Schoßkindes der Natur,
das alle Gegenstände noch mit neuer, frischer Liebe ansieht,
lieblichen Knöspchen gleich, hervorkeimen. Da Sie diese kind=
liche Einfalt lieben, Theano, will ich Ihnen zu einer anderen
Zeit einige derselben mitteilen.

Theano.

Und ich will versuchen, ob ich auch noch Kind sein kann,
um mir einige Gegenstände jugendlich zu malen. Wenn nicht
so blumenreich —

Demodor.

Das Blumenreiche gehörte hier zu den Gegenständen;
sonst wäre es ein Fehler. Je schöner Ihre Dichtung sein
wird, desto weniger hat sie des Schmuckes nötig. Sie kennen
das griechische Epigramm:

Schön bist du, Aglaja, die ringsum alles verschönet,
      Schön im Schmucke; doch nackt bist du die Schönheit selbst.

Die Morgenröte.

Eine Schar fröhlicher Mädchen beging mit Tänzen und
Lobgesängen das Fest der Aurora. „Schönste, seligste Göttin,“
sangen sie, „du in Rosengestalt, in ewiger Jugendschönheit!
Täglich erwachest du neu, gebadet im Quell des Genusses und
der erquickenden Blüte!“ — als eben, da die Sonne aufging,

Aurora ihr Gespann zu ihnen lenkte und vor ihnen stand, die schönste, aber nicht die glücklichste aller Göttinnen. Thränen waren in ihren Augen, und der Duft des Schleiers, den sie von der Erde gezogen hatte, lag wie eine feuchte Wolke vor ihrem leuchtenden Rosenantlitz.

Kinder, sprach sie, die ihr mich mit Lobgesängen ehret, eure jugendliche Unschuld hat mich hergezogen, euch mich, wie ich bin, zu zeigen. Ob ich schön sei? sehet ihr selbst; ob ich glücklich sei? mögen euch die Thränen sagen, die ich täglich in den Schoß meiner Schwester Flora weine. Unbedachtsam in meiner Jugend, vermählte ich mich jenem alten Tithonus, aus dessen Armen ihr mich täglich so früh emporeilen sehet. Ihm und mir zur Strafe ward ihm seine graue Unsterblich= keit ohne Jugend, die auch mir, solange ich bei ihm bin, Glanz und Schönheit raubet. Deswegen eile ich so früh an mein kurzes Geschäft, die Schatten zu verjagen, und verberge mich tagsüber im Strahl der Sonne, bis ich von ihm, sobald er mich wieder erblickt, mit Thränen und Schamröte in sein graues Bette hinuntergezogen werde. Spiegelt euch, ihr Mädchen, an meinem Beispiel, und glaubt nicht, daß die Schönste von euch auch die Glücklichste sein müsse, wenn sie nicht auch so weise als schön ist und sich einen ihr gleichen Gatten zur Glückseligkeit wählet.

Aurora verschwand; aber ihr Bild glänzte fortan den Mädchen in jeder Thräne des Taues wieder. Sie priesen sie nicht mehr als die glücklichste der Göttinnen, weil sie die schönste sei, und wurden weise durch ihr Exempel.

Der Schlaf.

In jener Schar unzählbarer Genien, die Jupiter für seine Menschen erschaffen hatte, um durch sie die kurze Zeit ihres mühseligen Lebens zu beglücken und zu vergnügen, war auch der dunkle Schlaf. "Was soll ich," sprach er, da er seine Gestalt ansah, "unter meinen glänzenden gefälligen Brü= dern? Welches traurige Ansehen habe ich im Chor der Scherze, der Freuden und aller Gaukeleien des Amors? Mag es sein, daß ich den Unglücklichen erwünscht bin, denen ich die Last ihrer Sorgen entnehme, und sie mit milder Vergessenheit tränke. Mag es sein, daß ich dem Müden gefällig komme, den ich doch auch nur zu mühseliger neuer Arbeit stärke. Aber denen, die nie ermüden, die von keiner Sorge des Elendes wissen, denen ich immer nur den Kreis ihrer Freuden störe" —

„Du irrest," sprach der Vater der Genien und Menschen, „in deiner dunklen Gestalt wirst du aller Welt der liebste Genius werden. Denn glaubst du nicht, daß auch Scherze und Freuden ermüden? Wahrlich, sie ermüden früher als Sorg' und Elend und verwandeln sich dem satten Glücklichen in die langweiligste Trägheit.

„Aber auch du," fuhr er fort, „sollst nicht ohne Vergnügungen sein; ja in ihnen oft das ganze Heer deiner Brüder übertreffen." Mit diesen Worten reichte er ihm das silbergraue Horn anmutiger Träume. „Aus ihm," sprach er, „schütte deine Schlummerkörner, und die glückliche Welt sowohl als die unglückliche wird dich über alle deine Brüder wünschen und lieben. Die Hoffnungen, Scherze und Freuden, die in ihm liegen, sind von deinen Schwestern, den Grazien, mit zauberischer Hand von unseren seligsten Fluren gesammelt. Der ätherische Tau, der auf ihnen glänzet, wird einen jeden, den du zu beglücken denkst, mit seinem Wunsch erquicken, und da sie die Göttin der Liebe mit unserem unsterblichen Nektar besprengt hat, so wird die Kraft ihrer Wollust viel anmutiger und feiner den Sterblichen sein als alles, was ihnen die arme Wirklichkeit der Erde gewähret. Aus dem Chor der blühendsten Scherze und Freuden wird man fröhlich in deine Arme eilen: Dichter werden dich besingen und in ihren Gesängen dem Zauber deiner Kunst nachbuhlen; selbst das unschuldige Mädchen wird dich wünschen, und du wirst auf ihren Augen hangen, ein süßer beseligender Gott." —

Die Klage des Schlafes verwandelte sich in triumphierenden Dank, und ihm ward die schönste der Grazien, Pasithea, vermählet.

———

Der Tod.
Ein Gespräch an Lessings Grab.

Himmlischer Knabe, was stehest du hier? die verglimmende Fackel
    Nieder zur Erde gesenkt; aber die andere flammt
Dir auf deiner ambrosischen Schulter an Lichte so herrlich!
    Schöneren Purpurglanz sah ja mein Auge nie!
Bist du Amor? —
                „Ich bin's! doch unter dieser Umhüllung,
    Ob ich gleich Amor bin, heiß' ich den Sterblichen Tod.

Unter allen Genien sahn die gütigen Götter
    Keinen, der sanft wie ich löse das menschliche Herz.
Und sie tauchten die Pfeile, womit ich die Armen erlöse,
    Ihnen ein bitter Geschoß, selbst in den Becher der Lust.
Dann geleit' ich im lieblichen Kuß die scheidende Seele
    Auf zum wahren Genuß bräutlicher Freuden hinauf."
Aber wo ist dein Bogen und Pfeil? „Dem tapferen Weisen,
    Der sich selber den Geist längst von der Hülle getrennt,
Brauch' ich keiner Pfeile. Ich lösche die glänzende Fackel
    Sanft ihm aus; da erglimmt eilig vom purpurnen Licht
Diese andre. Des Schlafes Bruder, gieß' ich ihm Schlummer
    Um den ruhigen Blick, bis er dort oben erwacht."
Und wer ist der Weise, dem du die Fackel der Erde
    Hier gelöschet, und dem jetzo die schönere flammt?
„Der ist's, dem Athene, wie dort dem tapfren Tydides
    Selber schärfte den Blick, daß er die Götter ersah.*)
Mich erkannte Lessing an meiner sinkenden Fackel,
    Und bald zündet' ich ihm glänzend die andere an."

Die Wahl der Flora.

Als Jupiter die Schöpfung, die er zu schaffen gedachte, in idealischen Gestalten vor sich rief, winkte er, und es erschien unter anderen die blumige Flora. Wer mag ihre Reize beschreiben? wer ihre Schönheit schildern? Was je die Erde aus ihrem jungfräulichen Schoße gebar, war in ihrer Gestalt, in ihrem Wuchs, in ihren Farben, in ihrem Gewande versammelt. Alle Götter schauten sie an; alle Göttinnen beneideten ihre Schönheit.

„Wähle dir," sprach Jupiter, „aus dieser zahlreichen Schar von Göttern und Genien einen Liebling; doch siehe zu, eitles Kind, daß dich deine Wahl nicht trüge!"

Leichtsinnig blickte Flora umher; und o, hätte sie den schönen, den in Liebe für sie entbrannten Phöbus gewählet! Aber seine Schönheit war dem Mädchen zu hoch, seine Liebe für sie zu verschwiegen. Flüchtig lief ihr Blick umher, und sie erwählte — wer hätte es gedacht? — einen der letzten aus der Zahl der Götter, den leichtsinnigen Zephyr.

„Sinnlose!" sprach der Vater, „daß dein Geschlecht auch in

---

*) Anspielung auf die Schrift: „Wie die Alten den Tod gebildet."

seiner geistigen Urgestalt schon jeden buhlerischen, leicht auf-
fallenden Reiz einer höheren stilleren Liebe vorziehet! Hättest
du diesen gewählt" (er winkte auf Phöbus), „du und dein
ganzes Geschlecht hätte mit ihm die Unsterblichkeit geteilet.
Aber jetzt, genieße deines Gatten!"

Zephyr umarmte sie, und sie verschwand. Sie verflog
als Blumenstaub ins Gebiet des Gottes der Lüfte.

Als Jupiter die idealischen Gestalten seiner Welt zur
Wirklichkeit brachte, und der Schoß der Erde dastand, die
verstobenen Blumenkeime ins Leben zu gebären, rief er dem
über der Asche seiner Geliebten entschlummerten Zephyr:
„Wohlauf! o Jüngling, wohlauf! Bring' deine Geliebte her,
und siehe ihre irdische Erscheinung." Zephyr kam mit dem
Blumenstaube; der Blumenstaub flog hin über die Weite der
Erde. Phöbus aus alter Liebe belebte ihn; die Göttinnen
der Quellen und Ströme, aus schwesterlicher Neigung, durch-
drangen ihn; Zephyr umfing ihn, und Flora erschien in
tausend vielfältigen sprießenden Blumen.

· Wie freute sich jede derselben, da sie ihren himmlischen
Buhler wiederfand! sie überließen sich alle seinem tändelnden
Kuß, seinen sanft-wiegenden Armen. Kurze Freude! Sobald
die Schöne ihren Busen geöffnet und das hochzeitliche Bett
in allen Reizen des Wohlgeruchs und der Farben bereitet
hatte, verließ sie der satte Zephyr; und Phöbus, voll Mitleid
über ihre zu gutwillig-betrogene Liebe, schaffte mit seinem
zehrenden Strahl ihrem Gram ein früheres Ende.

Jeden Frühling, ihr Mädchen, beginnet aufs neu' dieselbe
Geschichte. Ihr blühet wie Flora; wählt euch einen anderen
Geliebten als Zephyr.

Die Schöpfung der Turteltaube.

Zwei Liebende saßen zusammen im ersten holdseligen
Traum ihrer Wünsche; aber ach, ihre Wünsche sollten ein
Traum bleiben. Neidend schnitt die unerbittliche Parze, und
ihre Seelen schieden in einem Kuß, in einem Seufzer un-
zertrennt miteinander.

Das erste, was sie, von ihrem Körper getrennt, erblickten,
war die um sie schwebende Göttin der Liebe. Traurig und
klagend flohen sie in ihren Schoß. — „Du standest uns nicht
bei, gute Göttin! du sahest unsere Wünsche und ließest sie

uns nicht genießen im Menschenleben. Aber wir wollen uns
auch als Schatten noch ungetrennt lieben."

„Die Liebe der Schatten," sprach die bewegte Göttin, „ist
eine traurige Liebe. Nun stehet's zwar nicht in meiner Macht,
euch das Leben der Menschen wiederzugeben; aber das ver=
gönnt mir das Schicksal, euch in eine Gestalt meines Reiches
zu verwandeln. Wollt ihr die Tauben sein, die triumphierend
meinen Wagen ziehen und im Chor der Buhlereien und
Scherze von ambrosischer Speise leben? Eure Treue, eure
Liebe verdient diese Belohnung."

„Verzeih, o gütige Mutter," sprachen die Liebenden mit
einem Munde, „verzeihe uns die zu gefahrvolle, zu glänzende
Belohnung. Im Chor der Scherze und Buhlereien, im ewigen
Geräusch und Glanze deines siegreichen Hofes, wer ist uns
Bürge für unsere Treue, für unsere Liebe? Sollen wir Tauben
sein, so sende uns in die Einsamkeit, damit wir in unserem
armen Nest uns einander alles werden, alles bleiben."

Die Göttin sprach das Wort der Verwandlung; siehe,
da flog das erste Paar girrender Turteltauben. Sie girreten
Dank der Göttin und flogen ihrem Grabe zu, wo sie mit
ihrer Treue, mit ihrer rührenden Klage die alte Parze be=
wegen wollen, daß sie ihnen ihr ungenossenes Menschenleben
wiedergebe. Aber auch ihre gemeinschaftliche Klage ist ihnen
Trost; die zarte, treue Liebe, die sie in ihrer Wüste genießen,
ist ihnen mehr als alle Scherze und Freuden an Venus'
Throne.

Ist's Neid oder Güte, daß ihnen die Parze noch immer
ihre Taubengestalt läßt und sie vor dem gefährlicheren Lose
eines wandelbaren Menschenherzens bewahrt?

Die Lilie und die Rose.

Sagt mir, ihr holden Töchter der rauhen, schwarzen
Erde, wer gab euch eure schöne Gestalt? Denn wahrlich, von
niedlichen Fingern seid ihr gebildet. Welche kleinen Geister
stiegen aus euren Kelchen empor? und welch Vergnügen
fühltet ihr, da sich Göttinnen auf euren Blättern wiegten?
Sagt mir, friedliche Blumen, wie teilten sie sich in ihr er=
freuend Geschäft und winkten einander zu, wenn sie ihr
feines Gewebe so vielfach spannen, so vielfach zierten und
stickten? —

Aber ihr schweigt, holdselige Kinder, und genießet eures Daseins. Wohlan! mir soll die lehrende Fabel erzählen, was euer Mund mir verschweiget.

Als einst ein nackter Fels, die Erde dastand: siehe, da trug eine freundliche Schar von Nymphen den jungfräulichen Boden hinan, und gefällige Genien waren bereit, den nackten Fels zu beblümen. Vielfach teilten sie sich in ihr Geschäft. Schon unter Schnee und im kalten kleinen Grase fing die bescheidene Demut an und webte das sich verbergende Veilchen. Die Hoffnung trat hinter ihr her und füllte mit kühlenden Düften die kleinen Kelche der erquickenden Hyazinthe. Jetzt kam, da es jenen so wohl gelang, ein stolzer, prangender Chor vielfarbiger Schönen. Die Tulpe erhob ihr Haupt; die Narzisse blickte umher mit ihrem schmachtenden Auge.

Viele andere Göttinnen und Nymphen beschäftigten sich auf mancherlei Art und schmückten die Erde, frohlockend über ihr schönes Gebilde.

Und siehe, als ein großer Teil von ihren Werken mit seinem Ruhm und ihrer Freude daran verblühet war, sprach Venus zu ihren Grazien also: „Was säumt ihr, Schwestern der Anmut? Auf! und webet von euren Reizen auch eine sterbliche, sichtbare Blüte." Sie gingen zur Erd' hinab, und Aglaja, die Grazie der Unschuld, bildete die Lilie; Thalia und Euphrosyne webten mit schwesterlicher Hand die Blume der Freude und Liebe, die jungfräuliche Rose.

Manche Blumen des Feldes und Gartens neideten einander; die Lilie und Rose neideten keine, und wurden von allen beneidet. Schwesterlich blühen sie zusammen auf einem Gefilde der Hora und zieren einander; denn schwesterliche Grazien haben ungetrennt sie gewebet.

Auch auf euren Wangen, o Mädchen, blühen Lilien und Rosen; mögen auch ihre Huldinnen, die Unschuld, Freude und Liebe, vereint und unzertrennlich auf ihnen wohnen!

Aurora.

Aurora beklagte sich unter den Göttern, daß sie, die von den Menschen so viel gelobt, von ihnen so wenig geliebt und besucht werde, am wenigsten aber von denen, die sie am meisten besängen und priesen. Gräme dich nicht über dein Schicksal, sprach die Göttin der Weisheit, geht's mir anders?

Und dann, fuhr sie fort, siehe die an, die 'dich versäumen, und mit welcher Nebenbuhlerin sie dich vertauschen. Blick' auf sie, wenn du vorbeifährst, wie sie in den Armen der Schlaftrunkenheit liegen und modern an Leib und Seele.

Ja, hast du nicht Freunde, hast du nicht Anbeter genug? Die ganze Schöpfung feiert dir; alle Blumen erwachen und kleiden sich mit deinem Purpurglanz in neue bräutliche Schön=heit. Der Chor der Vögel bewillkommnet dich: jedes sinnet auf neue Weisen, deine flüchtige Gegenwart zu vergnügen. Der fleißige Landmann, der arbeitsame Weise versäumen dich nie: sie trinken aus dem Kelch, den du ihnen darbeutst, Ge=sundheit und Stärke, Ruhe und Leben; doppelt vergnügt, daß sie dich ungestört genießen, ununterbrochen von jener geschwätzigen Schar schlafender Thoren. Hältst du es für kein Glück, unentweiht genossen und geliebt zu werden? Es ist das höchste Glück der Liebe bei Göttern und Menschen.

Aurora errötete über ihre unbedachte Klage; und jede Schöne wünsche sich ihr Glück, die ihr gleich ist an Reinigkeit und Unschuld.

Nacht und Tag.

Nacht und Tag stritten miteinander um den Vorzug; der feurige, glänzende Knabe, Tag, fing an zu streiten.

Arme, dunkle Mutter, sprach er, was hast du wie meine Sonne, wie meinen Himmel, wie meine Fluren, wie mein geschäftiges, rastloses Leben? Ich erwecke, was du getötet hast, zum Gefühl eines neuen Daseins; was du erschlafftest, rege ich auf. —

Dankt man dir aber auch immer für deine Aufregung? sprach die bescheidene, verschleierte Nacht. Muß ich nicht er=quicken, was du ermattest? und wie kann ich's anders, als meistens durch die Vergessenheit deiner? — Ich hingegen, die Mutter der Götter und Menschen, nehme alles, was ich erzeugte, mit seiner Zufriedenheit in meinen Schoß: sobald es den Saum meines Kleides berührt, vergißt es alle dein Blendwerk und neiget sein Haupt sanft nieder. Und dann erhebe, dann nähre ich die ruhig gewordene Seele mit himm=lischem Tau. Dem Auge, das unter deinem Sonnenstrahle nie gen Himmel zu sehen wagte, enthülle ich, die verhüllte Nacht, ein Heer unzähliger Sonnen, unzähliger Bilder, neue Hoffnungen, neue Sterne.

Eben berührte der schwatzende Tag den Saum ihres Gewandes, und schweigend und matt sank er selbst in ihren umhüllenden Schoß. Sie aber saß in ihrem Sternenmantel, in ihrer Sternenkrone mit ewig ruhigem Antlitz.

Die Rose.

„Alle Blumen rings um mich her sehe ich welken und sterben; und doch nennet man nur immer mich die verwelkliche, die leicht vergängliche Rose. Undankbare Menschen! mache ich euch mein kurzes Dasein nicht angenehm genug? Ja auch selbst nach meinem Tode bereite ich euch ein Grabmal süßer Gerüche, Arzneien und Salben voll Erquickung und Stärkung. Und doch hör' ich euch immer singen und sagen: ach, die verwelkliche, die leicht zerfallende Rose!"

So klagte die Königin der Blumen auf ihrem Thron, vielleicht schon in der ersten Empfindung ihrer auch hinsinkenden Schönheit. Das vor ihr stehende Mädchen hörte sie und sprach: „Erzürne dich nicht über uns, süße Kleine! nenne nicht Undankbarkeit, was höhere Liebe ist, der Wunsch einer zärtlichen Neigung. Alle Blumen um uns sehen wir sterben, und halten's für Schicksal der Blumen; aber dich, ihre Königin, dich allein wünschen und halten wir der Unsterblichkeit wert. Wenn wir uns also in unserem Wunsche getäuscht sehen, so laß uns die Klage, mit der wir uns selbst in dir bedauern. Alle Schönheit, Jugend und Freude unseres Lebens vergleichen wir dir; und da sie wie du verblühen, so singen und sagen wir immer: Ach, die verwelkliche, die leicht zerfallende Rose!"

Die Echo.

Glaubet es nicht, gutherzige Kinder, glaubet nicht der Fabel des Dichters, daß die bescheidene Echo je eine ansprechende Buhlerin des eitlen Narkissos oder eine schwatzhafte Verräterin ihrer Göttin gewesen; denn nie zeigte sie sich ja einem Sterblichen, nie kam ein Laut zuerst aus ihrem Munde. Aber höret zu, daß ich euch die wahre Geschichte der Echo erzähle.

Harmonia, die Tochter der Liebe, war eine thätige Mitgehilfin Jupiters bei seiner Schöpfung. Mütterlich gab sie aus ihrem Herzen jedem werdenden Wesen einen Ton, einen Klang, der sein Inneres durchdringet, sein ganzes Dasein zusammenhält und es mit allen vergeschwisterten Wesen vereinet. Endlich hatte sie sich erschöpft, die gute Mutter, und weil sie ihrer Geburt nach nur halb eine Unsterbliche war, sollte sie sich jetzt mit dem Leben von ihren Kindern scheiden. Wie ging ihr der Abschied so nah! Bittend fiel sie vor dem Thron Jupiters nieder und sprach: „Gewaltiger Gott, laß meine Gestalt verschwinden unter den Göttern; aber mein Herz, meine Empfindung tilge nicht aus und trenne mich nicht von denen, denen ich aus meinem Herzen das Dasein gegeben habe. Wenigstens unsichtbar will ich um sie sein, damit ich jeden Hall des Schmerzes und der Freude, mit dem ich sie glücklich oder unglücklich begabte, mit ihnen fühle, mit ihnen teile."

„Und was würde es dir helfen," sprach der Gott, „wenn du ihr Elend unsichtbar mit ihnen fühltest und ihnen nicht beizustehen, ihnen auf keine Art sichtbar zu werden vermöchtest? denn das letzte versaget dir doch der unwiderrufliche Spruch des Schicksals."

„So laß mich ihnen nur antworten dürfen; unsichtbar nur die Laute ihres Herzens wiederholen können, und mein Mutterherz ist getröstet."

Jupiter berührte sie sanft, und sie verschwand, sie ward zur gestaltlosen, allverbreiteten Echo. Wo eine Stimme ihres Kindes tönet, tönet das Herz der Mutter nach: sie spricht aus jedem Geschöpf, aus jedem brüderlichen Wesen den Laut des Schmerzes und der Freude mit dem Gleichlaut einer harmonischen Saite. Auch der harte Fels wird von ihr durchdrungen, auch der einsame Wald wird von ihr belebt; und o wie oft hast du mich, zärtliche Mutter, du scheue Bewohnerin der Einsamkeit und der stummen Haine, mehr in ihnen erquickt als in dem öden Kreise tonloser Menschenherzen und Menschenseelen. Mit sanftem Mitleid gibst du mir meine Seufzer zurück; so verlassen und unverstanden ich sein mag, fühle ich doch aus jedem deiner gebrochenen Töne, daß eine alles durchdringende, alles verbindende Mutter mich erkennt, mich hört.

Der sterbende Schwan.

„Muß ich allein denn stumm und gesanglos sein?" sprach seufzend der stille Schwan zu sich selbst, und badete sich im Glanz der schönsten Abendröte; „beinahe ich allein im ganzen Reich der gefiederten Scharen. Zwar der schnatternden Gans und der gluckenden Henne und dem krächzenden Pfau beneide ich ihre Stimmen nicht; aber dir, o sanfte Philomele, beneide ich sie, wenn ich, wie festgehalten durch dieselbe, langsamer meine Wellen ziehe und mich im Abglanz des Himmels trunken verweile. Wie wollte ich dich singen, goldene Abendsonne! dein schönes Licht und meine Seligkeit singen, mich in den Spiegel deines Rosenantlitzes niedertauchen und sterben!"

Still entzückt tauchte der Schwan nieder, und kaum hob er sich aus den Wellen wieder empor, als eine leuchtende Gestalt, die am Ufer stand, ihn zu sich lockte. Es war der Gott der Abend= und Morgensonne, der schöne Phöbus. „Holdes, liebliches Wesen," sprach er, „die Bitte ist dir gewährt, die du so oft in deiner verschwiegenen Brust nährtest, und die dir nicht eher gewährt werden konnte." Kaum hatte er das Wort gesagt, so berührte er den Schwan mit seiner Leier und stimmte auf ihr den Ton der Unsterblichen an. Ent= zückend durchdrang der Ton den Vogel Apollos; aufgelöset und ergossen sang er in die Saiten des Gottes der Schönheit, dankbar froh besang er die schöne Sonne, den glänzenden See und sein unschuldiges, seliges Leben. Sanft wie seine Gestalt war das harmonische Lied: lange Wellen zog er daher in süßen entschlummernden Tönen, bis er sich — in Elysium wieder fand, am Fuß des Apollo, in seiner wahren, himm= lischen Schönheit. Der Gesang, der ihm im Leben versagt war, war sein Schwanengesang geworden, der sanft seine Glieder auflösen mußte: denn er hatte den Ton der Unsterb= lichen gehört und das Antlitz eines Gottes gesehen. Dankbar schmiegte er sich an den Fuß Apollos und horchte seinen göttlichen Tönen, als eben auch sein treues Weib ankam, die sich in süßem Gesange ihm nach zu Tode geklagt. Die Göttin der Unschuld nahm beide zu ihren Lieblingen an; das schöne Gespann ihres Muschelwagens, wenn sie im See der Jugend badet.

Gedulde dich, stilles, hoffendes Herz! Was dir im Leben versagt ist, weil du es nicht ertragen könntest, gibt dir der Augenblick deines Todes.

Der Sphinx.

Eine Erd- und Menschengeschichte.

1.

Sehet ihr jene dunkle Wolke? sprach Jupiter an einem Tage, da die Götter in Freude lebten: helldunkel und verwirrt schwebt sie tief unter unserm Fuß in den Lüften; was gilt's, wenn wir sie zu einem Wohnplatz belebter Wesen und zu einem neuen Spiel unserer Freuden machten? Er sprach's, und alle Götter stimmten ihm bei.

Sogleich sandte Rhea, die Mutter der Götter, den künstlichen Vulkan hernieder und gab ihm von ihrem ewigbrennenden Altar das himmlische Feuer in seine Hände. Ungestüm fuhr er hernieder und zerstieß am Felsen, dem Kern der Wolke, seinen Fuß, daß er noch davon hinkt. Er ging in die Klüfte des Felsens mit seiner Flamme und bereitete sie zum Heiligtum der Vesta; er bildete Gänge in denselben, wo er noch seine Metalle schmiedet.

Juno, seine unsterbliche Mutter, sah ihm nach und erheiterte mit dem Lächeln ihres Blickes die oberste trübe Luft. Neptun goß seine Wasser auf die Erde: da wurden Meere und Ströme. Pallas warf ihren Schleier hinab: da ward die schöne Bläue der Luft, geschmückt mit goldenen Sternen. Apollo fuhr rings um sie her und goß auf sie seine Strahlen. Seine keusche Schwester fuhr langsam ihm nach und ließ den Schmuck ihres Hauptes, den Mond, über ihrer Atmosphäre. Ceres leerte ihr Fruchthorn aus, voll Samen und Kräuter; und die himmlische Venus ließ sich nieder, alles erfüllend mit Leben und Liebe. Der neue Schauplatz grünte und blühte; und alle Götter vereinigten sich, ein Geschöpf zu schaffen, das dies neue Tempe genösse und fühlte.

Da winkte der Vater der Götter, und Leben quoll in den Staub: es regte sich ein Gebilde in Göttergestalt, und die Göttinnen eilten hinzu, es aufzurichten von der Erde. Pallas berührte seine Stirn, und der Funke der Weisheit zündete an in seinem Haupte. Juno berührte seine Augen, und sie blickten majestätisch umher. Venus berührte seine Lippe, und die schönste Gabe ihres Schatzes, Ueberredung der Liebe, floß auf dieselbe. So bildeten sie einen Mann, so bildeten sie ein Weib: Göttinnen und Götter freuten sich ihres Gebildes. —

— Als plötzlich der Bote der Götter ankam, der eben ausgesandt gewesen war, das Schicksal um einen Spruch zu befragen, und erschrocken die Nachricht brachte, daß die mächtigen Götter des Tartarus über ihr neues Gebilde zürnten. „Ohne sie zu befragen," sprach er, „habt ihr ihnen ein so weites Gebiet ihrer dunkeln Herrschaft entrissen; darum ist Pluto ergrimmt, die alten Parzen, die wütenden Erinnyen zürnen; Nemesis hat euch beim Schicksal verklagt, und die unerbittliche Mutter hat ihren Klagen Gehör gegeben. Vernehmt ihre strenge Entscheidung:

„Ein kurzes Leben sei den Lebendigen auf ihrer neuen Erde bestimmt, und da sie aus dem Felsen hervorgebracht ist, so sei der Sterblichen Leben ein hartes Leben. Das Metall in seinem Schoße sei ihnen ewige Mühe, ein immer wachsender Hader, und vielen der mordende Tod. Brüder werden Brüder erwürgen, und Hirten der Menschen ihre Völker schlachten. Der Freund stellt seinem Freunde nach Leben und Ruh'; und selbst die süßen Gaben der Himmlischen, Verstand und Ueberredung und Liebe, werden ihnen ein immerfließender Quell des Irrtums und des Truges und des Jammers. Also will es das Schicksal!"

Erblasset standen alle Götter da, als Merkur sprach: denn eben als er noch sprach, trat schon die Dienerin des Schicksals, die ehrwürdige Nemesis, heran, sie, die immer die Erde durchwandert, zu vergelten das Gute, zu strafen das Böse. Ungesehen geht sie umher und zeichnet die Thaten an; und wie sie ihr Buch der Unerbittlichen vorlegt, so wägt das Schicksal.

2.

Die Götter waren bestürzt; doch nicht ohne Rat und Hilfe. Sie mußten, das Schicksal sei unerbittlich, aber auch gerecht; widerrufen läßt sich sein Ausspruch nicht, aber er läßt sich anwenden und mildern. Im Urteil, das Merkur gebracht hatte, war nicht bestimmt, daß die Neuerschaffenen ein Eigentum der Unterirdischen sein sollten; noch weniger war die Linderung der Leiden, die ihnen das Schicksal auflegte, einem mitleidigen Wesen versagt. Aufs neue also sandten sie den Merkur ans hohe Fatum hinauf, mit einer zwiefachen Vorstellung zu lindern den Spruch des Schicksals.

Gerechte Göttin, sprach Merkur, und trat vor die ewigen Tafeln, der Mensch ist unschuldig an seinem Dasein: er hat

sich nicht selbst geschaffen. Vergönne also, daß die, die ihn
ins Leben riefen, ihm auch sein kurzes gefährliches Leben versüßen und lindern.

Die ewige Tochter der Notwendigkeit neigte bejahend
ihr Haupt, und Merkur sprach weiter:

Gerechte Göttin! Der Boden der Erde ist den Unterirdischen abgewonnen, und so bleibe er das Gebiet ihrer
Herrschaft, aus dem sie Gift und Qualen den Sterblichen
senden. Aber alles Lebendige auf und über der Erde ist der
himmlischen Götter Werk: vergönne, daß es in ihrer Herrschaft bleibe. Wenn die Parze schneidet, so werde der Leib
des Menschen zu Staub; aber mir erlaube, daß ich den
himmlischen Atem ins Reich der Himmlischen führe, aus dem
er entsprang.

Du bittest zu viel, sprach das Schicksal, und Nemesis rede.

Nemesis trat heran und sprach: Die ewigen Gesetze
fordern Wiedervergeltung. Wer Böses auf der Erde verübt
und es nicht büßet, der büße es im Tartarus ab, bis seine
Seele rein ist: dann führe sie, wohin du willst. Die Reinen
und Guten kannst du mitten durch den Orkus führen: ich
wehre dir nicht den Weg.

Das Schicksal winkte Ja, und Merkur verließ den ge-
rechtesten der Throne.

3.

Welch eine andere Szene begann nun auf der Erde!
Die Himmlischen und Unterirdischen waren im friedlichen
Kampf miteinander um die glücklich-unglückliche Menschen-
herde; denn ihre Grenzen waren vom Schicksal geschieden,
und die gerechte Nemesis war Bewahrerin dieser Grenzen.
Der Schlund des Tartarus brachte Unheil ans Licht; Krank-
heiten und Seuchen, Erdbeben und Feuerströme stiegen hervor, das verführende Gold und das mordende Eisen. Die
Parzen webten und schnitten ab; die Erinnyen schwangen
ihre Fackeln in die Herzen der Menschen; doch nicht anders,
als ihnen die thatenverzeichnende Nemesis Erlaubnis gab und
winkte.

Gegenteils thaten die Götter aus helfendem Mitleid
mehr für die Menschen, als sie zur bloßen Zeitkürzung würden
gethan haben: denn die Elenden waren ihr Werk. Merkur
ging hernieder und gab ihnen das Geschenk der Sprache.
Apollo ging hernieder und ward ein jugendlicher Hirt: er

lockte sie in ein friedliches Thal und erweichte die Herzen
der Jugend durch Gesang und Liebe. Bacchus ging her=
nieder und zeigte den Menschen die erquickende Traube: er
preßte sie in den Becher des Gastrechts, den er mit Rosen
der Freundschaft und mit dem Lotos milder Vergessenheit
kränzte. So mischten sich tausendfach, unerkannt und in vielen
Gestalten, die Götter unter die Menschen: sie besuchten die
Hütten der Armen und waren insonderheit beim Spiel der
unschuldigen Jugend. Grazien und Tugenden aus dem Ge=
folge der Venus beschäftigten sich mit der schönsten Zeit des
Menschen, wenn er im Liebreiz blühet und allen sanften
Eindrücken gern Raum gibt. Ja endlich bekam, zu noch
größerer Sicherung, jeder Mensch am Tage seiner Geburt
einen hilfreichen Genius, der ihn unsichtbar begleite, der aber,
um seine Vernunft zu eigener Thätigkeit zu gewöhnen, ihn
minder lehre als warne, ihn kräftiger rette als führe.

4.

Was sollten die Götter mehr thun, als sie thaten? und
dennoch sahen sie viel vergebliche Mühe vom Werk ihrer
Hände. Gern hätten sie den Menschen den kleinen Stolz
gegönnet, daß sie alles das erfunden haben, was eigentlich
die Genien und die verkleideten Götter für sie erfanden;
wenn nur auch die Geschenke ihrer schönsten Erfindungen dem
kindischen Geschlecht Nutzen gebracht hätten. Aber nach dem
Spruch des Schicksals ward ihnen das Beste zum Aergsten.
Bacchus mit seiner gekelterten Traube, Apoll mit seinem
Gesang und Tanz, Merkur mit seiner Zither und seiner über=
redenden Sprache, am meisten endlich Venus mit ihrem Zauber=
kelch der Freude und Liebe sahen Folgen, an die sie nicht
gedacht hatten, und für die sie keine Mittel mehr wußten.
Die Thörichten und Verkehrten! sie fingen an den Gott auch
in seiner tiefsten Verkleidung zu erkennen und zu fliehen.
Tugenden und Grazien wurden aus allen Spielen verbannt;
der Liebreiz und die errötende Scham flohen die Wangen der
Jugend, und für die Stimme des Genius war jedes Ohr
taub, jedes Herz eisern. „Wir sind keine Götter," sprachen
sie, „und wollen unter uns leben. Vernunft ist uns gegeben,
und so bedürfen wir keiner einhauchenden Stimme beschwer=
licher Lehrer."

Die Parzen schnitten, und die Erinnyen streuten Funken;
Nemesis zeichnete an: die Erde war voll unglücklicher, und

der Tartarus voll büßender Menschen. Voll Traurigkeit und Zorn über den Undank der Menschen zogen die Götter in den Olymp und ließen ihnen ihre tierische Behausung.

5.

Bis Pallas einst vor Jupiter erschien und ihn mit einem Andenken ans versunkene Menschengeschlecht störte. Ruhest du, Vater? sprach sie; kannst du ruhen und dir verzeihen, daß du Unglückliche gemacht hast?

„Ich habe sie nicht zum Unglück erschaffen wollen," sprach er und schwieg.

Das beruhigt dich, Vater, fuhr die fürsprechende Göttin fort; aber auch dich nicht ganz: noch weniger jene Unglück= lichen selbst, und am wenigsten das hohe Schicksal, das dir alle Mittel der Linderung und Verbesserung ihres Zustandes in deine Hand gestellt hat.

„Und welche wären übrig?" antwortete er im Unmut. „Sind sie nicht alle versucht worden, um Undankbare zu ver= binden, und Unglücklichen durch ihre eigene Schuld das Un= glück zu mehren? Laß mich, Tochter."

Zürne nicht, Vater, sondern höre mich gütig an, wie du mich sonst hörtest. Die Mittel, die wir bisher an den Sterblichen versucht haben, waren ihnen auswärtige, fremde Mittel. Ein Gott mußte ihnen beistehen, ein Genius sollte sie warnen, ein höherer Geist für sie erfinden! was Wunder, daß sie diese fremden Wohlthaten sich zur Beute gemacht und gemißbraucht haben? Was Wunder, daß sie endlich dieses ganzen störenden Götterumgangs müde geworden sind? Das Gute quoll nicht aus ihrem Herzen: es ward nicht in ihrer eigenen Seele geboren. —

„Und was folgte daraus, meine Tochter?"

Daß es ihnen auch nicht die Freude der Selbstempfäng= nis gab, den Grund der dauerndsten mütterlichen Freude. Offenbar, o Vater, versahen wir's in unserer Menschen= bildung, daß wir den Thon zu schwach und zu fein nahmen, daß der Hauch unseres Mundes sich ihnen in zu geringem Maß mitteilte, als daß sie die Gefahren bestehen könnten, die ihnen das Schicksal auflegte. Wir müssen uns ihnen also noch enger zu verknüpfen, ihre inneren Kräfte zu stärken und das Menschengeschlecht durchs Menschengeschlecht zu erheben suchen. —

Die dunkle Philosophin hätte vielleicht noch lange so fort=

geredet; aber die schalkhafte Venus unterbrach sie und warf
dem Jupiter zu — den Apfel der Liebe.

Pallas schwieg und schlug den Schleier nieder, denn das
hatte ihr dunkler Rat nicht gemeint; die Auslegung der
Venus aber gefiel, und Jupiter ging den Göttern vor am
Beispiel. Er schlüpfte hinunter, bald als goldener Regen,
bald als Schwan, bald in anderen Gestalten, wo irgend er
nur eine Schönheit fand, in der ein Funke von Götterseele
gedeihen konnte. Einige Götter und selbst Göttinnen folgten
nicht ungern; insonderheit ließ sich die zärtliche Mutter des
Menschengeschlechtes, die den Rat mit dem Apfel gegeben hatte,
auch die Ausrichtung des Rates sehr angelegen sein, so daß
zuletzt jeder entzückte Liebhaber in seiner Chloris eine Venus
oder Grazie zu umarmen glaubte. Selbst die keusche Diana
ward von der großmütigen Begierde, Menschen zu veredeln,
ergriffen und hing, da sie sich ihrem Endymion leibhafter-
weise zu nahen nicht wagte, mit zärtlich begeisterndem Blick
über seinem schlummernden Auge. Nur zwei Göttinnen,
Juno und Pallas, blieben keusch: jene aus Stolz und Eifer-
sucht, diese, deren Rat gänzlich verfehlt war, aus schamhafter
Weisheit.

6.

Die Szene des Menschengeschlechtes ward nun in ihrem
Innern verändert. Halbgötter und Heroen erschienen; nicht
durch fremde, sondern durch eigene Kräfte: der Same der
Göttlichkeit war in sterbliche Leiber gepflanzt. Welche größere
Thaten geschahen jetzt! welchen weiteren Begierden gab die
enge menschliche Brust Raum! Aeskulapius, Jupiters Sohn,
erweckte Tote und verminderte dem Tartarus sein Reich.
Herkules und so manche andere seiner Art befreiten die Erde
von Ungeheuern und drangen als Sieger selbst in die unter-
irdische Wohnung. Sanftere Göttersöhne kamen auf sanftere
Art den Unterdrückten zu Hilfe: manchen früheren Simonides
erretteten Kastor und Pollux, ohne daß die Geschichte ihre
Sagen erhalten. Als eine hilfreiche Flamme schwebten sie
über den Masten der Schiffe, als glänzende Sterne über
dem Schlachtfelde, und standen den Streitenden bei. Der
Sohn Apollos und der Muse zähmte abermals tierische Menschen mit seinem Saitenspiel und drang seiner geliebten
Eurydice bis ins Reich der Schatten nach. So stifteten
Göttersöhne den Bund der Freundschaft und Treue bis über

das Grab; Heroen waren's, die Königreiche gründeten, Gesetze gaben, Staaten stifteten und noch in ewigem Nachruhm leben. Sie warteten nicht auf den Stab Merkurs, sie durch die Thäler der Unterirdischen zu führen; in Flammen gereinigt stiegen sie selbst zum Himmel empor, und die Götter bewillkommneten sie als ihre Söhne und Brüder. Im Himmel und auf der Erde siegprangten die Göttersöhne, und Venus lächelte über ihren Apfel der Liebe.

Aber wie bald ging auch diese Szene vorüber! Die alten Götter wurden ihres Werkes müde, und allmählich fing ihr Geist an unter den Sterblichen zu verhauchen. Die Abkömmlinge der Heroen waren zwar auf ihren Ursprung stolz; allein es war nur ein fremder, ererbter Vorzug, den sie jetzt zur Unterdrückung anderer Sterblichen mißbrauchten. Träge floß das Götterblut in ihren Adern, und dafür schmückten sie sich mit Wappen und Ahnen. Schon wollte Jupiter der Pallas Vorwürfe machen, wie sehr ihre Weisheit sie diesmal bei solchem Puppenspiel betrogen; als sie, ohne sich über einen Rat zu rechtfertigen, den sie niemals gegeben hatte, stillschweigend zur Erde hinabstieg und ihr Werk selbst anfing.

7.

Unter allen Göttern und Göttinnen hatte nämlich Pallas allein den Vorzug, daß sie ohne äußere Berührung im Haupt Jupiters erzeugt war und also auch unmittelbar auf menschliche Seelen wirken konnte. Keiner Verkleidung bedurfte sie daher, um die Sterblichen zu unterrichten, noch weniger einer täuschenden Verführung. Sie warf die Flöte weg, die ihr Merkur leihen wollte, und die doch immer mehr auf die Ohren als auf die Gemüter der Menschen wirkte; dagegen teilte sie sich unmittelbar lehrbegierigen Seelen mit, die ihren Wert erkannten und ihre schweigende Gestalt liebten. Sie lehrte den Pythagoras schweigen und denken: ohne wachende Träume enthüllte sie ihm die Gesetze des Weltalls und öffnete sein Ohr der Harmonie der Sphären. Den begeisterten Plato führte sie ins Reich der Seelen, sie zeigte ihm den Staat der Götter, und selbst die himmlische Liebe. Den Brutus und Scipio bewaffnete sie mit ihrem undurchdringlichen Schilde und flößte das Gefühl in sie, nicht nur das Vaterland, sondern auch die Tugend zu lieben, den Neid zu verachten und sich durch sein Schlangenhaar nur anreizen zu lassen zu größerer Tugend. Deshalb setzte sie das Haupt

Medusens auf ihre Brust und gab der Furie daselbst eine
himmlische Schönheit. Mit ihrer schlichten Lanze, die einst
die Riesen niedergeworfen hatte, schlug sie den Fels, und es
ging aus ihm hervor der wohlthätige Oelbaum. Nicht Sieger
der Feinde, sondern Wohlthäter der Menschen krönte sie mit
seinem friedlichen Laube; am liebsten aber den, der sich selbst
überwand und mit sich in Frieden lebet. Auch sah sie bei
dieser Belohnung auf keinen Stand, auf kein Geschlecht, auf
kein Alter. Sie brachte sie dem Sklaven Epiktet sowohl als
dem geplagten Mark Aurel auf seinem bestürmten Throne;
inwendig in ihrer Seele goß sie aus das Oel des himmlischen
Friedens. Auch das weibliche Geschlecht entging nicht ihrer
schwesterlichen Aufsicht: sie erfand, nicht für sie, sondern in
ihnen, alle Künste der Arbeitsamkeit und des stillen häuslichen Fleißes. Mit der Penelope webte sie ihr frommes
Gewand und erquickte die Harrende durch Thränen ihrer
geduldigen Hoffnung. Selbst den Tod lehrte sie einige Edle
ihres Geschlechtes verachten. Sie gab der Arria den Dolch
in die Hand, und verwandelte die Kohle der Porcia in
glühenden Nektar. Ihren besten Lieblingen aber, Männern
und Weibern, gab sie ihr Bild, das Palladium der Unschuld.
Als Siegerin erschien sie jetzt im Olympus, ohne Stolz, in
ihrer bescheidenen schweigenden Größe. Jupiter gab ihr das
menschliche Geschlecht, um welches sie die größten Verdienste
hatte, zu eigen, und sie erwählte sich, statt aller Lustbarkeiten
des Himmels, die Erde zu ihrer stillen und vertraulichen
Wohnung. Am liebsten wohnet sie bei dem überlegenden
und geschäftigen Weisen und freuet sich des stillen Glückes
einer guten Erziehung, eines häuslichen, arbeitsamen Lebens.
Dafür höhnte nun freilich die umschweifende Venus sie mit
dem Symbol einer dunkeln Nachteule; das Schicksal selbst
aber sandte ihr, als der einzigen und besten Ausführerin
seiner Ratschlüsse, ein Sinnbild edlerer Art, den Sphinx, das
Bild einer verborgenen Weisheit.

Noch ist dein Reich, o große Göttin, hie und da nur im
Dunkeln auf der Erde; möge es bald ein allgemeines lichtes
Reich werden!

Minerva.

1.

Ihrer Bescheidenheit ungeachtet hatte Minerva bald alle Göttinnen gegen sich: denn auch im Olymp, sagt man, ist Neid eine gemeine weibliche Tugend. Sehet doch, sprachen sie, die Alleinweise! Sie fliehet unsere Gesellschaft, sie kann sich mit uns nicht würdig genug unterhalten. Und was mag sie denn in ihrer Einsamkeit thun? Unterhält sie sich etwa mit ihrem Kauze? —

Bescheiden trat Minerva hervor und zeigte ihre neue, schöne Erfindung, das Gewebe. Sehet, sprach sie, meine Schwestern, was mein Zeitvertreib sei, die stille, nützliche Arbeit. Die Kunst meines Sinnes und meiner Hände wird den Menschen zur Kleidung, zur Zierde werden; mein Geschlecht wird sich angenehm beschäftigen und die Männer durch Bande des Fleißes fester an sich ziehen und an sich erhalten, als durch alle Netze müßiger Liebe. Glaubt ihr denn auch nicht, daß ein sinnreicher Gedanke nützlicher Erfindung unendlich anmutiger sei als alle Geschwätze und langweiligen Spiele? —

Sie kehrte in ihre Einsamkeit zurück und bekümmerte sich nicht weiter um die Nachrede des trägen, geschäftlosen Neides.

2.

Die überwundenen Göttinnen rüsteten sich auf einen anderen Angriff. Wenigstens sieht man offenbar, sprachen sie, Minerva taugt nicht zur Liebe. Und wie könnte sie's auch? Ist sie nicht aus dem kalten Hirn unseres Altvaters gebildet! Ihr Herz schlägt nicht, denn auch ihr Herz ist nur Gedanke; kein Feuer, das aus zärtlicher Umarmung floß, wallt in ihren Adern. Lasset sie verehrt, lasset sie nützlich werden; angenehm, gesucht, geliebt werden, wird sie nie — und geht etwas über die allbeseligende liebliche Liebe?

Der Vater der Götter nahm sich sein selbst in seiner Tochter an: Glaubt ihr, sprach er, daß der Lebenssaft meines Hauptes nicht auch aus meinem Herzen emporquoll? bereitete nicht eben mein Herz seine feinsten Säfte? — Und dann, wie unweise wähnet ihr, daß eine wahre Götterverehrung ohne Liebe, und je Liebe ohne Verehrung stattfinde? Gehet hin und fragt darüber alle Lieblinge der Minerva in beiden Geschlechtern: um eine Gabe der Weisheit lieben sie sie herz-

licher und inniger als euch um hundert luftige Geschenke des
leichtsinnigen Amors.

Du insonderheit, meine schaumgeborene Tochter, ob ich
dich gleich sehr lieb habe, erinnere dich deines Ursprungs und
deines täglichen Schicksals! — Er schwieg; aber Göttinnen
und Götter fühlten's, was er damit sagen wollte.

Die feinste Liebe ist hohe Weisheit, und nur die höchste
Weisheit wird die wirksamste, dauerndste Liebe

3.

Venus bereitete sich zum dritten Angriff. Nun denn,
sprach sie, über eins ist die Sache entschieden, über ihre und
meine Schönheit. Paris sah uns beide, der unparteiische
feine Paris.

Paris? fiel Juno ihr ins Wort, der parteiische grobe
Hirt? Schämst du dich nicht seines Urteils und der verderb-
lichen Bestechung, mit der du ihn verführtest? —

Laß uns nicht zanken, Königin der Götter, sprach sie,
laß uns vergessen die alte Geschichte und nur gegen die an-
maßende Thörin eins sein, die dir und mir schadet. Hätte sie
mein schönes Haar, würde sie's unter ihren Helm verbergen?
Hätte sie deine stolze Brust und den Zaubergürtel meiner
Hüften, dessen Reize du auch erfahren, würde sie ihren drückenden Harnisch wählen? Laß uns aufs neue vor Paris treten;
aber nicht einzeln, sondern alle zusammen, und alle entkleidet —

Schweige, sprach Jupiter, und rege nicht wieder die Eris
auf, die, eures eitlen Wahnes wegen, Göttern und Menschen
genug zu schaffen gemacht hat, um die Grille. Wenn meine
Tochter je fehlte, so war's, da sie sich mit dir und vor solch
einem Richter in einen Streit einließ. Diesmal allein, und
eben nur am zartesten Punkt eures weiblichen Herzens, zeigte
sie weibliche Schwachheit. Gesetzt nun auch, sie hätte nicht
dein Haar, nicht deine wollüstige Bildung; will sie sie haben?
und macht sie darauf Anspruch? Sie läßt dich prangen und
buhlen in deiner Nacktheit und verbirgt jungfräulich auch ihre
unleugbaren, mir nur bekannten Reize.

4.

Die Göttin der Weisheit erschien auf der Erde, und alle
Damen wollten fortan Göttinnen der Weisheit werden. Was,
dachten sie, ist leichter als dieses? Ihren Helm mit der Eule
pflanzen wir auf unser Haupt und verschönern ihn zu einem

bebufchten männlichen Hute. Ihren Harnisch zieren wir un=
endlich aus, daß er die schlankeste, schönste Brustwehr werde;
das Bild ihrer Meduse endlich soll auf unserer Brust, in
unseren Gesprächen glänzen — wir wollen von nichts als
unseren Siegen über stolze Nebenbuhlerinnen sprechen. Was
fehlt uns, sprachen sie, zu leibhaften Göttinnen der Weisheit?

Eine Kleinigkeit, versetzte Minervens Eule, nämlich daß
hinter dieser ganzen palladischen Rüstung eine Pallas wohne.
Meine Federn leihe ich euch nicht, ihr würdet sie auch selbst
verschmähen; der stolze Pfau muß euch kleiden. Euern Brust=
harnisch schont Amor nie; ihr schnürt ihn selbst so vorsichtig,
daß seine Pfeile überall Oeffnung finden. Medusens Antlitz
endlich — macht ja nicht, daß Pallas zürne und euch, wie sie
schon einer Nachahmerin, der Arachne, that, in das, was ihr
nicht sein wollt und so oft desto mehr seid, leibhaft verwandle.

Wollt ihr Minerven nachfolgen, fuhr die ernste Eule
fort, meiner eingezogenen, geschäftigen Königin Minerva, hier
habt ihr, wenn sie den männlichen Speer ablegt, ihr liebstes
häusliches Werkzeug. — Die Eule wollte ihnen Minervens
Erfindung und Heiligtum, die Spindel, reichen — und alle
Damen flohen die ernste, häßliche Eule.

5.

Eine feile Lehrmeisterin nach der Mode sollte ein junges
Mädchen zu guten Grundsätzen und Sitten bilden; sie fing
ihren Unterricht also an:

Vor allen Dingen, mein Kind, erzürne keine Göttin!
vernachlässige keinen Dienst und keine Mode des Dienstes,
der irgend einer derselben gebühret. Du weißt, welches die drei
mächtigsten und beliebtesten sind: Venus, Juno und Pallas.
Vom Dienst der Venus fange an; denn sie ist eine Freundin
und Gesellin der Jugend; die Jugend währt nicht lange,
und mit ihr verlassen uns leider die schönsten Gaben der
Venus. Zur Erinnerung dessen, siehe, da hast du ihren
Spiegel und ihren Apfel. — Mit zunehmenden Jahren wirst
du von selbst in den Dienst der Juno treten. Durch Pracht
kannst du zu ersetzen suchen, was dir dann an Blüte der
Schönheit gebricht; und was sie dir nicht geben kann, mögen
Kühnheit und Stolz dir geben. Zum Andenken dessen nimm
an den schönen Schweif ihres Pfaus, und pflanze ihn auf
dein Haupt zu künftigem Siege. — Kommt endlich das ein=
same, runzelvolle Alter, alsdann ist's Zeit, dich in die Ge=

stalt der Minerva zu kleiden. Ahme ihre Tugend, ihr Ver=
dienst, vorzüglich aber ihre ernste, strenge Reinigkeit nach,
und du wirst —

Vom Blitze Jupiters war plötzlich das Zimmer ent=
flammt, und vor ihnen stand die erhabene, edelzürnende
Pallas. „Verführerin," rief sie, und blickte sie an mit ihrem
blauen, scharfstrahlenden Auge; „mißbrauchst du meinen Namen
so schändlich? Werde, was du bist, aber nicht scheinest." Schnell
war die Verführerin von Pallas' scharfstrahlendem Blick in
die fürchterliche Meduse verwandelt. Zur Furie wurden die
Züge ihres Gesichts, zu züngelnden Schlangen zischten em=
por ihre Haare. Das Mädchen erschrak, aber die freundliche
Pallas nahm sie zärtlich auf ihren Schoß und sagte: Erschrick
nicht, liebes Mädchen, ich habe der Verführerin kein Leid ge=
than; sie erblickte ihre Gestalt in meinem glänzenden Brust=
harnisch, vor dem keine Lüge, keine Verstellung bestehen kann,
und mußte, was sie ist, werden. Glaube ihr nicht, unschul=
diges Kind! Die erste Tugend meines Dienstes ist jungfräu=
liche Sittsamkeit und Unschuld; wie kannst du je eine Tochter
Minervens werden, wenn du die schönsten Jahre deines Lebens
schnöde verbuhlt hast? Ich fordere und kröne nur stille Arbeit=
samkeit, prachtlose Bescheidenheit, häusliche Treue und Einfalt;
wie kann Pfauenpracht und Junonischer Stolz mit ihnen be=
stehen, und wie zu ihnen führen? Mein höchstes Geschenk
endlich ist geprüfte Leutseligkeit, stille Wahrheit. Die Furie
wollte dich zu der machen, die mit der häßlichsten, unreinsten
Falschheit meine Gestalt nachahmte und den Namen der Weis=
heit zum verwerflichsten aller Namen machte. — Wende deinen
Blick von ihr und begleite mich zu meinem Heiligtume.

Die häusliche Pallas erzog das junge Mädchen und
stattete sie aus, ohne Reichtum, ohne Junonische Pracht=
geschenke. Ihr Bild, ein Palladium, war ihre ganze Morgen=
gabe, und an der armen Hütte des Bräutigams sproßte ein
schöner Oelbaum. Das Palladium ward ihr täglicher Spiegel;
der nützliche, friedliche Oelbaum das Bild ihrer armen, aber
glückseligen Ehe.

IV

Dichtungen aus der morgen- ländischen Sage.

Erste Sammlung.

Die Blätter der Vorzeit.

Im Hain der ältesten Sage irrte mein Geist umher und kam an die Pforte des Paradieses. „Was willst du, Sterb- licher, hier?" sprach jene glänzende Wundergestalt, die den heiligen Garten bewachte; aber gemildert war ihr Glanz, und statt des feurigen Schwertes hatte sie einen Palmzweig in ihrer menschlichen Hand.

„Die älteste Wohnung meines Geschlechtes zu sehen," ant- wortete ich; „den Baum des Lebens und den Baum der Er- kenntnis und jene glücklichen Auen, auf welchen der Vater der Menschen von allem Lebendigen einst und von den Elohim selbst kindliche Weisheit lernte."

„Dies Paradies ist verblühet," sagte die Wundergestalt. „In einen unsterblichen Garten ist der Baum des Lebens verpflanzt, und der Baum der Erkenntnis blühet allen Völkern der Erde. Erkenne meine Gestalt." Der Cherub sprach's, berührend mich mit seinem Zweige, und erhob sich in die Luft.

Welche Gestalt sah jetzt mein Auge! welche Stimmen der Schöpfung vernahm mein neugeöffnetes Ohr! Alles Leben- dige und die Könige seiner Geschlechter, Adler und Stier, Mensch und Löwe, sie trugen des Ewiglebenden Thron: Ein Glanz, ein Lobgesang in rastloser Bewegung. Wohin der Adler flog, dahin keuchte der Stier, dahin wandte der Löwe sich; und der Mensch, ihr aller freundlicher und jüngstgeborener Bruder, er war der Priester der Natur, der aller Stimmen und Opfer dem Ewiglebenden darbrachte; den heiligen Wagen der Erdeschöpfung lenkte er. Mein Geist zerfloß in Harmonie des Lobgesanges aller Wesen. —

Da stand in milderem Glanz der Cherub wieder vor mir. Der Palmzweig, der in seiner Rechten war, zerfiel: seine Blätter waren die unverwelklichen Blätter der ältesten Sage. „Empfange sie," sprach er, „lies und deute sie deinen Brüdern." Das Gesicht verschwand.

Ich folge dem Befehl der Wundergestalt, die, wie alle Gestalten, so alle Stimmungen der Schöpfung in sich vereinet und jedes entschlafene Menschengeschlecht überlebt hat. Auf meiner Lippe sei die Sprache der alten Zeit; meine kindliche Sage atme den Hauch vom Zweige des Paradieses.

<hr/>

Licht und Liebe.

Im Anfange war alles wüst und leer, ein kalter Meeresabgrund; die Elemente der Dinge lagen wild durcheinander. Da wehete Lebenshauch vom Munde des Ewigen und brach des Eises Ketten, und regte wie eine brütende Taube die erwärmenden Mutterflügel sanft.

In dunkler Tiefe regte sich alles jetzt, aufringend zur Geburt. Da erschien der Erstgeborene, das sanft erfreuende Licht.

Das holde Licht, vereint mit der Mutterliebe, die über den Wassern schwebte; sie schwangen sich auf zum Himmel und webten das goldene Blau; sie fuhren hinunter zur Tiefe und füllten mit Leben sie an; sie trugen die Erd' empor, einen Gottesaltar, bestreuend sie mit immerverjüngten Blumen — den kleinsten Staub beseelten sie.

Und als sie Meer und Tiefen und Luft und Erde mit Leben erfüllet hatten, da standen sie ratschlagend still und sprachen zu einander: „Lasset uns Menschen schaffen, unser Bild; ein Gleichnis des, der Himmel und Erde durch Licht und Liebe schuf. Da fuhr Leben in den Staub; da strahlte Licht des Menschen göttliches Antlitz an, und Liebe wählte sein Herz zu ihrer stillen Wohnung.

Der ewige Vater sah's und nannte die Schöpfung gut; denn alles füllte, alles durchdrang sein immerwirkend Licht und seine holde Tochter, die belebende Liebe selbst.

*

Was murrſt du, müßiger Weiſer, und ſtaunſt die Welt
wie ein dunkles Chaos an? Das Chaos iſt geordnet; ordne
du dich ſelbſt! Im wirkenden Leben nur iſt Menſchenfreude;
in Licht und Liebe nur des Schöpfers Seligkeit.

Sonne und Mond.

Tochter der Schönheit, hüte vor Neide dich. Der Neid
hat Engel vom Himmel geſtürzt: er hat die holde Geſtalt der
Nacht, den ſchönen Mond, verdunkelt.

*

Vom Rat des Ewigen ging die ſchaffende Stimme aus:
„Zwei Lichter ſollen am Firmamente glänzen, als Könige der
Erde, Entſcheider der rollenden Zeit."

Er ſprach's; es ward. Auf ging die Sonne, das erſte
Licht. Wie ein Bräutigam am Morgen aus ſeiner Kammer
tritt, wie der Held ſich freuet auf ſeine Siegesbahn, ſo ſtand
ſie da, gekleidet in Gottes Glanz. Ein Kranz von allen
Farben umfloß ihr Haupt: die Erde jauchzte; ihr dufteten
die Kräuter; die Blumen ſchmückten ſich —

Neidend ſtand das andere Licht und ſah, daß es die
Herrliche nicht zu überglänzen vermochte. „Was ſollen,"
ſprach ſie murrend bei ſich ſelbſt, „zwei Fürſten auf einem
Thron? Warum muß ich die zweite und nicht die erſte
ſein?" —

Und plötzlich ſchwand, vom inneren Grame verjagt, ihr
ſchönes Licht hinweg. Hinweg von ihr floß es weit in die
Luft und ward das Heer der Sterne.

Wie eine Tote bleich ſtand Luna da, beſchämt vor allen
Himmliſchen, und weinte: „Erbarme dich, Vater der Weſen,
erbarme dich!"

Und Gottes Engel ſtand vor der Finſtern da; er ſprach
zu ihr des heiligen Schickſals Wort: „Weil du das Licht der
Sonne beneidet haſt, Unglückliche, ſo wirſt du künftig nur
von ihrem Lichte glänzen; und wenn dort jene Erde vor dich
tritt, ſo ſteheſt du halb oder ganz verfinſtert da wie jetzt.

„Doch, Kind des Irrtums, weine nicht. Der Erbarmende
hat dir deinen Fehl verziehen und ihn in Wohl verwandelt.
Geh, ſprach er, ſprich der Reuenden tröſtend zu: auch ſie in
ihrem Glanze ſei Königin. Die Thränen ihrer Reue werden

ein Balsam sein, der alles Lechzende erquickt, der das vom
Sonnenstrahl Ermattete mit neuer Kraft belebet."

Getröstet wandte sich Luna, und siehe, da umfloß sie jener
Glanz, in welchem sie jetzt noch glänzt; sie trat ihn an, den
stillen Gang, den sie noch jetzo geht, die Königin der Nacht,
die Führerin der Sterne. Beweinend ihre Schuld, mitleidend
jeder Thräne, sucht sie, wen sie erquicke; sie suchet, wen sie
tröste.

*

Tochter der Schönheit, hüte vor Neide dich! Der Neid
hat Engel vom Himmel gestürzt; er hat die holde Gestalt der
Nacht, den schönen Mond, verdunkelt.

Das Kind der Barmherzigkeit.

Als der Allmächtige den Menschen erschaffen wollte, versammelte er ratschlagend die obersten Engel um sich.

„Erschaffe ihn nicht!" so sprach der Engel der Gerechtigkeit; „er wird unbillig gegen seine Brüder sein, und hart
und grausam gegen den Schwächern handeln."

„Erschaffe ihn nicht!" so sprach der Engel des Friedens.
„Er wird die Erde düngen mit Menschenblut; der Erstgeborene seines Geschlechtes wird seinen Bruder morden."

„Dein Heiligtum wird er mit Lügen entweihen," so sprach
der Engel der Wahrheit, „und ob du ihm dein Bildnis
selbst, der Treue Siegel auf sein Antlitz prägtest."

Noch sprachen sie, als die Barmherzigkeit, des ewigen
Vaters jüngstes liebstes Kind, zu seinem Throne trat und
seine Kniee umfaßte. „Bild' ihn," sprach sie, „Vater, zu deinem
Bilde selbst, ein Liebling deiner Güte. Wenn alle deine
Diener ihn verlassen, will ich ihn suchen und ihm liebend beistehen und seine Fehler selbst zum Guten lenken. Des
Schwachen Herz will ich mitleidig machen und zum Erbarmen
gegen Schwächere neigen. Wenn er vom Frieden und der
Wahrheit irret, wenn er Gerechtigkeit und Billigkeit beleidigt,
so sollen seines Irrtums Folgen selbst zurück ihn führen und
mit Liebe bessern."

Der Vater der Menschen bildete den Menschen. Ein
fehlbar-schwaches Geschöpf; aber in seinen Fehlern selbst ein
Zögling seiner Güte, Sohn der Barmherzigkeit, Sohn einer
Liebe, die nimmer ihn verläßt, ihn immer bessernd. —

Erinnere dich deines Ursprungs, Mensch, wenn du hart und unbillig bist. Von allen Gotteseigenschaften hat Barmherzigkeit zum Leben dich erwählt; und lebend reichte dir Erbarmung nur und Liebe die mütterliche Brust.

Die Gestalt des Menschen.

Der Schaffende stieg hernieder, und alle Engel, die Fürsten der Elemente, sahen auf sein Werk.

Er rief dem Staub. Zusammen flog der Staub aus allen Teilen der Erde; der Engel der Erde sprach: „Ein sterbliches Geschöpf wird dies Gebilde sein, wo irgend auf Erden es lebt. Denn Erde ist es, und muß zur Erde werden."

Er rief der himmlischen Wolke; sie feuchtete den Staub. Da wälzte sich der Thon, und wölbte sich mit inneren Gefäßen und Kammern. Und der Engel des Wassers sprach: „Du wirst der Nahrung bedürfen, künstliches Geschöpf; Hunger und Durst werden die Triebe deines Lebens werden."

Von innen formeten sich Adern und Gänge; von außen mancherlei Glieder, und der Engel der Lebendigen sprach: „Mancherlei Verlangen wirst du unterworfen sein, kunstreichschönes Gebilde, die Liebe deines Geschlechtes wird dich ziehen und treiben."

Da trat Jehovah zu ihm mit seinen Töchtern, der Liebe und der Weisheit. Väterlich richtete er ihn auf und gab im Kuß ihm seinen unsterblichen Atem. Erhaben stand der Mensch und blickte freundlich umher: „Siehe," sprach der Schöpfer, „alle Gewächse der Flur, alle Tiere des Feldes habe ich dir gegeben; dein Vaterland, die ganze Erde, ist dein, daß du sie verwaltest. Aber du selbst bist mein, dein Atem ist mein; ich nehme ihn dir, wenn deine Zeit kommt, wieder." —

Die Töchter Gottes, Weisheit und Liebe, blieben bei ihm, dem neuen Gott der Erde. Sie unterrichteten ihn, lehrten ihn kennen Kräuter und Tiere; sie sprachen mit ihm als seine Gespielinnen, und ihre Lust war bei dem Menschenkinde.

So lebt der Mensch hienieden seine Zeit. Dann sinket er zusammen und gibt zurück den Leib den Elementen, aus welchen er ward; aber sein Geist kehrt wieder zu Gott, der seinen Atem ihm im Vaterkusse gegeben.

Der Weinstock.

Am Tage der Schöpfung rühmten die Bäume gegeneinander, frohlockend ein jeglicher über sich selbst. „Mich hat der Herr gepflanzt," so sprach die erhabene Zeder; „Festigkeit und Wohlgeruch, Dauer und Stärke hat er in mir vereint." „Jehovahs Huld hat mich zum Segen gesetzt," so sprach der umschattende Palmbaum; „Nutzen und Schönheit hat er in mir vermählet." Der Apfelbaum sprach: „Wie ein Bräutigam unter den Jünglingen, prange ich unter den Bäumen des Paradieses." Und die Myrte sprach: „Wie unter den Dornen die Rose, stehe ich unter meinen Geschwistern, dem niedrigen Gesträuch." So rühmten alle, der Oel- und Feigenbaum, selbst die Fichte und Tanne rühmte sich. —

Der einzige Weinstock schwieg und sank zu Boden. „Mir," sprach er zu sich selbst, „scheint alles versagt zu sein, Stamm und Aeste, Blüten und Frucht; aber so, wie ich bin, will ich noch hoffen und warten." Er sank danieder, und seine Zweige weinten.

Nicht lange wartete und weinte er; siehe, da trat die Gottheit der Erde, der freundliche Mensch, zu ihm. Er sah ein schwaches Gewächs, ein Spiel der Lüfte, das unter sich sank und Hilfe begehrte. Mitleidig richtete er's auf und schlang den zarten Baum an seine Laube. Froher spielten anjetzt die Lüfte mit seinen Reben, die Glut der Sonne durchdrang ihre harten, grünenden Körner, bereitend in ihnen den süßen Saft, den Trank für Götter und Menschen. Mit reichen Trauben geschmückt, neigte bald der Weinstock sich zu seinem Herrn nieder, und dieser kostete seinen erquickenden Saft und nannte ihn seinen Freund. Die stolzen Bäume beneideten jetzt die schwanke Ranke; denn viele von ihnen standen schon entfruchtet da; er aber freuete sich seiner schlanken Gestalt und seiner harrenden Hoffnung.

Darum erfreut sein Saft noch jetzt des Menschen Herz, und hebt empor den niedergesunkenen Mut, und erquicket den Betrübten.

*

Verzage nicht, Verlassener! und harre duldend aus. Im unansehnlichen Rohre quillt der süßeste Saft; die schwache Rebe gebiert Begeisterung und Entzückung.

Die Bäume des Paradieses.

Als Gott den Menschen in sein Paradies einführte, da neigten sich vor ihm des Paradieses Bäume; jeder bot mit wehendem Wipfel dem Lieblinge Gottes seine Früchte dar, und seiner Zweige Schatten zur Erquickung. „O, daß er mich erwählte," sprach der Palmbaum, „ich wollte ihn speisen mit den Trauben meiner Brust, und mit dem Weine meines Saftes ihn tränken. Von meinen Blättern wollte ich ihm eine friedliche Hütte bauen und überschatten ihn mit meinen Zweigen." „Mit meinen Blüten wollte ich dich bestreuen," sprach der Apfelbaum, „und laben dich mit meinen besten Früchten."

So alle Bäume des Paradieses; und Jehovah führte Adam freundlich hin zu ihnen, nannte ihm die Namen aller und erlaubte ihm den Genuß von allen, außer einer Frucht vom Baum der Erkenntnis.

„Ein Baum der Erkenntnis," sprach der Mensch in sich. „Alle anderen Bäume geben mir nur irdische, leibliche Nahrung; und dieser Baum, der meinen Geist erhebt, der die Kräfte meines Gemütes stärkt, er wäre mir verboten?" Noch unterdrückte er den Gedanken zwar; als aber das Beispiel und die Stimme der Verführung zu ihm sprach, da kostete er von der bösen Frucht, deren Saft noch jetzt in unserem Herzen gäret.

Alle schätzen wir gering, was uns vergönnet ist, und sehnen uns nach dem Verbotenen: wir wollen nicht glücklich sein durch das, was wir schon sind; wir haschen nach etwas, das über uns ist, hoch über unserem Kreise.

*

„Du hast den Menschen ein hartes Verbot gethan," sprachen die höheren Geister, als Gott wiederkehrte; „denn was ist reizender einem Geschöpf, dem du Vernunft gegeben, als daß es Erkenntnis lerne? Und deshalb willst du ihn, der dein Gebot bald übertreten wird, mit dem Tode strafen?"

„Wartet, wie ich ihn strafen werde," sprach der Gütige: „selbst auf dem Wege seines Irrtums, der mit Schmerzen der Reue ihn durch stechende Dornen führen wird, selbst dort geleit' ich ihn zu einem anderen Baum, zum Baume eines höheren Paradieses."

Lilis und Eva.

Einsam ging Adam im Paradiese umher; er pflegte der Bäume, nannte die Tiere, freute sich überall der fruchtbaren segensreichen Schöpfung, fand aber unter allem Lebendigen nichts, das die Wünsche seines Herzens mit ihm teilte. Endlich blieb sein Auge an einem der schönen Luftwesen hängen, die, wie die Sage sagt, längst vor dem Menschen die Bewohner der Erde gewesen waren, und die sein damals hellerer Blick zu schauen vermochte. Lilis hieß die schöne Gestalt, die, wie ihre Schwestern, auf Bäumen und Blumen wohnte und nur von den schönsten Gerüchen lebte. „Alle Geschöpfe," sprach er bei sich selbst, „leben in Gemeinschaft untereinander, o, daß mir diese schöne Gestalt zur Gattin würde!"

Der Vater der Menschen hörte seinen Wunsch und sprach zu ihm: „Du hast dein Auge auf eine Gestalt geworfen, die nicht für dich erschaffen ist; indessen, deinem Irrtum zur Belehrung, sei dir dein Verlangen gewährt." Er sprach das Wort der Verwandlung, und Lilis stand da in menschlichen Gliedern.

Freudig wallte Adam ihr entgegen; schnell aber sah er seinen Irrtum ein, denn die schöne Lilis war stolz und entzog sich seiner Umarmung. „Bin ich," sprach sie, „deines Ursprungs? Aus Luft des Himmels ward ich gebildet und nicht aus niedriger Erde. Jahrtausende sind mein Leben; Stärke der Geister ist meine Kraft, und Wohlgeruch meine himmlische Speise. Ich mag dein niedriges Geschlecht der Staubgeborenen mit dir nicht vermehren." Sie entflog und wollte nicht wieder zu ihrem Manne kehren.

Gott sprach: „Es ist nicht gut, daß der Mensch allein sei: ich will ihm eine Gattin geben, die sich zu ihm füge." Da fiel ein tiefer Schlaf auf Adam, und ein weissagender Traum wies ihm das neue Gebilde. Aus seiner Seite stieg's empor, mit ihm von einerlei Wesen. Freudig erwachte er und sah ein zweites Selbst; und als Gott die Liebliche zu ihm führte, siehe, da bewegte sich die Stätte seines Herzens, denn sie war seinem Herzen nahe gewesen. „Mein bist du," rief er aus, „du sollst Männin heißen; denn du bist vom Manne genommen."

*

Darum wenn Gott einen Jüngling liebet, so gibt er ihm die Hälfte, die sein ist, das Gebilde seines Herzens, zum Weibe. Empfindend, daß sie füreinander geschaffen worden, werden sie beide zu einem Bilde in täglich neuer Zufrieden= heit und Jugendschönheit. Wer aber frühe nach fremden Reizen blickt und buhlt nach Wesen, die nicht zu ihm gehören, empfängt zur Strafe eine fremde Hälfte. In einem Leibe zwei verschiedene Seelen, hassen sie einander, zerreißen sich und quälen einander zu Tode.

Sammaël.

Als Gott den Menschen aus Staube geschaffen und den verweslichen Staub gekrönet hatte mit seines Ebenbildes Krone, stellte er ihn den Engeln dar und allen Geschöpfen. Die Schar der Engel neigte sich vor ihm als ihrem jüngeren Bruder; sie dienten ihm fröhlich bei seiner paradiesischen Hochzeitfreude.

Nur einer derselben, der stolze Sammaël, spottete sein: „Bin ich nicht," sprach er, „aus Licht geschaffen worden, nicht aus Staube? Der Feuerstrom, der vom Throne fließt, gab mir das Wesen, und nicht die zerfallende Erde." —

Siehe, da wich von ihm der Strom des Lichtes; wie Schnee zerschmolz das Kleid, das ihn umgab und glänzend schmückte. Der stolzeste Geist erschien jetzt als der niedrigste, da ihn die Kraft verließ, die ja nicht sein war.

*

Voll Zorn entwich er der Schar der Himmlischen und drohte Rache den unschuldigen Menschen. „Da ich durch euch," sprach er, „unglücklich worden bin, so sollet auch ihr durch mich unglücklich werden." Er hatte das Verbot gehört, das ihnen die Frucht des schädlichen Baumes untersagte; er nahm die letzten Strahlen zusammen und wollte sie noch in Engelgestalt verführen. Aber der Schnee zerschmolz, den er zu seinem Kleide bilden wollte, und da er den Weg des Verführers ging, so erschien er in Schlangengestalt; vom glänzenden Seraph blieben ihm nichts als schimmernde Farben.

Eva sah und bewunderte sie, und ließ sich bald verführen; sie aß vom Baume den Tod und reichte dem Manne die Frucht des Todes; Krankheit und Elend keimten jetzt für alle Geschlechter der Erde.

Der Vater der Menschen erschien. Er richtete die Ver=
führten mit Erbarmen; die verführende Schlange aber strafte
er hart, verfluchend sie zum tief verabscheueten Wurm der
Erde. „Weil deine Freude es war," sprach er zu Sammaël,
„Unglückliche zu machen, so sei künftig die Schadenfreude
nur dein unglückseliges Teil."

Verbannt aus der Schar der Seligen, verbannt von
jedem segnenden Geschäft, das Sammaël einst im Himmel
geführt hatte, ward er jetzt — der Engel des Todes.

Der Vogel unsterblicher Wahrheit.

Inmitten des Paradieses standen die wunderbarsten
Bäume der Welt, der Baum der Erkenntnis und der Baum
des Lebens. Von diesem zu essen war den Menschen erlaubt;
von jenem zu kosten war ihnen, um ihrer Kindheit willen,
verboten. Der einzige Phönix, damals noch der König des
ganzen gefiederten Reiches, er nur nistete in diesen Zweigen
und aß von ihnen unsterbliche Götterspeise.

Als Eva lüstern zum Baum der Erkenntnis trat und
kosten wollte, da war's, als furchtbar auf dem Baum der
geflügelte Zeuge der Wahrheit seine Stimme erhob und also
sprach: „Betrogene, wo irrest du hin? was zu erblicken, öffnest
du die Augen? Dich nackt zu sehen, wirst du weise; dich
arm zu fühlen, willst du Göttin werden!" —

Aber Evas Blick hing an der täuschenden Frucht und
am listigen Verführer; sie übertrat des Herrn Gebot und
hörte des weissagenden Vogels Stimme nicht.

Als über alle Geschöpfe des Paradieses der Tod kam,
sonderte Gott den treuen Vogel aus, fortan auf ewige Zeit
ein Zeuge der Wahrheit. Zwar mußte auch er mit allen
Lebendigen den Sitz der Unschuld räumen: König der Vögel,
die jetzt einander bekriegten, wollte er selbst nicht mehr sein;
seinen einst glücklichen, ruhigen Thron nahm ein Raubvogel
ein, der blutbegierige Adler. Auch die Unsterblichkeit konnte
ihm fortan in der dickeren giftigen Erdenluft anders nicht als
durch Verwandlung werden. Aber durch eine Verwandlung,
die nach Jahrhunderten erst, und schnell und herrlich dann
ihn wieder verjüngt. Wenn seine Stunde nahet, ist ihm
vergönnt, ins Paradies zu fliegen: vom Baum des Lebens
und vom Erkenntnisbaum bricht er sich dort die dürren, alten

Zweige, in deren Flamme sich seine Glieder lösen. Die Zweige vom Baume der Weisheit bringen ihm Tod, die Flamme vom Baume des Lebens neue Jugend. Dann zieht er wieder in seine Wüste zurück und trauert um das Paradies, der schöne, einzige, selten gesehene, noch seltener befolgte Vogel unsterblicher Wahrheit.

Der himmlische Schäfer.

Tief in der Mitternacht vor jenem Frühlingsfeste, an welchem die ersten Zwillingssöhne des Menschengeschlechtes dem Schöpfer ein Dankopfer bringen sollten, sah ihre Mutter im Schlaf einen wunderbaren Traum. Die weißen Rosen, die ihr jüngerer Sohn um seinen Altar gepflanzt, waren in blutige vollere Rosen verwandelt, die sie noch nie gesehen. Sie wollte die Rose brechen, aber sie zerfiel vor ihrer Hand. Auf dem Altar, auf welchem sonst nur Milch geopfert ward, lag jetzt ein blutiges Lamm. Weinende Stimmen erhoben sich ringsum, und eine Stimme der Verzweiflung war unter ihnen, bis alles sich zuletzt in süße Töne verlor, in Töne, die sie noch nie gehört hatte.

Und eine schöne Aue lag vor ihr, schöner als selbst ihr Jugendparadies; und auf ihr weidete in ihres Sohnes Gestalt ein weißgekleideter Schäfer. Die roten Rosen waren um sein Haar, und in der Hand hielt er ein Saitenspiel, aus welchem jene süßen Töne kamen. Er kehrte liebreich sich zu ihr, er wollte ihr nahen und verschwand. Der Traum verschwand mit ihm.

Erwachend sah die Mutter des Tages Morgenröte wie blutig aufgehen, und ging mit schwerem Herzen zum Opferfest. Die Brüder brachten ihr Opfer, die Eltern gingen heim. Am Abend aber kam der jüngere nicht wieder. Angstvoll suchte die Mutter ihn und fand nur seine zerstreute, traurige Herde. Er selbst lag blutig am Altar; die Rosen waren mit seinem Blute gefärbt, und Kains Aechzen schallte laut aus einer nahen Höhle.

Ohnmächtig sank sie auf des Sohnes Leichnam, als ihr zum zweitenmal das Traumgesicht erschien. Ihr Sohn war jener Schäfer, den sie dort im neuen Paradiese sah, die roten Rosen waren um sein Haar; liebliche Töne klangen aus seiner Harfe; also sang er ihr zu: „Schaue hinauf gen Himmel zu den Sternen, weinende Mutter, schaue hinauf! Sieh jenen glänzenden Wagen dort! er führt zu anderen Auen, zu schöneren Paradiesen, als du in Eden sahst; wo die blutgefärbte Rose der Unschuld voller blüht, und alle Seufzer sich in süße Töne wandeln." —

Das Traumgesicht verschwand; gestärkt stand Eva vom blassen Leichnam ihres Sohnes auf. Und da sie morgens ihn mit ihrer Thräne betaut und mit den Rosen seines Altars bekränzet hatte, begruben Vater und Mutter ihn an Gottes Altar, vorm Angesicht einer schöneren Morgenröte. Oft aber saßen sie an seinem Grabe zu Mitternacht, und sahen gen Himmel hinauf zum hohen Sternenwagen, und suchten ihren Schäfer dort.

Adams Tod.

Neunhundertdreißig Jahre war Adam alt, als er das Wort des Richters in sich fühlte: Du sollst des Todes sterben!

„Laß alle meine Söhne vor mich kommen," sprach er zur weinenden Eva, „daß ich sie noch sehe und segne." Sie kamen alle auf des Vaters Wort und stunden vor ihm da, viel hundert an der Zahl, und fleheten um sein Leben.

„Wer unter euch," sprach Adam, „will zum heiligen Berge gehen? Vielleicht daß er für mich Erbarmung finde, und bringe mir die Frucht vom Lebensbaum." — Alsbald erboten sich alle seine Söhne, und Seth, der frömmste, ward vom Vater selbst zur Botschaft auserwählt.

Sein Haupt mit Asche bestreuet, eilte er und säumte nicht, bis er vor der Pforte des Paradieses stand. „Laß ihn Erbarmung finden, Barmherziger" (so flehete er), „und sende meinem Vater eine Frucht vom Lebensbaum."

Schnell stand der glänzende Cherub da; und statt der Frucht vom Lebensbaum hielt er einen Zweig von dreien Blättern in seiner Hand. „Bringe dem Vater ihn," so sprach er freundlich, „zu seiner letzten Labung hier; denn ewiges Leben wohnt nicht auf der Erde. Nur eile; seine Stunde ist da!"

Schnell eilte Seth und warf sich nieder und sprach: „Keine Frucht vom Baume des Lebens bringe ich dir, mein Vater; nur diesen Zweig hat mir der Engel gegeben, zu deiner letzten Labung hier."

Der Sterbende nahm den Zweig und freute sich. Er roch an ihm den Geruch des Paradieses; da erhob sich seine Seele: „Kinder," sprach er, „ewiges Leben wohnt für uns nicht auf der Erde; ihr folgt mir nach. Aber an diesen Blättern atme ich Hauch einer anderen Welt, Erquickung." — Da brach sein Auge: sein Geist entfloh.

Adams Kinder begruben ihren Vater und weinten um ihn dreißig Tage lang; Seth aber weinte nicht. Er pflanzte den Zweig auf seines Vaters Grab zum Haupt des Toten und nannte ihn den Zweig des neuen Lebens, des Auf=erwachens aus dem Todesschlaf.

Der kleine Zweig erwuchs zum hohen Baum, und viele Kinder Adams stärkten sich an ihm mit dem Trost des an=deren Lebens.

So kam er auf die folgenden Geschlechter. Im Garten Davids blühte er schön, bis sein bethörter Sohn an der Unsterblichkeit zu zweifeln anfing; da verdorrte der Zweig, doch kamen seine Blüten unter andere Völker.

Und als an einem Stamm von diesem Baum der Wieder=bringer der Unsterblichkeit sein heiliges Leben aufgab, streute sich von ihm der Wohlgeruch des neuen Lebens umher, weit unter alle Völker.

Zweite Sammlung.

Der Schwan des Paradieses.

Von Jugend an, sagt die heilige Sage, wandelte Henoch mit Gott und war ein stiller Betrachter. Als Kind schon hatte sein Engel ihn ins Paradies geführt. Er las in Büchern, ihm vom Himmel gesandt, die nicht auf irdische Blätter ge=schrieben waren; er las im Buch der Sterne, daher man ihn den Betrachter, Jdris, nannte.

Einst saß er einsam unter der Zeder; da wehte stille Begeisterung ihn an: er sah das nahe Schicksal seiner Welt, die bald in Fluten untergehen sollte; er sah den Tag des strafenden Gerichtes.

„O daß ich," seufzte seine Seele, „dies der Nachwelt kund thun könnte!"

Da ließ ein glänzender Schwan vom Himmel sich herab; dreimal umflog er des Betrachters Haupt, und langsam kehrte er in die Wolken.

Henoch kannte ihn: es war ein Schwan des Paradieses, den er einst in seiner Kindheit gesehen und geliebt hatte. Eine Feder war seiner Schwinge entfallen; er nahm die Feder und schrieb damit seine Bücher der Zukunft.

Und als er lange, jedoch vergeblich, seine Brüder gewarnt hatte, und das Licht in ihm an seinen Ort hinaufzusteigen begehrte, da nahm er seinen Sohn zu sich und sprach: „Die Tage meines Lebens sind zu Ende, dreihundertfünfundsechzig kurze Tage. Vielleicht daß dir, mein Sohn, der Gütige den Rest von meinen Jahren zu deinen Jahren zählt.

Er sprach's und segnete ihn; da waren um ihn und hoben ihn sanft empor die Schwäne des Paradieses. Auf ihren Flügeln trugen sie ihn hinauf, und Henoch war nicht mehr.

Und als sein Sohn Methusalah ihn vergebens in den Wolken des heiligen Berges suchte, stand vor ihm ein Mann in glänzender Gestalt.

„Ich war der Engel deines Vaters," sprach er, „der ihn erzog und schon als Kind zum Paradiese führte. Dort ist er jetzt; er hat viele Jahre gelebt, denn er ist bald vollkommen worden. Darum gefiel er Gott und war ihm lieb, und ward hinweggenommen aus dem Leben."

Er sprach's und rührte die Erde mit seinem Stabe an; da stand ein blühender Mandelbaum, der frühe Bote des Frühlings. Noch ehe seine Blätter sprossen, mit nackten Zweigen treibt er Blüten hervor und verkündigt die fröhliche Zeit. Der Engel war verschwunden, und Methusalah, der seines Vaters Jahre genoß und das höchste Alter der Erdgeborenen erreichte, jährlich sah er in diesem frühaufblühenden Mandelbaum die Jugend seines Vaters.

Der Rabe Noahs.

Aengstlich blickte Noah umher aus seinem schwimmenden Kasten und wartete, bis die Waffer der Sündflut fielen. Kaum sahen der Berge Spitzen hervor, als er alles Gefieder um sich rief: „Wer," sprach er, „unter euch will Bote sein, ob unsere Rettung nah ist?"

Da drängte sich vor allen der Rabe hervor mit großem

Geschrei; er witterte nach seiner Lieblingsspeise. Kaum war das Fenster geöffnet, so flog er hin und kehrte nicht zurück. Der Undankbare vergaß des Retters und seines Geschäfts; er hing am Aase —

Aber die Rache blieb nicht aus. Noch war die Luft von giftigen Dämpfen voll, und schwere Dünste hingen über den Leichen; die benebelten ihm sein Gesicht und schwärzten seine Federn.

Zur Strafe seiner Vergessenheit ward ihm auch sein Gedächtnis wie sein Auge düster; selbst seine neugebornen Jungen erkennet er nicht und genießt an ihnen keine Vater=freude. Erschrocken über ihre Häßlichkeit flieht er hinweg und verlässet sie. Der Undankbare zeugt ein undankbar Geschlecht; entbehren muß er des schönsten Lohns, des Dankes seiner Kinder.

Die Taube Noahs.

Acht Tage hatte der Vater der neuen Welt auf die Wiederkunft des trägen Raben gewartet, als er aufs neue seine Scharen um sich rief, Kundschafter auszuwählen. Schüch=tern flog die Taube auf seinen Arm und bot sich an zur Sendung.

„Tochter der Treue," sprach Noah, „du wärest mir wohl eine Dienerin guter Botschaft; wie aber willt du deine Reise thun und dein Geschäft vollenden? Wie, wenn dein Flügel ermattet, und dich der Sturm ergreift und wirft dich in die trübe Welle des Todes? Auch scheuen deine Füße Schlamm, und deiner Zunge widert unreine Speise." —

„Wer," sprach die Taube, „gibt dem Müden Kraft, und Stärke genug dem Unvermögenden? Laß mich, ich werde dir gewiß eine Dienerin guter Botschaft."

Sie entflog und schwebte hin und her, und nirgend fand sie, wo sie ruhen könnte, als schnell der Berg des Paradieses sich vor ihr erhob mit seinem grünenden Wipfel. Ueber ihn hatten nichts vermocht die Wasser der Sündflut, und der Taube war die Zuflucht zu ihm unverboten. Freudig eilte sie und flog hinan und ließ demütig sich am Fuß des Berges nieder. Ein schöner Oelbaum blühete da: sie brach ein Blatt des Baums, eilte gestärkt zurück und legte den Zweig auf des schlummernden Noah Brust.

Er erwachte und roch daran den Geruch des Paradieses.

Da erquickte sich sein Herz: das grüne Friedensblatt erquickte die Seinigen, bis ihm sein Retter selbst erschien, bekräftigend der Taube gute Botschaft.

Seitdem dann ward die Taube Dienerin der Liebe und des Friedens. Wie Silber glänzen ihre Flügel, sagt das Lied; ein Schimmer noch vom Glanz des Paradieses, das sie auf ihrer Wanderschaft erquickte.

Abrahams Kindheit.

In einer Höhle ward Abraham erzogen; denn der Tyrann Nimrod stellte ihm nach dem Leben. Aber auch in der dunkeln Höhle war das Licht Gottes in ihm; er dachte nach und sprach zu sich: „Wer ist mein Schöpfer?"

Nach sechzehn Jahren trat er hinaus, und als er zum erstenmal Himmel und Erde sah, wie erstaunte er und freute sich. Er fragte alle Geschöpfe ringsumher: „Wer ist euer Schöpfer?"

Auf ging die Sonne; er fiel nieder aufs Angesicht. „Das," sprach er, „ist der Schöpfer: denn seine Gestalt ist schön!" —

Die Sonne stieg hinauf und stieg hinab und ging am Abend unter. Da ging der Mond hinauf, und Abraham sprach zu sich: „Das untergegangene Licht war nicht der Gott des Himmels; vielleicht ist's jenes kleinere Licht, dem dieses große Heer der Sterne dient."

Aber auch Mond und Sterne gingen unter, und Abraham stand allein.

Er ging zu seinem Vater und fragte ihn: „Wer ist der Gott des Himmels und der Erde?" und Tharah zeigte ihm seine Götzenbilder. „Ich will sie prüfen," sprach er bei sich selbst, und als er allein war, legte er ihnen die schönste Speise vor. „Wenn ihr lebendige Götter seid, so nehmet euer Opfer." Aber die Götzenbilder standen da und regten sich nicht.

„Und diese," sprach der Knabe, „kann mein Vater für Götter halten? Wohl! Vielleicht belehre ich ihn." Er nahm den Stab, zerschlug die Götzen alle bis auf einen und legte seinen Stab in dieses Götzen Hand und lief zum Vater: „Vater," sprach er, „dein erster Gott hat alle seine Brüder getötet."

Zornig sah ihn Tharah an und sprach: „Du spottest

meiner, Knabe, wie kann er es, da meine Hände ihn gebildet
haben?" „O zürne nicht, mein Vater," sprach Abraham, „und
laß dein Ohr vernehmen, was dein Mund sagte. Traust du
deinem Gott nicht zu, daß er vermöge, was ich mit meiner
Knabenhand zu thun vermochte, wie wäre er der Gott, der
mich und dich und Himmel und Erde schuf?" — Tharah verstummte auf des Knaben Wort.

*

Bald aber kam die That vor den Tyrannen Nimrod;
der forderte ihn vor sich und sprach: „Meinen Gott sollt du
anbeten, Knabe, oder der brennende Ofen sei dein Lohn."
Denn alle Weisen hatten bei Abrahams Geburt dem Könige
geweissagt, daß er die Götzen stürzen und des Königs Dienst
vernichten würde im Königreiche. Darum verfolgte der
König ihn.

„Wer ist dein Gott, o König?" sprach der unerschrockene
Knabe.

„Das Feuer ist mein Gott," antwortete er, „das mächtigste
der Wesen."

„Das Feuer," sprach der Knabe, „wird vom Wasser aus-
gelöscht; das Wasser wird von der Wolke leicht getragen; der
Wind verjagt die Wolken, und dem Winde besteht der Mensch.
So ist der Mensch das mächtigste der Wesen." —

„Und ich der mächtigste der Menschen," sprach der König.
„Bete mich an, oder der glühende Ofen ist dein Lohn."

Da schlug der Knabe sein bescheidenes Auge auf und
sprach: „Ich sah die Sonne gestern am Morgen auf- und am
Abend untergehen; befiehl, o König, daß sie heut am Abend
auf- und am Morgen untergehe, so will ich dich anbeten."

Und Abraham ward in die Glut geworfen.

Aber des Feuers Kraft beschädigte den Knaben nicht:
ein Engel nahm ihn sanft in seinen Arm und fächelte die
Flammen von ihm ab wie einen Lilienduft. Schöner ging
der Knabe vom Feuer hinaus, und bald erschien ihm Gott
und rief ihn aus Chaldäa und weihte ihn zu seinem Freunde ein.

Und Abraham ward Stifter des wahren Gottesdienstes
des einen Gottes Himmels und der Erde für alle Welt.

Die Stimme der Thränen.

Drei Tage war Isaak im Herzen seines Vaters tot: denn am vierten Tage hatte Gott sich ihn zum Opfer erkoren. Schweigend zog Abraham gen Moriah hin, in den tiefsten Gram versunken, als ihn die freundliche Stimme des Kindes weckte: „Siehe, mein Vater, hier ist Feuer und Holz; wo ist aber das Lamm zum Opfer?"

„Mein Sohn," sprach Abraham, „Gott hat ihm selbst ersehen ein Opferlamm." So gingen die beiden schweigend miteinander.

Und als sie kamen an die Opferstätte, und der Altar gebaut, und alles bereitet war, ergriff der Vater seinen Sohn und legte ihn auf den Altar und faßte das Messer in die Rechte und sah gen Himmel hinauf. Der Knabe duldete, schwieg und blickte mit weinendem Auge zum Himmel hinauf.

Die stumme Thräne im Auge des Vaters und des Kindes durchdrang die Wolken und trat zum Herzen Gottes mit großem Geschrei. „Abraham!" rief der Engel des Herrn vom Himmel herab, „Abraham, schone des Knaben und thue ihm nichts. Es ist genug!"

Freudig nahm der Vater den wiedergeschenkten Sohn, das Opfer Gottes, zurück und hieß die schrecklich-frohe Stätte: „Jehovah schaut!" Er schaut die stumme Thräne im Auge des Leidenden, er sieht des Herzens Jammer, der ängstlicher ruft als alles Geschrei.

*

Dreifach ist das Gebet der Menschen zu Gott, und kräftiger ist eines als das andere.

Ein Gebet mit stiller Stimme gefällt ihm wohl: er hört's tief im Herzen und nimmt's auch von der stammelnden Lippe gnädig auf.

Das Gebet der Not mit großem Geschrei durchdringt die Wolken und häuft glühende Kohlen auf des Unterdrückers Haupt.

Doch mächtig über alles ist die Thräne des Verlassenen, der fest an Gott sich hält und stirbt. Sie sprengt Pforten und Riegel und bringt zum Herzen Gottes und bringt den Blick des Schauenden hernieder.

Das Grab der Rahel.

Als Jakob von der heiligen Stätte wiederkehrte, auf welcher Gott sich ihm einst geoffenbart hatte, da er in seiner Jugend den offenen Himmel sah, da war sein Herz voll Freude: denn Jehovah hatte ihm jetzt seinen Freundesbund aufs neue bestätigt.

Bald aber traf ihn ein bitterer Schmerz. Die Liebe seiner Jugend, Rahel, starb bei ihrem zweiten Sohne, und da die Seele ihr entging, und sie nun sahe, daß sie sterben mußte, nahm sie den letzten Atem noch zusammen, küßte das Kind, nannte seinen Namen „Benoni, den Sohn der Schmer-zen" und starb.

Und als sie vor dem Ewigen erschien, weinte sie und sprach: „Erfülle mir, o Vater! die erste Bitte hier an deinem Thron. Laß mich zuweilen noch die Meinigen sehen, von denen du mich trenntest, daß ich in ihrem Leiden ihnen bei-stehe und ihre Thränen lindere."

„Dreimal soll dir dein Wunsch gewährt sein," sprach Gott, „daß du auf Erden deine Kinder sehest; doch lindern kannst du ihre Thränen nicht."

Sie ging zum ersten hinab und fand den alten Jakob um ihre beiden Söhne ängstlich trauern. Des Josephs blu-tiges Kleid lag neben ihm: „Mein graues Haar," rief er, „wird in die Grube fahren; mit Leid werd' ich zu den Toten wandern: denn auch Benoni wird mir jetzt geraubt."

Seufzend stieg sie wieder zum Himmel hinauf, bis späterhin ihr Mann und ihre Söhne als Abgeschiedene selbst zu ihr kamen und freudig ihr erzählten, wie schön sich all ihr Leid in Freude verwandelt habe.

Sie trocknete die Thränen und stieg lange nach diesem zum zweitenmal hernieder auf ihr Grab. Da sahe sie ihre Kinder ins Elend treiben, wie man die Herde treibt. Alles fand sie verwüstet, und selbst ihr Grab war nicht verschont geblieben. Eine Zeitlang blieb sie auf dem öden Grabe, und lange hörte man auf ihm ein unsichtbares Aechzen.

Sie stieg zum drittenmal hernieder; da floß um Bethlehem der unschuldigen Kinder Blut. Ihre Mütter weinten, und auf ihrem Grabe weinte Rahel laut: „Sie sind, sie sind nicht mehr." Man hörte lang am Grabe das weinende Aechzen: „Sie sind nicht mehr."

Und als sie wiederkehrte, sprach der Allbarmherzige:

„Ruhe jetzt, meine Tochter, und quäle dein Herz nicht mehr mit deiner Kinder Leiden. Der Weg der Sterblichen führt bald in Thäler, wo nur Klagen tönen; bald, wenn das Thal sich wendet, wird die Klage selbst Lobgesang. Vertrau' mir deine Kinder an, sie sind auch meine Kinder: dein Herz ist nicht gemacht, der Erdgeborenen Schicksal zu tragen und zu lindern."

Beruhigt blieb der schönen Rahel Geist fortan im Paradiese. Zwar fragte sie die Neuankommenden um ihr vollendetes Geschick auf Erden; doch nimmer kehrte sie zu ihrem Grabe wieder, auf dem das Aechzen ihres mütterlichen Herzens nun längst verhallt ist. Das Grabmal schweigt, und Rahel freut sich mit ihren Kindern der ewigen Ruhe.

Joseph und Zulika.

Als Potiphars Weib, die schönste Zulika, den Joseph ergriff und alle seine Sinnen reizte, siehe, da stand dem Geiste des Jünglings die ehrwürdige Gestalt seines Vaters vor Augen.

„Die Namen deiner Brüder," sprach Jakob, „werden auf zwölf Steinen des Brustschildes glänzen und in die Wohnung des Allerheiligsten zum Gedächtnis eingehen vor Jehovah. Du solltest auch mit ihnen geschrieben werden; willst du, daß dein Name vertilget sei, und du ein Hirte der Ehebrecherin heißest?"

Alsobald kam Joseph zu sich und wand sich los. Sein Herz blieb fest in seiner Kraft, seine Händ' und Arme stärkten sich. Die goldenen Träume seiner Kindheit traten ihm vor Augen.

Und statt eines kamen nachher zwei Namen seines Geschlechts auf die glänzenden Steine ins Angesicht vor Jehovah. Der sterbende Vater pries ihn und sprach: „Ein blühender Zweig ist Joseph; der Sohn einer Blühenden, die über der Quelle steht. Seine jungen Zweige sprossen, sie sprossen die Mauer hinauf" — ein Lohn seiner jugendlichen Gottesfurcht und Keuschheit.

Der Streit der heiligen Berge.

Als Gott, sein Gesetz zu geben, auf Sinai stieg, traten vor ihn die Geister der Berge im Lande der Verheißung. „Warum verschmähst du uns, deine Erkorenen, und wählst den fremden Berg, einen dürren Fels der heidnischen Wüstenei zu deines Fußtritts Schemel?"

„Wer seid ihr," sprach Jehovah, „daß ihr es wagt, der Schemel meiner Herrlichkeit zu werden? Schauet umher. Mein Tritt war dort auf jenen ersunkenen Bergen, auf den zerfallenen Hügeln der alten Zeit; wo ist jetzt die Krone ihres Gipfels?

„Aber auf euch," fuhr der Gnädige fort, „will ich meine Herrlichkeit milder offenbaren: du, lachender Tabor, sollt das Antlitz meines Sohnes schauen und an ihn meine sanftere Stimme hören. Berg Gottes, du fruchtbarer Karmel, auf dir soll einst mein zweiter Knecht, Elias, wohnen und meinen Namen mit Feuer vom Himmel den Menschen kundthun. Du, Libanon, sollt mein Heiligtum baun, und du, bescheidener, schweigender Zion, auf dir, dem kleinsten der Berge, soll einst dies Heiligtum ruhen, meines Namens ewige Wohnung. Der Berg, da das Haus Jehovahs ist, wird höher sein als alle Berge der Erde, über alle Hügel erhaben."

Freudig verließen die Berge das Angesicht Jehovahs: sie neideten den Sinai nicht mehr, und der kleinste unter allen, der demütige Zion, ward in der Zukunft der größeste der Berge.

Die Worte des Gesetzes.

Als Gott, sein Gesetz zu geben, auf Sinai hinabfuhr, trat Moses in die heilige Wolke vor ihn und sprach: „All-gütiger, du willst dein Gesetz Israel geben, daß alles Volk es vernehme; wie aber? werden auch die andern Völker und die kommenden Geschlechter Gottes Stimme hören?"

„Sie haben sie gehört," sprach der Allmächtige, „jeder der Propheten und Weisen, selbst jedes Kind, wo es auf Erden lebt, hat daran seinen Teil empfangen. Ihre Seelen selbst sind ein Nachklang meiner Stimme, die alle Welten füllt." —

Gott sprach's und winkte dem Engel der Seelen, daß er den Fragenden ins Reich der inneren Schöpfung führte.

Hier sah Moses, wie durch die Macht des ewigen Worts das Gebilde der Menschheit ward: jedes werdende Wesen war die Wurzel eines Baums voll göttlicher Gedanken.

„So viele," sprach der Engel, „hier Menschenseelen sind, so viele sind Auslegungen der Stimme, die dieses Weltall schuf. Viele Seelen fassen viel der Stimmen, und deine Seele" (fuhr der Engel zu Moses fort) „soll des Gesetzes Baum erfassen mit Wurzeln, Stamm und·Zweigen. Jedwede Seele wird gerichtet werden nach dem, was in ihr war, nach dem Laut der Stimme, der sie zum Leben rief." —

Und der Engel nahm ihn bei der Hand und führte ihn in die Vorhöfe des Paradieses. „Siehe," sprach er, „hier werden die Ungeborenen erzogen und zu ihrem Leben auf der Erde bereitet. Nachdem eine Seele Folgsamkeit und Treue erwiesen, steigt sie in dieses oder jenes Geschlecht hinab, zu ihrem Lohn oder zu ihrer Strafe. Doch ehe jede derselben niedersteigt, führt ihr Engel sie umher und zeigt ihr die Pforten der Hölle und des Paradieses. Dort sieht sie die Ungerechten gequält, hier die Gerechten getröstet. Welchen Eindruck nun das Kind bewahrt und festhält, nach solchem bildet es sich fürderhin im Leben. Wem nur die Hölle im Gedächtnis schwebt, der wird ein Knecht; wer aber die Freuden des Paradieses ahnend in sich empfindet, der wird ein Kind Jehovahs und findet auf der Erde schon den Trost des Paradieses. Wer nichts von beiden in sich erhält, verwildert ohne Gefühl und wird ein Tier des Feldes."

Da kam auch der Engel der Weisen und nahm den Moses bei der Hand und führte ihn in die Schule des Himmels. „Siehe hier," sprach er, „die Seelen versammelt, jedwede steigt hinauf in jedem stillen Augenblick, da sie das Wort des Ewigen in sich liest. Sobald die Sinne schweigen, und der Leib des Menschen schläft, geht sie zum Himmel empor und wird gewürdigt, den Sinn des Ewigen zerstreuungslos zu hören. Die höchsten Engel schweigen mit ihren Lobgesängen, bis alle Seelen versammelt sind, wie geschrieben steht:

> Die Blumen sind entsprossen der Erde,
> Die Zeit des Gesanges ist da,
> Die Turteltaube lässet sich hören auf unsrer Flur —

Alsbald empfangen die Engel die Lobgesänge derselben und flechten sie dem Ewigen zur angenehmen Krone."

Da fiel Moses nieder und sprach:

> Wie hat Jehovah die Menschen lieb!
> All' seine Heiligen sind um ihn her;
> Sie sitzen ihm zu Füßen
> Und lernen von ihm selbst sein ewiges Wort.

Die Bürgschaft des Menschengeschlechts.

Die Schuld der Eltern ist durch ihre Kinder bei Gott verbürgt. Was der Vater sündigte, büßet oft der Sohn und der Enkel.

Als Gott sein Gesetz auf Sinai gab, sprach er: „Stellet mir Bürgen, daß ihr es haltet."

Sie nannten ihm ihre gerechten Väter: allein Jehovah nahm die Bürgschaft nicht an. „Sie sind selbst Schuldner gewesen, gleich wie ihr; gebt mir eure Söhne und Enkel zum Unterpfand."

Die Seelen der Ungeborenen, die alle um den Berg versammelt waren, die Säuglinge an den Brüsten, die Kinder auf dem Schoße der Mütter erhoben ihre Stimme und übernahmen die Bürgschaft. Da sprach der Ewige: „Heimsuchen will ich die Missethat der Väter an den Kindern bis ins dritte und vierte Glied; aber segnen will ich in die Tausende der Geschlechter."

Anbetend neigte sich Moses, und als Gott ihm vorüberging, rief eine Stimme: „Herr, Herr Gott, barmherzig und gnädig, der du vergibst Missethat, Uebertretung und Sünde, und wenn du die Missethat der Väter an den Kindern strafest bis ins dritte, vierte Glied, so segnest du dafür in die Tausende der Geschlechter."

Aarons Entkleidung.

Mit schwerem Herzen entkleidete Moses seinen Bruder Aaron auf Hor am Gebirge. Er zog ihm seine heiligen Kleider aus und zog sie Eleasar an; Aaron sammelte sich und starb, denn auch er hatte gesündigt. Und Israel beweinte ihn dreißig Tage.

Am dreißigsten Tage saß Moses auf diesem Gebirge und sah im Traum seinen Bruder. Die Herrlichkeit Jehovahs glänzte auf seiner Stirn, und ein schöneres Priestergewand umfloß seine neuverjüngten Glieder. Ein güldener Gürtel war um seine Brust; aber die zwölf Steine des Heiligtums waren nicht auf derselben. Der Stab, der im irdischen Heiligtum geblüht hatte, war nicht in seiner Hand.

„Warum ist der Stab deines Priestertums nicht in deinen Händen, mein Bruder?" sprach Moses im Traume, „und warum glänzen auf deiner Brust nicht mehr die zwölf Steine zum Andenken vor Jehovah?"

„Sie waren mir schwer genug," antwortete Aaron, „als ich sie auf Erden trug; jetzt ist meine Brust erweitert, und meine Seele erleichtert. Auch der Stab meines Stammes ist nicht mehr in meiner Hand, denn vor dem Gott aller Welt sind alle Stämme und Völker. Ein Priester zu Salem bin ich anjetzt, im Lande des Friedens ein Priester höherer Ordnung.

Das Gesicht verschwand, und Moses erneute die menschen= freundlichen, tröstenden Gesetze von der Ruhe des Sabbats nach der Arbeit und dem Sabbatjahr der Befreiung für Unterdrückte und Arme, für Verkaufte und Knechte und Tiere. Er erneute die Gesetze vom Laubhüttenfest und dem fröhlichen ewigen Jubeljahre.

Der Tod Moses.

Als Moses, der Vertraute Gottes, sterben sollte, und seine Stunde herannahte, versammelte Gott die Engel um sich her. „Es ist die Zeit," sprach er, „die Seele meines Knechts zu mir zu fordern, wer will mein Bote sein?"

Die edelsten der Engel, Michael, Raphael und Gabriel, samt allen, die vor Gottes Thron stehen, baten und sprachen: „Wir sind seine, er ist unser Lehrer gewesen, laß uns nicht fordern dieses Mannes Seele."

Aber der abgefallene Sammaël trat hervor: „Hier bin ich, sende mich."

Mit Zorn und Grausamkeit bekleidet, stieg er hinab, das Flammenschwert in seiner Hand, und freute sich schon der Schmerzen des Gerechten. Als er aber näher zu ihm trat, erblickte er das Angesicht Moses. Seine Augen waren nicht dunkel worden, und seine Kraft war nicht verfallen. Er schrieb die Worte seines letzten Liedes und den heiligen

Namen; sein Antlitz glänzte, bewaffnet mit Ruhe und Himmels=
klarheit.

Der Feind der Menschen erschrak. Sein Schwert ent=
sank ihm, und er eilte hinweg. „Ich kann dir die Seele
dieses Mannes nicht bringen," sprach er zu Jehovah, „denn
ich habe an ihm nichts Unreines funden."

Da stieg Jehovah selbst hernieder, die Seele seines Knechts
von ihm zu nehmen, und seine getreuen Diener, Michael,
Raphael und Gabriel, samt allen Engeln seines Angesichts,
stiegen hinab mit ihm. Sie bereiteten Moses sein Sterbe=
lager und standen ihm zu Haupt und Füßen, und eine Stimme
sprach: „Fürchte dich nicht. Ich selbst will dich begraben."

Da bereitete Moses sich zu seinem Tode und heiligte sich,
wie einer der Seraphim sich heiligt, und Gott rief seine
Seele: „Meine Tochter, hundertundzwanzig Jahre hatte ich
dir bestimmt, im Hause meines Knechts zu wohnen. Sein
Ende ist gekommen: gehe heraus und säume nicht."

Und Moses Seele sprach: „O du Herr aller Welt! Ich
weiß, daß du bist ein Gott aller Geister und aller Seelen,
und daß in deiner Hand sind die Lebendigen und die Toten.
Aus deiner Hand empfing ich das feurige Gesetz und sah
dich in den Flammen und stieg hinauf und ging den Weg
des Himmels. Durch deine Macht trat ich in den Palast
des Königs und nahm die Krone von seinem Haupt und
that viel Wunder und Zeichen in Aegypten. Und führte
dein Volk hinaus und spaltete das Meer in zwölf Spalten
und verwandelte das bittere in süßes Wasser und offenbarte
deine Geheimnisse den Menschenkindern. Ich wohnte unter
dem feurigen Thron und hatte meine Hütte unter der Feuer=
säule und redete mit dir von Angesicht zu Angesicht, wie
der Freund mit seinem Freunde redet. Und nun, es ist
genug! nimm mich, ich komme zu dir." —

Da küßte der gnädige Gott seinen Knecht und nahm
ihm im Kusse seine Seele. Moses starb am Munde Gottes,
und Gott begrub ihn selber, und niemand weiß die Stätte
seines Grabes.

Dritte Sammlung.

Die Opfertaube.

Fröhlich kam der rohe Krieger Jephthah von seinem Siege zurück. Er hatte vor der Schlacht ein unbedachtsames Gelübde gethan, dem Herrn zum Opfer zu bringen, was ihm aus seiner Hütte zuerst entgegenträte.

Und siehe, da kam seine Tochter ihm entgegen, sein einziges Kind. Jauchzend trat sie heraus mit Pauken und Saitenspiel; doch bald war ihre Freude in Leid verwandelt. „Ach, meine Tochter," sprach er, „wie beugest du mich? aber ich habe gelobt und kann es nicht widerrufen."

Vergebens trat der Hohepriester hinzu und belehrte ihn, daß Gott ein solches Opfer von seiner Hand nicht fordere, daß er verabscheue das Blut des Kindes, das von der Hand des Vaters vergossen werde auf Gottes Altar. Der harte Krieger blieb auf seinem Wort, und kaum erlaubte er noch seiner flehenden Tochter, mit ihren Gespielinnen hinzugehen auf die Berge und ihre Jugend daselbst zu beweinen.

Und als sie statt des Jubelgesangs, mit dem sie ihren Vater empfangen hatte, den Ton der Klage jetzt begann und ihren Tod bewillkommnete, siehe, da gesellte eine Turteltaube sich zu ihr und verließ sie nicht und girrte in ihre Töne, als ob sie sie trösten wollte. Aber Naëmi vernahm die Stimme der tröstenden Taube nicht, und nach zween Monaten kam sie zu ihrem Vater und sprach: „Hast du gelobt, mein Vater, so thue mir, wie du gesagt hast," und ging wie ein Lamm zum Altare.

Und als der Grausame das Opfermesser faßte und seine Rechte erhob: siehe, da stand mit zürnendem Blick Abraham bei dem Altare und griff in seine Rechte: „Unbesonnener," sprach er, „thue der Jungfrau nichts; Gott will kein solches Opfer von deinen Händen. Er nahm das meinige nicht an, das er einst prüfend selbst von mir verlangte; du aber, harter Mann, sollst ohne Kinder sterben." Er sprach es und verschwand.

Und siehe, da flog die Turteltaube hinzu und ward statt der erretteten Jungfrau durch die Hände des Hohenpriesters für sie ein Opfer.

Freudig zog Naëmi jetzt mit ihren Gespielinnen wieder auf die Berge und dankte Gott für ihre neugeschenkte Jugend.

Aber sie starb bald, und auf ihrem Grabe girrte die andere Turteltaube, der Geopferten Gatte; und alle Töchter Israels beweinten Naëmi und gingen jährlich hin, zu klagen die Tochter Jephthahs und ihre Errettung zu feiern.

Die Gesänge der Nacht.

Als David in seiner Jugend auf Bethlehems Auen saß, da kam der Geist Jehovahs über ihn, und seine Sinne wurden aufgethan, zu hören die Gesänge der Nacht. Die Himmel erzählten Gottes Ehre, und alle Sterne traten in einen Chor; der Klang von ihren Saiten berührte die Erde, zum Ende der Erde floß ihr stilles Lied.

„Licht ist das Angesicht Jehovahs," sprach die untergehende Sonne, und die Abendröte antwortete ihr: „Ich bin der Saum seines Kleides."

Die Wolken über derselben türmten sich und sprachen: „Wir sind sein Nachtgezelt," und die Wasser der Wolken im Abenddonner tönten: „Die Stimme Jehovahs geht auf Wolken; der Gott der Ehren donnert, der Gott der Ehren donnert hoch."

„Er schwebet auf meinen Fittichen," sprach der säuselnde Wind, und die stille Luft antwortete ihm: „Ich bin der Atem Gottes, das Weben seiner erquickenden Gegenwart."

„Wir hören Lobgesänge," sprach die verlechzte Erde, „und ich bin still und stumm?" Der fallende Tau antwortete ihr: „Ich will dich laben, daß deine Kinder neu erquicket jauchzen, daß deine Säuglinge blühen wie die Rose."

„Wir blühen fröhlich," sprach die erquickte Au; die vollen Aehren rauschten drein und sprachen: „Wir sind der Segen Gottes! die Heere Gottes gegen des Hungers Not."

„Wir segnen euch von oben," sprach der Mond; „Wir segnen euch," antworteten die Sterne. Die Heuschreck' girrte und sprach: „Er segnete auch mich mit einem Tröpfchen Tau."

„Und tränkte meinen Durst," antwortete die Hindin. „Er erquickte mich," sprach das aufspringende Reh.

„Und gibt uns unsere Speise," träumte das Wild; „und kleidet unsere Lämmer," blökete die Herde.

„Er erhörte mich," so krächzte der Rabe, „als ich verlassen war." „Er erhörte mich," antwortete die Gemse, „da meine Zeit kam, und ich ausriß und gebar."

Die Turteltaube girrte, und die Schwalbe und alle Vögel sprachen schlummernd nach: „Wir haben unsere Nester funden, unsere Häuser; wir wohnen auf Gottes Altar. Und schlafen unter dem Schatten seiner Flügel, in stiller Ruh'."

„In stiller Ruh'," antwortete die Nacht und hielt den langen Ton; da krähte der Erwecker der Morgenröte: „Thut auf die Pforten, die Thore der Welt; es zeucht der König der Ehren heran. Erwacht, ihr Menschen, und preiset Gott; der König der Ehren ist da."

Auf ging die Sonne, und David erwachte aus seinem psalmreichen Traume; so lang er lebte, blieben in seiner Seele die Töne dieser harmonischen Schöpfung, und er rief sie täg= lich aus seiner Harfe hervor.

Die Morgenröte.

Hast du die schöne Morgenröte gesehen? Sie leuchtet hervor aus Gottes Gemach, ein Strahl des unvergänglichen Lichts, die Trösterin der Menschen.

*

Als David einst, verfolgt von seinen Feinden, in einer schauerlichen Nacht auf dem Hermonsberge saß, den trauer= vollsten seiner Psalmen spielend: „Löwen und Tiger brüllen um mein Ohr, der Bösen Rotte hat mich rings umgeben, und ich seh' keinen Helfer!"

Siehe, da ging die Morgenröte auf. Mit glänzenden Augen sprang sie hervor, die frühgejagte Hindin, und hüpfte auf den Bergen und sprach zu ihm, wie ein Engel auf den Hügeln: „Was grämst du dich, daß du verlassen seist? Ich riß hervor aus dunkler Nacht; aus grauenvoller Finsternis wird Morgen."

Getröstet hing an ihrem Blick sein Auge, bis sie zur Sonne ward, und Heil der Welt aufging mit ihren mäch= tigen Flügeln. Frohlockend wandten sich die Töne seines Gesangs, den er das Lied der Morgenröte nannte, der frühe gejagten Hindin.

Auch späterhin sang er oft diesen Psalm und dankte Gott für die Bedrängnisse, die er in früher Jugend über= stand, und jedesmal kam mit dem Psalm ihm Morgenrot in seine düstere Seele.

*

Tochter Gottes, heilige Morgenröte, du blickest täglich nieder und weihest den Himmel und die Welt — weih' täglich auch mein Herz zu deiner stillen Wohnung.

Der Psalmensänger.

Der königliche Psalmensänger hatte seinem Erretter eben eines der schönsten Lieder gesungen, und noch rauschte das heilige Lüftchen, das beim Aufgang der Sonne durch seiner Harfe Klang ihn täglich weckte, in dieser Harfe Saiten, als Satan gegen ihn stund und das Herz des Königs zum Stolz über seine Gesänge neigte. „Hast du," sprach er, „Allmächtiger, unter deinen Geschöpfen eins, das süßer als ich dich lobe?"

Da flog im offenen Fenster, vor dem er seine Hände ausbreitete, eine Heuschrecke auf den Saum seines Kleides und fing ihren hellen Morgengesang an. Eine Menge Heuschrecken versammelten sich um sie, die Nachtigall flog heran, und in kurzem wetteiferten alle Nachtigallen miteinander zum Preise des Schöpfers.

Das Ohr des Königs ward aufgethan, und er vernahm den Gesang der Vögel, die Stimme der Heuschrecke und aller Lebendigen, das Murmeln der Bäche, das Rauschen der Haine, den Klang des Morgensterns, den entzückenden Klang der aufgehenden Sonne.

Verloren im hohen Einklange der Stimmen, die unaufhörlich und unermüdet den Schöpfer loben, verstummte er und fand sich in seinen Gesängen selbst hinter der Heuschrecke, die noch auf dem Saum seines Kleides girrte. Demütig ergriff er die Harfe und sang: „Lobet den Herrn, ihr alle seine Geschöpfe; lobe den Herrn auch du, mein Innerstes, du meine verstummende Seele.

David und Jonathan.

Als von Sorgen seines Reichs und vom Kummer über seine Kinder verzehrt, der Sohn Isai auf seinem Sterbelager entschlief, siehe, da kam im dunkeln Thale des Todes der Freund seiner Jugend, Jonathan, ihm zuerst entgegen. „Unser Bund ist ewig," sprach er zur Gestalt des alten Königs;

„aber ich kann dir meine Rechte nicht reichen, denn du bist
mit Blut befleckt, mit dem Blut auch meines väterlichen
Hauses, und selbst mit Seufzern meines Sohnes beladen.
Folge mir nach."

Und David folgte dem himmlischen Jüngling.

„Ach," sprach er bei sich selbst, „ein harter Stand ist das
Leben der Menschen, und ein härterer noch das Leben der
Könige. Wäre ich wie du gefallen, o Jonathan, mit un-
schuldigem Herzen, im Lenz meiner Jahre, oder wäre ich ein
singender Hirt auf Bethlehems Flur geblieben! Ein schönes
Leben hast du indes im Paradiese gelebt; warum bin ich nicht
mit dir gestorben?"

„Murre nicht," sprach Jonathan, „gegen den, der dir die
Krone seines Volkes gab und dich zum Vater eines ewigen
Königreiches machte. Ich sah deine Arbeit und deine Leiden
und habe dich hier erwartet." — Damit führte er ihn zu einem
Strom im Paradiese.

„Trinke," sprach er, „aus dieser Quelle, und alle deine
Sorgen werden vergessen sein; wasche dich in diesem Strom,
und du wirst jung und schöner werden, als du in deiner
Jugend warst, da ich dich liebgewann, und wir einander den
Bund der Treue schwuren. Aber tauche tief in denselben:
er fließt wie Silber und muß dich wie Feuer läutern."

David trank aus der heiligen Quelle und wusch sich im
kristallenen Strom. Der Trank entnahm ihm alle Sorgen
der Erde; aber die Welle des Stromes durchdrang ihn tief:
wie Feuer glühte sie in seinem Innern, bis er entsündigt dastand, seinem himmlischen Freunde gleich.

Dem neuen Jünglinge reichte Jonathan jetzt die Harfe,
und süßer als hienieden sang er unter dem Baume des
Lebens: „David und Jonathan, lieblich im Leben, sind auch
im Tode nicht geschieden. Leichter denn die Adler, munterer
wie die Rehe auf den Hügeln. Ihr Töchter Israels! weinet
um uns nicht mehr; wir sind gekleidet in unserer Jugend
Schmuck. Ich freue mich an dir, mein Bruder Jonathan,
ich hatte drunten an dir Freud' und Wonne; doch hier ist
deine Liebe mir mehr als unserer Jugend Liebe." Sie küßten
einander und beschwuren, untrennbar jetzt, den Bund der
Treue auf ewig.

Der Jüngling Salomo.

Zu seinem Lieblinge sprach einst ein gütiger König: „Bitte von mir, was du willt: es soll dir werden."

Und der Jüngling sprach bei sich selbst: „Warum soll ich bitten, daß es mich meines Wunsches nicht gereuen möge? Ehre und Ansehen habe ich schon: Gold und Silber sind das ungetreueste Geschenk der Erde. Um des Königs Tochter will ich bitten: denn sie liebt mich, wie ich sie liebe; und mit ihr empfange ich alles andere. Vor allen auch das Herz meines gütigen Wohlthäters, denn er wird durch dieses Geschenk mein Vater."

Der Liebling bat, und die Bitte ward ihm gewährt.

*

Als Gott dem Jünglinge Salomo zuerst im Traume erschien, sprach er zu ihm: „Bitte, was ich dir geben soll, und ich will dir's geben."

Und siehe, der Jüngling bat nicht um Silber und Gold, nicht um Ehre und Ruhm und langes Leben; er bat um die Tochter Gottes, die himmlische Weisheit, und empfing mit ihr, was er je hätte bitten mögen.

Ihr also weihte er seine schönsten Gesänge und pries sie den Sterblichen an als die einzige Glückseligkeit der Erde. Solange er sie liebte, besaß er das Herz Gottes und die Liebe der Menschen; ja nur durch sie lebt er auch nach seinem Tode noch diesseit des Grabes.

———

Salomo in seinem Alter.

Wollust, Reichtum und Ehre hatten Salomo in seinen männlichen Jahren also verblendet, daß er die Braut seiner Jugend, die Weisheit, vergaß und sein Herz zu allen Bethörungen lenkte.

Einst, als er in seinem prächtigen Garten ging, hörte er die Tiere sprechen (denn er verstand die Sprache der Tiere), und neigte sein Ohr zu hören, was sie sagten.

„Siehe," sprach die Lilie, „den König! Er gehet mich stolz vorüber, und ich Demütige bin herrlicher als er."

Und der Palmbaum webte seine Zweige und sprach: „Da kommt er, der Bedrücker seines Landes, und dennoch singen sie ihm, daß er ein Palmbaum sei. Wo sind dann seine Früchte, seine Zweige, mit denen er Menschen erquickt?"

"Er ging weiter und hörte die Nachtigall singen zu ihrer Geliebten: „Wie wir uns lieben, so liebt Salomon nicht: so wird er von keiner seiner Buhlerinnen geliebt."

Und die Turteltaube girrete zu ihrem Gatten: „Von seinen tausend Weibern wird keine ihn betrauern, wie ich dich klagen würde, mein Einiger!"

Zürnend beschleunigte der König seinen Schritt und kam zum Neste des Storches, der seine Jungen erzog und sie mit seinen Schwingen auffing, da er sie fliegen lehrte. „Das thut," sprach der Storch zu seinen Jungen, „der König Salomo seinem Sohne Rehabeam nicht; darum wird auch sein Sohn nicht gedeihen: Fremde werden herrschen in dem, was er baute." Da entwich der König in seine innerste Kammer und war still und traurig.

Und als er also im tiefen Nachdenken saß, siehe, da trat die Braut seiner Jugend, die Weisheit, unsichtbar vor ihn und berührte sein Auge. Er fiel in einen tiefen Schlaf und sah ein trauriges Gesicht der künftigen Tage.

Er sah durch die Antwort seines unweisen Sohnes sein Reich zerteilt; in zehn abgefallenen, von ihm unterdrückten Stämmen herrschte ein Fremder. Verfallen sah er seine Häuser, seine Lustgärten durch ein Erdbeben versunken, die Stadt verwüstet, das Land verheert, und den Tempel Gottes im Brande. Erschrocken fuhr er aus dem Schlafe empor.

Und siehe, da stand mit weinendem Auge die Freundin seiner Jugend sichtbar vor ihm und sprach: „Du hast ge= sehen, was nach diesem geschehen wird, und zu alle diesem hast du den Grund gelegt. Es steht nicht mehr in deiner Macht, das Vergangene zu ändern: denn du kannst dem Strome nicht gebieten, daß er sich wende zu seiner Quelle, noch deiner Jugend, daß sie zurückkehre. Deine Seele ist ermattet, dein Herz erschöpft, und ich, die Verlassene deiner Jugend, kann deine Gespielin nicht mehr sein im Lande des irdischen Lebens."

Sie verschwand mit einem mitleidigen Blick, und Salomo, der seine Jugend mit Rosen bekränzt hatte, schrieb in seinem Alter ein Buch von der Eitelkeit aller menschlichen Dinge auf Erden.

Feurigen Geistes war Elias, und Feuerflamme war der Geist seines Prophetenamtes. Oft ließ er dieselbe niedersteigen vom Himmel und verzehrte im Eifer sein eigenes Leben.

Einst, als er müd' und matt zum Berge Horeb ging und in der dürren Wüste unter dem einsamen Wacholderbaum ruhte, da seufzte er: „Es ist genug, so nimm nun, Herr! meine Seele."

Und ein Engel Gottes stärkte ihn, daß er zum Berge gelangte, wo Gott die Last seines Prophetenamtes von seinen Schultern nahm und ihm befahl, einen anderen an seiner Stelle zu salben.

Und als mit dem gesalbten Elisa Elias am Jordan ging, da kam ein feuriger Wagen mit feurigen Rossen und scheidete die beiden voneinander, und Elias fuhr im Wetter gen Himmel.

Die erste Gestalt, die ihm in jener Welt erschien, war Moses, sein Vorbild. „Du hast geeifert," sprach er (indem er in die läuternden Flammen des Feuerwagens ihm seine Rechte reichte), „du hast geeifert, mein Bruder, mit Feuereifer und hast viel erlitten von deinen Brüdern. Ich habe gelitten wie du; aber dennoch bat ich für ihr Leben und opferte meine Seele an ihrer Seelen Statt. Indessen komm zum Throne des Richters, des Allerbarmers." Elias ging mit bebenden Schritten zur Wolke des Thrones.

„Was willt du hier, Elias?" sprach die Stimme aus der Wolke; und Elias sprach: „Ich habe geeifert um Jehovah, den Gott Zebaoth, und war allein überblieben, und sie standen mir nach dem Leben." Da ging ein Feuer aus der Wolke, aber der Herr war nicht im Feuer; und ein starker, die Felsen zerreißender Wind ging vor Elias her, aber der Herr war nicht im Winde. Und nach dem Feuer und Wind kam ein sanftes Sausen, in welchem Jehovah war. Durchdrungen von ihm fühlte der Prophet sein Innerstes, daß schnell die Flamme seines Geistes wie Morgenröte strahlte. „Ruhe," sprach die Stimme, „und erquicke dich hier, denn der Herr ist barmherzig und freundlich. Oft sollst du niedersteigen zu den Menschen und sie sanfter belehren, und liebreich retten und trösten."

Seitdem besucht Elias die Menschen oft, aber in einem anderen als seinem ehemaligen Feuergeiste. Unsichtbar oder in fremder Gestalt mischet er sich in das Gespräch derer, die nach Weisheit forschen, und vereinigt ihre Seelen. In häuslichen Geschäften kehrt er das Herz der Väter zu den Kindern, und das Herz der Kinder zu den Vätern; er errettet aus Gefahren und antwortet dem Betenden erquickend und tröstend. In der Person Johannes' ging er als Morgenstern vor der aufgehenden Sonne her; ja den Sohn der Liebe selbst stärkte er auf jenem heiligen Berge der Entzückung und Verklärung.

Der Wunderstab des Propheten.

„Gürte deine Hüften," sprach Elisa zu seinem Diener Gehasi, als ihn die Sunamitin um die Erweckung ihres Sohnes anflehte, „und nimm diesen Stab in deine Hand. So dir jemand begegnet, so grüße ihn nicht; und grüßet dich jemand, so danke ihm nicht, und lege meinen Stab auf des Knaben Antlitz: so wird seine Seele wieder zu ihm kehren."

Freudig eilte Gehasi mit dem Wunderstabe des Propheten, nach welchem er so lange getrachtet hatte: denn längst hatte er ein Wunder zu thun begehrt. „Wo eilest du hin, Gehasi?" rief Jehu, der Sohn Nimsi, ihm zu. „Einen Toten zu erwecken," antwortete Gehasi, „denn hier ist der Stab des Propheten."

Neugierig versammelte sich die Menge und lief hinter ihm her; aus allen Flecken und Dörfern, durch welche er zog, eilte das Volk ihm nach, zu sehen die Erweckung des Toten.

Und mit leichten Schritten ging Gehasi vor ihnen her, und als sie gen Sunem kamen, trat er hinzu und legte den Stab auf des Knaben Antlitz.

Aber da war keine Stimme noch Fühlen.

Er kehrte den Stab um und legte ihn anders, rechts und links, oben und unten; der Knabe aber wachte nicht auf, und Gehasi ward von der Menge verspottet. Beschämt kehrte er zurück zum Propheten und zeigte ihm an und sprach: „Der Knabe ist nicht aufgewacht."

Da nahm Elisa den Stab und eilte gen Sunem, und ging hinein in das Haus und schloß die Thür zu vor ihnen allen. Und betete zum Herrn und stieg hinauf und legte sich auf das Kind, seinen Mund auf des Kindes Mund, seine Augen auf des Kindes Augen, und breitete sich über dasselbe, bis daß des Kindes Leib warm ward. — Womit erwärmte er den Toten? Mit seinem stillen, demütigen Gebet, mit dem Atem seiner uneigennützigen, selbstlosen Liebe.

„Da nimm hin deinen Sohn," sprach er zur Mutter, und der eitle Gehäſſi stand beschämt.

* * *

Der Thron der Herrlichkeit.

Zu sehr vertiefte sich ein frommer Betrachter in die An=schauungen des Unerschaffenen und vergaß darüber die Geschäfte seines Berufes, die notwendige Bürde eines Sterblichen der Erde.

Einst, als er in tiefem Nachsinnen vor seiner mitternächt=licher Lampe saß, entschlief er, und es eröffneten sich ihm im Traume die Pforten des Himmels: er sah, was er so lange zu sehen gewünscht hatte, den ewigen Thron. Um und um mit Feuer umgeben, schwebte derselbe auf siebenfach=dunkeln Wolken, aus denen Blitze fuhren, in denen Donner krachten; und vor und hinter ihm war Nacht.

Erschrocken wachte er auf; aber noch nicht belehrt. Er sehnte sich die Gestalten des Thrones zu sehen, und sank aber=mals in seinen anschauenden Schlummer. Die vier Lebendigen trugen den Thron: mit ihren Angesichtern blickten sie, und mit ihren Flügeln schwebten sie nach allen vier Seiten der Schöpfung, vollbringend die Befehle Jehovahs. Feuriger Schweiß rann in Strömen von ihnen herunter, und von der rastlosen Bewegung waren sie so betäubt, daß sie nicht wußten, wie nahe sie dem Thron stünden, und welche die Herrlichkeit sei, die sie trugen. Eben wollte die menschliche Gestalt des heiligen Wagens zu ihm treten, als plötzlich sein Traumge=sicht verschwand, so daß er noch unruhiger war, als er vorher gewesen.

Er wünschte die anschauenden Engel zu sehen, und der prophetische Schlaf umfing ihn zum drittenmal. Die Sera=phim standen da, zunächst dem flammenden Throne; aber ihre Angesichte waren verdeckt, verdeckt ihre Füße, und ihr Gesang war ihm unvernehmlich, bis einer derselben zu ihm trat und ihn mitleidig anredete: „Und du Sterblicher wageſt es, an=schauen zu wollen, was wir nicht anzuschauen vermögen? Ge=nüge dich an dem Gesicht, das dir die Träger des Thrones gaben; denn auch du bist mitten unter ihnen." Er sprach's, und der Träumende erwachte.

Eben flog eine Mücke vor seiner Lampe daher; sie wagte

sich in die Flamme und sank mit versengten Gliedern nieder. „War ich nicht thöricht," sprach er zu sich selbst, „daß mich ein Engel belehren mußte, wovon mich diese verbrannte Mücke belehrt?" — Er entsagte fortan den Betrachtungen der Seraphim und ward das, wozu der Mensch hienieden erschaffen ist, ein arbeitendes Lebendiges unter dem Throne.

Das heilige Feuer.

Als Jeremias die Verwüstung des Tempels betrauerte, waren alle dienstbaren Engel des Heiligtums um ihn und halfen ihm trauern. Auch Davids und Salomos Seelen stärkten ihn und gaben ihm die süßen Gesänge, mit welchen er die Verwüstung ihres Werkes und ihres Volkes beweinte. „Die Herrlichkeit Gottes," rief er, „ist von hinnen gegangen; der Herr ist hingewichen an seinen Ort."

„Willst du nicht," sprach der Engel des Feuers, „die Flamme des Heiligtums bewahren; vielleicht daß sich Jehovah erbarme und kehre wieder zurück zum Thron seines Hauses."

Und Jeremias nahm sieben Priester zu sich und verbarg das heilige Feuer in eine tiefe Grube, darinnen kein Wasser war.

Nach wenigen Tagen kam er hinzu und suchte dasselbe; er fand aber kein Feuer, sondern ein dickes Wasser, und trauerte sehr. Und der Engel des himmlischen Lichtes stand vor ihm und sprach: „Warum trauerst du, Mühseliger? Nie wird das Feuer des Herrn wiederkehren an diesen Ort. Aber aus dem Schlamm dieses Wassers werden lebendige Ströme entspringen, die die ganze Erde befruchten. Es kommt die Zeit, da man nicht mehr wird zum Berge des Herrn gehen, noch zu dem Ort seiner irdischen Wohnung, denn sein ist die Welt. Aller Himmel Himmel mögen ihn nicht verbergen, und die Erde ist seines Fußtritts Schemel. Aber ein Licht wird aufgehen vom Herrn, und alle Völker werden im Glanz desselben wandeln, daß niemand seinen Bruder frage, wer Gott sei? sondern sie sollen ihn alle erkennen, klein und groß, und alle schöpfen aus dem Strome des Lebens."

Der Engel verschwand, und Jeremias starb in der Verbannung. Als nach Jahrhunderten der zweite Tempel gebaut ward, da war kein heiliges Feuer mehr in demselben, und keine Lade des Bundes, auch keine Stimme, den Herrn zu fragen: das Allerheiligste stand leer. Aber aus der finsteren Leere des Heiligtums entsprang ein Licht, und aus der trüben Quelle dieses Tempels flossen Ströme der Erquickung für alle Völker der Erde.

Die Sterne.

Müde und matt war Daniel von seinen Gesichten der Zukunft, die ihm so oft seine Kraft genommen und ihn mit Schauder erfüllt hatten, als endlich einer aus dem Rat der Wächter zu ihm sprach: „Gehe hin, Daniel, und ruhe, bis das Ende komme, daß du aufstehest in deinem Teil am Ende der Tage."

Gelassen hörte Daniel das rätselhafte Wort und sprach zum Mann im leinenen Kleide, der neben ihm stand: „Meinst du, Herr, daß diese Gebeine werden wieder grünen?" Und der himmlische Bote nahm ihn bei der Hand und zeigte ihm den Himmel voll leuchtender Sterne. „Viele," sprach er, „so unter der Erde schlafen, werden erwachen; die Lehrer aber werden leuchten wie des Himmels Glanz, und die, so viel zum Guten gewirkt haben, wie die unvergänglichen Sterne." Er sprach's und berührte ihn mit seiner Rechten; und Daniel entschlief unter dem Anblick des Himmels und seiner hell= leuchtenden ewigen Sterne.

Jüdische Parabeln.

Treue.

Aus der Treue gegen Menschen erkennt man die Treue zu Gott.

Pinehas, der Sohn Jair, ein armer, aber redlicher Mann, wohnte in einer Stadt gegen den Mittag. Es kamen Männer zu ihm, die ihm Getreide aufzuheben gaben; sie vergaßen es abzuholen und reisten weg. Was that Pinehas? Er ließ das Getreide alle Jahr säen und ernten und in die Scheune sammeln. Nach sieben Jahren kamen die Männer wieder und forderten ihr Getreide. Pinehas erkannte sie bald und sprach zu ihnen: „Kommt und nehmet die Schätze, die der Herr euch gesegnet hat; siehe, da habt ihr das Eure."

*

Simeon, der Sohn Schetach, kaufte von einem Jsmae=
liten einen Esel. Sein Sohn ward gewahr, daß am Halse
des Esels ein Edelgestein hing, und sprach zum Vater: „Vater,
der Segen des Herrn macht reich." — „Nicht also," ant=
wortete Simeon; „den Esel habe ich gekauft, aber den Edel=
gestein nicht;" und gab ihn dem Jsmaeliten wieder.

Der afrikanische Rechtsspruch.

Alexander aus Macedonien kam einst in eine entlegene,
goldreiche Provinz von Afrika; die Einwohner gingen ihm
entgegen und brachten ihm Schalen dar, voll goldener Aepfel
und Früchte. „Esset ihr diese Früchte bei euch?" sprach
Alexander; „ich bin nicht gekommen, eure Reichtümer zu
sehen, sondern von euren Sitten zu lernen." Da führten
sie ihn auf den Markt, wo ihr König Gericht hielt.

Eben trat ein Bürger vor und sprach: „Ich kaufte, o
König, von diesem Manne einen Sack voll Spreu und habe
einen ansehnlichen Schatz in ihm gefunden. Die Spreu ist
mein, aber nicht das Gold; und dieser Mann will es nicht
wieder nehmen. Sprich ihm zu, o König, denn es ist das
Seine."

Und sein Gegner, auch ein Bürger des Ortes, antwortete:
„Du fürchtest dich, etwas Unrechtes zu behalten, und ich sollte
mich nicht fürchten, ein solches von dir zu nehmen? Ich habe
dir den Sack verkauft, nebst allem, was darinnen ist; behalte
das Deine. Sprich ihm zu, o König!"

Der König fragte den ersten, ob er einen Sohn habe?
Er antwortete: Ja. Er fragte den anderen, ob er eine Tochter
habe? und bekam Ja zur Antwort. „Wohlan," sprach der
König, „ihr seid beide rechtschaffene Leute; verheiratet eure
Kinder untereinander und gebet ihnen den gefundenen Schatz
zur Hochzeitgabe; das ist meine Entscheidung."

Alexander erstaunte, da er diesen Ausspruch hörte. „Habe
ich unrecht gerichtet," sprach der König des fernen Landes,
„daß du also erstaunest?" „Mitnichten," antwortete Alexan=
der, „aber in unserem Lande würde man anders richten."
„Und wie denn?" fragte der afrikanische König. „Beide
Streitende," sprach Alexander, „verlören ihre Häupter, und
der Schatz käme in die Hände des Königs."

Da schlug der König die Hände zusammen und sprach:

„Scheint denn bei euch auch die Sonne? und läßt der Himmel noch auf euch regnen?" Alexander antwortete: „Ja." „So muß es," fuhr er fort, „der unschuldigen Tiere wegen sein, die in eurem Lande leben: denn über solche Menschen sollte keine Sonne scheinen, kein Himmel regnen."

Weingefäße.

Eines Kaisers Tochter sprach zu einem Weisen: „Wie eine große Geschicklichkeit ist in dir, und du bist so häßlich! Wie eine so große Weisheit in einem so schlechten Gefäß."

„Sage mir," sprach der Weise, „in welchen Fässern habt ihr euren Wein liegen?" „In irdenen," sagte sie. „Und seid so reich! Bitte deinen Vater, daß er den Wein in silberne Fässer lege." Sie that's, und der Wein ward Essig.

„Warum hast du meine Tochter zu solcher Thorheit vermocht?" fragte der Kaiser; der Weise sagte ihm die Veranlassung und behauptete, daß in einem und demselben Menschen Weisheit und Schönheit selten beisammen wohnen.

„Ei," sagte der Kaiser, „es gibt doch auch schöne Menschen, die gelehrt und gescheit sind!" „Wenn sie nicht schön wären, wären sie wahrscheinlich gelehrter und gescheiter. Ein schöner Mensch ist selten demütig; er denkt an sich und vergißt darüber das Lernen."

Die Schlange.

„Was hast du davon?" sprach der Mensch zur Schlange, „daß du unser Geschlecht verwundest, da du doch die bösen Folgen deines Zahnes kennest? Du stichst meine Ferse, und schnell brennt das Gift durch alle meine Adern."

„Fragest du mich darüber?" antwortete die Schlange. „Frage die Afterredner, die bösen Verleumder deines Geschlechtes darum, was denn sie für Lohn haben? Das kleinste Glied deines guten Namens verwunden sie, und dein ganzes Glück leidet. Sie züngeln und zischen zu Rom, und in Syrien thut man dir Qual an."

Alles zum Guten.

Immer gewöhne sich der Mensch, zu denken: „Was Gott schickt, ist gut, es dünke mir gut oder böse."

Ein frommer Weiser kam vor eine Stadt, deren Thore geschlossen waren; niemand wollte sie ihm öffnen: hungrig und durstig mußte er unter freiem Himmel übernachten. Er sprach: „Was Gott schickt, ist gut," und legte sich nieder.

Neben ihm stand sein Esel, zu seiner Seite eine brennende Laterne, um der Unsicherheit willen in derselben Gegend. Aber ein Sturm entstand und löschte sein Licht aus; ein Löwe kam und zerriß seinen Esel. Er erwachte, fand sich allein und sprach: „Was Gott schickt, ist gut." Er erwartete ruhig die Morgenröte.

Als er aus Thor kam, fand er die Thore offen, die Stadt verwüstet, beraubt und geplündert. Eine Schar Räuber war eingefallen und hatte eben in dieser Nacht die Einwohner gefangen geführt oder getötet. Er war verschont. „Sagte ich nicht," sprach er, „daß ,alles, was Gott schickt, gut sei'? nur sehen wir meistens am Morgen erst, warum er uns etwas des Abends versagte."

Drei Freunde.

Traue keinem Freunde, worin du ihn nicht geprüft hast; an der Tafel des Gastmahls gibt's mehrere derselben, als an der Thüre des Kerkers.

Ein Mann hatte drei Freunde; zween derselben liebte er sehr, der dritte war ihm gleichgültig, ob dieser es gleich am redlichsten mit ihm meinte. Einst ward er vor Gericht gefordert, wo er unschuldig, aber hart verklagt war. „Wer unter euch," sprach er, „will mit mir gehen und für mich zeugen? Denn ich bin hart verklagt worden, und der König zürnt."

Der erste seiner Freunde entschuldigte sich sogleich, daß er nicht mit ihm gehen könne, wegen anderer Geschäfte. Der zweite begleitete ihn bis zur Thür des Richthauses; da wandte er sich und ging zurück, aus Furcht vor dem zornigen Richter. Der dritte, auf den er am wenigsten gebaut hatte, ging hinein, redete für ihn und zeugte von seiner Unschuld so freudig, daß der Richter ihn losließ und beschenkte.

*

Drei Freunde hat der Menſch in dieſer Welt; wie be=
tragen ſie ſich in der Stunde des Todes, wenn ihn Gott vor
Gericht fordert? Das Geld, ſein beſter Freund, verläßt ihn
zuerſt und geht nicht mit ihm. Seine Verwandten und
Freunde begleiten ihn bis zur Thüre des Grabes und kehren
wieder in ihre Häuſer. Der dritte, den er im Leben oft am
meiſten vergaß, ſind ſeine wohlthätigen Werke. Sie allein
begleiten ihn bis zum Throne des Richters; ſie gehen voran,
ſprechen für ihn und finden Barmherzigkeit und Gnade.

Die Krone des Alters.

Wen der Schöpfer ehret, warum ſollten den nicht auch
Menſchen ehren? Auf des Verſtändigen und Tugendhaften
Haupt iſt graues Haar eine ſchöne Krone.

Drei Greiſe feierten zuſammen ihr Jubelfeſt und er=
zählten ihren Kindern, woher ſie ſo alt geworden?

Der eine, ein Lehrer und Prieſter, ſprach: „Nie kümmerte
mich, wenn ich zu lehren ausging, die Länge des Weges: nie
ſchritt ich anmaßend über die Häupter der Jugend hinweg,
und hob die Hände nie auf zum Segnen, ohne daß ich wirk=
lich ſegnete und Gott lobte; darum bin ich ſo alt worden."

Der andere, ein Kaufmann, ſagte: „Nie habe ich mich
mit meines Nächſten Schaden bereichert: nie iſt ſein Fluch
mit mir zu Bette gegangen, und von meinem Vermögen gab
ich gern den Armen; darum hat mir Gott die Jahre ge=
ſchenkt."

Der dritte, ein Richter des Volkes, ſagte: „Nie nahm ich
Geſchenke, nie beſtand ich ſtarr auf meinem Sinn; im Schwerſten
ſuchte ich mich jederzeit zuerſt zu überwinden; darum hat mich
Gott mit meinem Alter geſegnet."

Da traten ihre Söhne und Enkel zu ihnen heran, küßten
ihre Hände und kränzten ſie mit Blumen. Und die Väter
ſegneten ſie und ſprachen: „Wie eure Jugend ſei auch euer
Alter! Eure Kinder ſeien euch, was ihr uns ſeid, auf unſerem
greiſen Haar eine blühende Roſenkrone."

*

Das Alter iſt eine ſchöne Krone; man findet ſie nur auf
dem Wege der Mäßigkeit, der Gerechtigkeit und Weisheit.

Der Ueberwinder der Welt.

Im fernsten Indien kam Alexander der Große an einen Strom des Paradieses. Er trank von seinem erquickenden Wasser und labte sich sehr; er wusch darin sein Antlitz und schien verjüngt; er verfolgte den Strom durch ferne Wüsten und kam an die Pforte des Paradieses. „Thut mir auf," sprach er, „denn ich bin der Ueberwinder der Welt, der König der Erde." Aber ihm ward zur Antwort: „Du bist mit Blut befleckt, weiche! Dies ist die heilige Pforte, wo nur die Gerechten hineingehen."

„So gebt mir," rief der König, „wenigstens ein Andenken, daß ich hier gewesen;" und man reichte ihm einen Totenschädel.

Unwillig nahm er denselben; der Schädel in seinen Händen ward immer schwerer, daß er ihn nicht mehr tragen konnte, ja daß ihn zuletzt alles Gold seiner Eroberungen, die Schätze Persiens und des Indus nicht aufzuwiegen vermochten. Bekümmert rief er einen Weisen und fragte ihn, was das bedeute? „Das Menschenhaupt bist du," antwortete der Weise. „Solange deine Augen offen stehen, kannst du nicht gesättigt werden mit Gold und Silber; aber siehe! hier streue ich Staub auf den Schädel und bedecke ihn mit einer Handvoll Erde; der Totenschädel wird leicht werden, wie jeder andere Schädel." Er that's, und es geschah.

Und bald ward der Spruch erfüllt. Alexander zog zurück mit seinem Heere und starb in Babel. Sein Reich zerfiel, und des Ueberwinders Haupt lag da wie ein anderer Schädel.

———

Die Bereitschaft zum Tode.

Ein Weiser hat gesagt: „Thue Buße einen Tag vor deinem Tode." Welches ist der Tag? und wer weiß, wann er sterben werde?

Ein König lud seine Knechte zu einer großen Mahlzeit ein, sagte ihnen aber nicht die Stunde, wann die Mahlzeit sein würde. Die Klugen wuschen sich und zierten sich und setzten sich vor den Palast; denn sie sprachen: „Es gebricht nichts in Königs Hause; jeden Augenblick kann die Mahlzeit bereit sein, daß wir gerufen werden." Die Narren aber unter den Knechten zerstreuten sich und sagten: So geschwinde wird die

Mahlzeit nicht fertig werden; ehe der Ruf geschieht, haben wir noch Zeit genug, uns zuzuschicken und anzukleiden."

Urplötzlich geschah der Ruf, und die Geschmückten gingen zur Mahlzeit; die Narren wurden zurückgewiesen und hatten sich die Freude selbst geraubt.

*

Salomo sagt: „Laß deine Kleider immer weiß sein." Auch deine Sterbekleider sind weiß; bereite sie früh und kleide dich in sie täglich. Sei weise einen Tag vor deinem Tode.

Der frühe Tod.

Frühmorgens ging ein Mädchen in den Garten, sich einen Kranz zu sammeln aus schönen Rosen. Sie standen alle noch in ihrer Knospe da, geschlossen oder halbgeschlossen, des Morgentaues duftende Kelche. „Noch will ich euch nicht brechen," sagte das Mädchen. „Erst soll euch die Sonne öffnen: so werdet ihr schöner prangen und stärker duften."

Sie kam am Mittage und sah die schönsten Rosen vom Wurme zerfressen, vom Strahl der Sonne gebeugt, erblaßt und welkend. Das Mädchen weinte über ihre Thorheit, und am folgenden Morgen sammelte sie sich ihren Kranz früh.

*

Seine liebsten Kinder ruft Gott früh aus diesem Leben, ehe der Strahl der Sonne sie sticht, ehe der Wurm sie berührt. Das Paradies der Kinder ist eine hohe Stufe der Herrlichkeit; der gerechteste Fromme kann sie nicht betreten: denn seine Seele ist befleckt gewesen.

Der Lohn der zukünftigen Welt.

Richte nicht den Weg deines Lebens: alle seine Fußsteige sind gut, ob du gleich das Ziel eines jeden nicht übersiehst. Wäge auch nicht die Vorschriften des Gesetzes, daß du etwa sagest: Dies Gebot ist groß, darum will ich's halten; denn sein Lohn wird groß sein. Gott hat dem Menschen nicht offenbaret, welches der Lohn eines jeden Werkes sein werde.

Ein König wollte einen Garten pflanzen und lud die Arbeiter dazu ohne Bedingung ein; er ließ einem jeden seine

Arbeit frei und fragte am Abende nur, woran er gearbeitet habe. Jeder zeigte, was er gethan; dieser den Feigenbaum, jener den Oelbaum, der die Cypresse, dieser den Palmbaum, den er gepflanzt. Der Hausvater gab einem jeden den Lohn nach seiner Arbeit, und so war sein Garten mit mancherlei Bäumen bepflanzt. Hätten die Arbeiter gewußt, welcher Baum unter allen den größten Lohn brächte, so wäre des Hausvaters Absicht nicht erreicht worden: der Garten wäre nicht mit mancherlei Bäumen bepflanzt.

*

Ein Weiser ward gefragt, warum ihn Gott also gesegnet habe in seinem Leben? „Weil ich die kleinste Pflicht wie die größte that," antwortete er, „darum hat mich Gott also gesegnet."

Die Rose unter Dornen.

Ein frommer Mann, der tief gekränkt und verwundet mitten unter seinen Verfolgern lebte, ging traurig einmal auf und ab in seinem Garten, an den Wegen der Vorsehung fast verzweifelnd. Wie festgehalten blieb er vor einem Rosenbusch stehen, und der Geist der Rose sprach zu ihm also: „Belebe ich nicht ein schönes Gewächs? einen Kelch der Danksagung voll süßer Gerüche dem Herrn im Namen aller Blumen, sein Weihrauchopfer. Und wo erblickest du mich? Unter Dornen. Aber sie stechen mich nicht; sie beschützen mich und geben mir Säfte. Eben dies thun dir deine Feinde, und sollte dein Geist nicht mehr sein und fester, als eine hinfällige Blume?" Gestärkt ging der Mann von dannen; seine Seele ward ein Kelch der Danksagung für — seine Feinde.

Der Engel des Todes.

Furchtbar erscheint dem Scheidenden der Engel des Todes. Von seinem flammenden Schwert triefen bittere Tropfen; sein Anblick ist schrecklich.

Ist nichts, das uns davon zu erretten vermöge? Kann niemand das Paradies schauen, er schaue denn vorher den Engel des Todes? Nicht also. Wer Werke der Liebe und Güte im Leben gethan, wer Menschen erfreuet hat und ihren

Segen empfangen, der sieht den Tod nicht. Wie Auen des Paradieses schweben die guten Thaten seines Lebens und erquicken sein Herz und holen sanft hinüber seine Seele.

So ward Elieser, Abrahams treuer Knecht, von seinem Herrn dazu gesegnet, daß er den Tod nicht sähe, für die Freude, die er ihm im Leben bereitet. Auch Sarah, Assers Tochter, als sie dem Altvater Jakob die Nachricht brachte: „Dein Sohn lebt!" sprach er: „Der Mund, der mir dies sagt, erquicket werde er dafür in der Stunde des Todes." Und als Bitja, die Tochter Pharaos, sterben sollte, damit man nicht spräche: „Was hatte sie zum Lohn für ihre Gutthat, daß sie den Moses erzogen?" trat in ihrer letzten Stunde das Bild Moses mit allen seinen Thaten ihr herrlich vor Augen; das Bild des Todes verschwand vor diesem Anblick.

Wie man den Faden aus der Milch zieht, so scheidet die Seele des Guten von ihrem Körper, im Andenken dessen, was sie durch ihn Gutes vollbrachte; die Seele des Bösen scheidet hinweg, wie man spitzige Dornen aus der Wolle reißet.

V.

Prosaaufsätze.

Ueber Offian und die Lieder alter Völker.

Auszug aus einigen Briefen.

Aus Deutscher Art und Kunst. 1773.

1.

Auch ich bin, wie Sie, über die Erscheinung Offians, wie über ein unerwartetes episches Original, erfreut. Ein Dichter wie Offian, voll Hoheit und Unschuld in den Empfindungen, voll Szenen der Einfalt, Thätigkeit und Seligkeit des menschlichen Lebens, muß, wenn man in faece Romuli an der Wirksamkeit guter Bücher nicht ganz verzweifeln will, gewiß auf eine gute Weise wirken und allenthalben Herzen regen, die noch jetzt in der alten schottischen Hütte zu leben wünschen, und sich ihre Häuser zu solchen Hütten einweihen. — Auch Denis' Uebersetzung verrät so viel Fleiß und Geschmack, einen so glücklichen Schwung der Bilder, einen so leichten Gebrauch der deutschen Sprache, daß ich sie meiner Bibliothek sogleich zugeführt habe und Deutschland zu einem Barden Glück wünsche, den der schottische Barde nur geweckt hat. Aber Sie, der vorher so halsstarrig an der Wahrheit und Authentizität des schottischen Offians zweifelte, hören Sie jetzt mich, den Verteidiger, nicht halsstarrig zweifeln, sondern bescheiden mutmaßen, daß, trotz alles Fleißes und Geschmackes und Schwunges und Ueberflusses der Sprache, in dieser deutschen Uebersetzung Offian vielleicht nicht der wahre Offian sein möchte. Wollen Sie darüber meine Gründe hören?

2.

Meine Gründe gegen den deutschen Ossian beruhen nicht, wie Sie meinen, im Eigensinn gegen den deutschen Hexameter überhaupt: denn was trauen Sie mir für Empfindung, für Ton und Harmonie der Seele zu, wenn ich z. E. den Kleist= schen, den Klopstockschen Hexameter nicht fühlen sollte? Aber, weil Sie doch einmal selbst darauf gekommen sind, der Klopstocksche Hexameter bei Ossian? freilich auch hinc illae lacrimae! Hätte D. die eigentliche Manier Ossians nur etwas auch mit dem inneren Ohre überlegt — Ossian so kurz, stark, männlich, abgebrochen in Bildern und Empfindungen — Klop= stocks Manier, so ausmalend, so vortrefflich, Empfindungen ganz ausströmen und, wie sie Wellen schlagen, sich legen und wiederkommen, auch die Worte, die Sprachfügungen ergießen zu lassen — welch ein Unterschied! Und was ist nun ein Ossian in Klopstocks Hexameter? in Klopstocks Manier? Fast kenne ich keine zwei verschiedenere, auch Ossian schon wirklich wie Epopöist betrachtet.

Aber das ist er nun nicht, und dies wollte ich Ihnen nur sagen. Ossians Gedichte sind Lieder, Lieder des Volkes, Lieder eines ungebildeten sinnlichen Volkes, die sich so lange im Munde der väterlichen Tradition haben fortsingen können — sind sie das in unserer schönen epischen Gestalt? haben sie's sein können? — Mein Freund, wenn ich mich zuerst gegen Ihre zweifelnde Halsstarrigkeit gegen die Ursprünglichkeit Ossians auf nichts so sehr als auf inneres Zeugnis, auf den Geist des Werkes selbst berief, der uns mit weissagender Stimme zusagte: "So etwas kann Macpherson unmöglich gedichtet haben! so was läßt sich in unserem Jahrhunderte nicht dichten!" mit eben dem inneren Zeugnis rufe ich jetzt eben so laut: "Das läßt sich wahrhaftig nicht singen! in solchem Ton von einem wilden Bergvolke wahrhaftig nicht fortsingen und erhalten! folglich ist's nicht Ossian, der da sang, der so lange fortgesungen wurde!" Was sagen Sie zu meinem inneren Beweise?

3.

So eigensinnig für Ihren deutschen Ossian! durch Zer= gliederungen und einzelne Vergleichungen es mir abzwingen zu wollen, "daß er gewiß so gut als der englische sei!" In

Sachen der bloßen, schnellen Empfindung, was läßt sich da
nicht zergliedern? was nicht durch ein grübelndes Zerlegen
heraus beweisen, was — wenigstens die vorige schnelle Empfin=
dung gewiß nicht ist. Haben Sie es bedacht, was Sie so
oft und täglich fühlen, „was die Auslassung eines, der Zu=
satz eines anderen, die Umschreibung und Wiederholung eines
dritten Wortes, was nur anderer Accent, Blick, Stimme der
Rede durchaus für anderen Ton geben könne?" Ich will den
Sinn noch immer unberührt lassen; aber Ton? Farbe? die
schnellste Empfindung von Eigenheit des Ortes, des Zweckes? —
Und beruht nicht auf diesen alle Schönheit eines Gedichtes, aller
Geist und Kraft der Rede? — Zugegeben, daß unser Ossian,
als ein poetisches Werk, so gut, ja besser als der englische sei —
eben weil er ein so schönes poetisches Werk ist, so ist er der
alte Barde, Ossian, nicht mehr; das will ich ja nur sagen.

Nehmen Sie eines der alten Lieder, die in Shakespeare
oder in den englischen Sammlungen dieser Art vorkommen,
und entkleiden Sie's von allem Lyrischen des Wohlklanges,
des Reimes, der Wortsetzung, des dunkeln Ganges der Melodie;
lassen Sie ihm bloß den Sinn, so so, und auf solche und
solche Weise in eine andere Sprache übertragen; ist's nicht,
als wenn Sie die Noten in einer Melodie von Pergolese
oder die Lettern auf einer Blattseite umwürfen? Wo bliebe
der Sinn der Seite? wo bliebe Pergolese? Mir fällt eben
das Liedchen aus Shakespeares Twelfth-Night in die Hand,
bei welchem der liebesieche Herzog von hinnen scheiden will: —

that old and antik song
Me thought it did relieve my passion much --
More than light airs and recollected terms
Of these most brisk and giddy-paced times
— — it is old and plain;
The spinsters and the knitters in the sun
And the free maids that weave their
Thread with bones
Do use to chant it: it is fitly soath
And dallies with the innocence of love
Like the old age —

Nun, werden Sie bei solchem Lobe nicht begierig auf das
alte Lied selbst? Auf! übersetzen Sie's flugs in Hexameter:

Song.
Come away, come away, death!
And in sad cypress let me be laid;

Fly away, fly away, breath!
  I am slain by a fair cruel maid!
My shrowd of white, stuck all with yew,
    Oh prepare it!
My part of death no one so true
    Did share it!

Not a flow'r, not a flow'r sweet
    On my black coffin let there be strown;
Not a friend, not a friend greet
    My poor corpse, where my bones shall be thrown.
A thousand thousand sighs to save
    Lay me, o where
True lover never find my grave
    To weep there. *)

Der sollte nicht mein Freund sein, der bei diesem so ein-fältigen, nichtssagenden Liebe, insonderheit lebendig gesungen, nichts mitfühlte! Indessen, wenn es übersetzt würde, wenn der einzige fast, dem ich hiezu Biegsamkeit zutraue, der Sänger des Skaldengesanges, wenn dieser Dichter, der so mancherlei, so vortrefflich sein kann, es übersetzte, wie anders erhält es den Abdruck der inneren Empfindung als durch den Abdruck des Aeußeren, des Sinnlichen, in Form, Klang, Ton, Melodie, alles des Dunkeln, Unnennbaren, was uns mit dem Gesange stromweise in die Seele fließt. Schlagen Sie die Dodsley-schen Reliques of ancient Poetry auf; übersetzen Sie, was und wie schön Sie es wollen, aber außer dem Ton des Gesanges, und sehen Sie dann, was Sie haben werden!

Sie kennen doch die süße Romanze, von der ich mich wundere, daß sie sich in den Dodsleyschen Reliques nicht findet: Heinrich und Kathrine:

In ancient times in Britain Isle
Lord Henry was well known —

Ein englischer Rektor, Namens Samuel Bishop, hat gewisse Ferias poeticas gefeiert: i. e. Carmina Anglicana Elegiaci plerumque argumenti latine reddita geschrieben, und in diesen Carminibus Anglicanis latine redditis ist auch unsere Romanze Elegiaci argumenti, und also auch Elegiaco versu, schön skandiert und phraseologisiert, die sich also anhebt:

Angliacos inter proceres innotuit olim
Henricus priscae nobilitatis honos!

---

*) Dies und die weiter genannten Lieder finden sich im II. Band dieser Aus-gabe, in den Volksliedern.

— und wo ist nun die Romanze? — Daß es mit Ossian
kaum anders sei, sehen Sie nur einmal die schöne Mac=
farlansche Uebersetzung von Temora. Der Verfasser selbst
ein Schotte, der Ossian singen gehört, ihn doch also fühlen
muß? Sehen Sie nun, was unter den Händen des guten,
flinken Lateiners aus der rührenden Stelle geworden ist, da
Oskar fällt, und der Dichter, plötzlich abbrechend, sich an
seine Geliebte wendet. — In der N. Bibl. der sch. W.,
Band 9, St. 2, S. 344 sind die Uebersetzungen aus Mac=
pherson, Macfarlan und Denis nebeneinander. Sie können
nachschlagen und sehen! ...

4.

Ihre Einwürfe sind sonderbar. Bei alten gotischen Ge=
sängen, wie Sie sie nennen, bei Reimgedichten, Romanzen,
Sonetten und dergleichen schon künstlichen oder gar gekünstelten
Stanzen, geben Sie mir nach; aber bei alten ungekünstelten
Liedern wilder, ungesitteter Völker — wilder ungesitteter
Völker? So gehörte Ossian und sein edler, großer Fingal
so schlechthin zu einem wilden ungesitteten Volke? Und wenn
jener auch alles idealisiert hätte, wer so idealisieren konnte,
und wem dergleichen Bilder, dergleichen Geschichte der Traum
des Nachts und das Vorbild des Tages, Gemütserholung
und beste Herzenslust sein konnte — der war ein wildes
Volk? Wohin ab kann man geraten, um nur seine Lieblings=
meinung zu retten!

Wissen Sie, daß, je wilder, d. i. je lebendiger, je frei=
wirkender ein Volk ist (mehr heißt dies Wort nicht!), desto
wilder, d. i. desto lebendiger, freier, sinnlicher, lyrisch han=
delnder müssen auch, wenn es Lieder hat, seine Lieder sein!
Je entfernter von künstlicher, wissenschaftlicher Denkart, Sprache
und Letternart das Volk ist, desto weniger müssen auch seine
Lieder fürs Papier gemacht und tote Letternverse sein; vom
Lyrischen, vom Lebendigen und gleichsam Tanzmäßigen des
Gesanges, von lebendiger Gegenwart der Bilder, vom Zu=
sammenhange und gleichsam Notdrange des Inhalts, der
Empfindungen, von Symmetrie der Worte, der Silben, bei
manchen sogar der Buchstaben, vom Gange der Melodie und
von hundert anderen Sachen, die zur lebendigen Welt, zum
Spruch= und Nationalliede gehören und mit diesem ver=
schwinden — davon, und davon allein hängt das Wesen, der

Zweck, die ganze wunderthätige Kraft ab, die diese Lieder
haben, die Entzückung, die Triebfeder, der ewige Erb- und
Lustgesang des Volkes zu sein! Das sind die Pfeile dieses
wilden Apollo, womit er Herzen durchbohrt, und woran er
Seelen und Gedächtnisse heftet! Je länger ein Lied dauern
soll, desto stärker, desto sinnlicher müssen diese Seelenerwecker
sein, daß sie der Macht der Zeit und den Veränderungen
der Jahrhunderte trotzen. — Wohin wendet sich nun die
Sache?

Ohne Zweifel waren die Skandinavier, wie sie auch in
Ossian überall erscheinen, ein wilderes raueres Volk als die
weich idealisierten Schotten; mir ist von jenen kein Gedicht
bekannt, wo sanfte Empfindung ströme; ihr Tritt ist ganz
auf Felsen und Eis und gefrorener Erde, und in Absicht
auf solche Bearbeitung und Kultur ist mir von ihnen kein
Stück bekannt, das sich mit den Ossianschen darin vergleichen
lasse. Aber sehen Sie im Worm, im Bartholin, im Pering-
skiold und Verel ihre Gedichte an — wie viel Silbenmaße!
wie genau jedes unmittelbar durch den fühlbaren Takt des
Ohres bestimmt! ähnliche Anfangssilben mitten in den Versen
symmetrisch aufgezählt, gleichsam Losungen zum Schlage des
Taktes, Anschläge zum Tritt, zum Gange des Kriegsheers.
Aehnliche Anfangsbuchstaben zum Anstoß, zum Schallen des
Bardengesanges in die Schilde. Disticha und Verse sind ent-
sprechend; Vokale gleich; Silben konson — wahrhaftig eine
Rhythmik des Verses, so künstlich, so schnell, so genau, daß
es uns Büchergelehrten schwer wird, sie nur mit den Augen
aufzufinden; aber denken Sie nicht, daß sie jenen lebendigen
Völkern, die sie hörten und nicht lasen, von Jugend auf
hörten und mitsangen und ihr ganzes Ohr danach gebildet
hatten, eben so schwer gewesen sei. Nichts ist stärker, ewiger,
schneller und feiner als Gewohnheit des Ohres! Einmal tief
gefaßt, wie lange behält es dasselbe! In der Jugend, mit
dem Stammeln der Sprache gefaßt, wie lebhaft kommt es
zurück, und mit allen Erscheinungen der lebendigen Welt
verbunden — wie reich und mächtig kommt es wieder! Aus
Musik, Gesang und Rede könnt' ich Ihnen eine Menge
sonderbarer Phänomene anführen, wenn ich einmal psycho-
logisieren wollte!

Unter 136 Rhythmusarten der Skalden habe ich nur
einen, den sangbaren, in Worm näher studiert (denn ihre
eigentliche Prosodie, der zweite Teil der Edda, ist meines

Wissens noch nicht erschienen), und was denken Sie, wenn in diesem Rhythmus von acht Reihen nicht bloß zwei Disticha, sondern in jedem Distichon drei anfangähnliche Buchstaben, drei konsone Wörter und Schalle, und diese in ihren Regionen wieder so metrisch bestimmt sind, daß die ganze Strophe gleichsam eine prosodische Runentextur geworden ist — und alles waren Schalle, Laute eines lebenden Gesanges, Wecker des Taktes und der Erinnerung, alles klopfte und stieß und schallte zusammen! — Machen Sie nun die Probe und studieren Regner Lodbrogs Sterbegesang in den Runen des Worms, und lesen dann die feine, zierliche Uebersetzung, die wir davon im Deutschen, in ganz anderem Ton und ganz anderem Silbenmaße haben — der verzogenste Kupferstich von einem schönen Gemälde!*) Nun komme jemand und mache aus dem Schlachtgesang der Dysen, aus dem Zauber- gespräch Odins am Thor der Hölle, aus dem jüngsten Gericht der Eddagötter ein schönes Heldengedicht in Hexametern oder schöne griechische Silbenmaße, wie das Gespräch Gauls und Mornis, Fingals und Roskranen; aus Evind Skaldaspillers Trauerlied auf Hako eine Elegie im Ton der Rothschilds- gräber — was würde Vater Odin und der alte Skaldaspiller sagen? — Daß sich nun diese Skaldische Rhythmik nicht auf Island und Skandinavien eingeschränkt, können Sie aus Hickes und anderen, am neuesten noch in den Dodsleyschen Reliques aus der Vorabhandlung von dem complaint of conscience (T. 2, B. 3, S. 277) sehen, wo aus dem Angel- sächsischen dergleichen mehr als eine Probe angeführt wird.

Aber noch mehr. Gehen Sie die Gedichte Ossians durch. Bei allen Gelegenheiten des Bardengesanges sind sie einem anderen Volke so ähnlich, das noch jetzt auf der Erde lebt, singt und Thaten thut, in deren Geschichte ich also ohne Vorurteil und Wahn die Geschichte Ossians und seiner Väter mehr als einmal lebendig erkannt habe. Es sind die fünf Nationen in Nordamerika: Sterbelied und Kriegsgesang, Schlacht- und Grablied, historische Lobgesänge auf die Väter und an die Väter — alles ist den Barden Ossians und den Wilden in Nordamerika gemein; der letzten Marter- und Rachelied nehme ich aus, dafür die sanften Kaledonier ihre Gesänge mit dem sanften Blut der Liebe färbten. Sehen

---

*) Weit wahrhafter erscheint nun diese Saga in Karl Viktor von Bonstettens Neueren Schriften T. II, 201—308. Kopenh. 1800.

Sie, was alle Reisebeschreiber, Charlevoix und Lafiteau, Roger und Cadwallader Colden vom Ton, vom Rhythmus, von der Macht dieser Gesänge auch für Ohren der Fremdlinge sagen. Sehen Sie nach, wie viel nach allen Berichten darin auf lebende Bewegung, Melodie, Zeichensprache und Pantomime ankommt, und wenn nun Reisende, die die Schotten kannten und mit den Amerikanern so lange gelebt hatten, Kapitän Timberlake z. B., die offenbare Aehnlichkeit der Gesänge beider Nationen anerkannten — so schließen Sie weiter.

Als eine Reise nach England noch in meiner Seele lebte — o Freund, Sie wissen nicht, wie sehr ich damals auch auf diese Schotten rechnete! Ein Blick, dachte ich, auf den öffentlichen Geist und die Schaubühne und das ganze lebende Schauspiel des englischen Volkes, um im ganzen die Ideen mir aufzuklären, die sich im Kopfe eines Ausländers in Geschichte, Philosophie, Politik und Sonderbarkeiten dieser wunderbaren Nation so dunkel und sonderbar zu bilden und zu verwirren pflegen. Alsdann die größte Abwechselung des Schauspiels, zu den Schotten! zu Macpherson! Da will ich die Gesänge eines lebenden Volkes lebendig hören, sie in alle der Wirkung sehen, die sie machen, die Oerter sehen, die allenthalben in den Gedichten leben, die Reste dieser alten Welt in ihren Sitten studieren! eine Zeitlang ein alter Kaledonier werden — und dann nach England zurück, um die Monumente ihrer Litteratur, ihre zusammengeschleppten Kunstworte und das Detail ihres Charakters mehr zu kennen — wie freute ich mich auf den Plan! und als Uebersetzer hätte ich gewiß auf anderen Wegen ähnliche Schritte thun wollen, die jetzt — nicht gethan sind.   Selbst die Macphersonsche Probe der Ursprache ist ganz vergebens abgedruckt gewesen.

————

5.

Sie lächeln über meinen Enthusiasmus für die Wilden beinahe so, wie Voltaire über Rousseau, daß ihm das Gehen auf Vieren so wohl gefiele; glauben Sie nicht, daß ich deswegen unsere sittlichen und gesitteten Vorzüge, worin es auch sei, verachte. Das menschliche Geschlecht ist zu einem Fortgange von Szenen, von Bildung, von Sitten bestimmt: wehe dem Menschen, dem die Szene mißfällt, in der er auftreten, handeln und sich verleben soll! Wehe aber auch dem Philosophen über Menschheit und Sitten, dem seine Szene die einzige ist, und der die erste immer, auch als die schlechteste, verkennt! Wenn alle mit zum Ganzen des fortgehenden Schauspiels gehören, so zeigt sich in jeder eine neue, sehr merkwürdige Seite der Menschheit — und nehmen Sie sich nur in acht, daß ich Sie nicht nächstens mit einer Psychologie aus den Gedichten Ossians heimsuche. Die Ideen wenigstens dazu liegen tief und lebendig genug in meiner Seele, und Sie würden manches Sonderbare lesen!

Für jetzt: Wissen Sie, warum ich ein solches Gefühl teils für Lieder der Wilden, teils für Ossian insonderheit habe? Ossian zuerst habe ich in Situationen gelesen, wo ihn die meisten, immer in bürgerlichen Geschäften und Sitten und Vergnügen zerstreuten Leser als bloß amüsante, abgebrochene Lektüre kaum lesen können. Sie wissen das Abenteuer meiner Schiffahrt; aber nie können Sie sich die Wirkung einer solchen, etwas langen Schiffahrt so denken, wie man sie fühlt. Auf einmal aus Geschäften, Tumult und Rangesspossen der bürgerlichen Welt, aus dem Lehnstuhl des Gelehrten und vom weichen Sofa der Gesellschaften weggeworfen, ohne Zerstreuungen, Büchersäle, gelehrte und ungelehrte Zeitungen, über einem Brette, auf offenem, allweitem Meere, in einem kleinen Staate von Menschen, die strengere Gesetze haben als die Republik Lykurgus', mitten im Schauspiel einer ganz anderen, lebenden und webenden Natur, zwischen Abgrund und Himmel schwebend, täglich mit denselben endlosen Elementen umgeben, und dann und wann nur auf eine neue Wolke, auf eine ideale Weltgegend merkend — nun die Lieder und Thaten der alten Skalden in der Hand, ganz die Seele damit erfüllt, an den Orten, da sie geschahen — hier die Klippen Olaus vorbei, von denen so viele Wundergeschichten lauten — dort dem Eilande gegenüber, das jene Zauberose mit ihren vier mächtigen, sternebestirnten Stieren abpflügte, „das Meer schlug, wie Platzregen, in die Lüfte empor, und wo sich, ihren schweren Pflug ziehend, die Stiere wandten, glänzten acht Sterne vor ihrem Haupte" über dem Sandlande hin, wo vormals Skalden und Wikinger mit Schwert und Liebe auf ihren Rossen des Erdegürtels (Schiffen) das Meer durchwandelten, jetzt von fern die Küsten vorbei, da Fingals Thaten geschahen, und Ossians Lieder Wehmut sangen, unter eben dem Weben der Luft, in der Welt, der Stille — glauben Sie, da lassen sich Skalden und Barden

anders lesen als neben dem Katheder des Professors. Die
Geschichte Uthals und Ninathoma im Anblick der Insel, da
sie geschah — wenigstens für mich sinnlichen Menschen haben
solche sinnliche Situationen so viel Wirkung. Und das Gefühl der Nacht ist noch in mir, da ich auf scheiterndem Schiffe,
das kein Sturm und keine Flut mehr bewegte, mit Meer be-
spült und mit Mitternachtswind umschauert, Fingal las und
Morgen hoffte ... Verzeihen Sie es wenigstens einer altern-
den Einbildung, die sich auf Eindrücke dieser Art, als auf
alte bekannte und innige Freunde, stützt. —

Aber auch das ist noch nicht eigentlich Genesis des Enthusiasmus, über welchen Sie mir Vorwürfe machen; denn sonst
wäre er vielleicht nichts als individuelles Blendwerk, ein bloßes
Meergespenst, das mir erscheint. Wissen Sie also, daß ich
selbst Gelegenheit gehabt, lebendige Reste dieses alten, wilden
Gesanges, Rhythmus, Tanzes unter lebenden Völkern zu
sehen, denen unsere Sitten noch nicht völlig Sprache und
Lieder und Gebräuche haben nehmen können, um ihnen dafür
etwas sehr Verstümmeltes oder nichts zu geben. Wissen Sie,
daß, wenn ich einen solchen alten — Gesang mit seinem wilden Gange gehört, ich fast immer, wie der französische Marcell,
gestanden: Que de choses dans un menuet! oder vielmehr — was haben solche Völker durch Umtausch ihrer Gesänge gegen eine verstümmelte Menuet und Reimleins, die
dieser Menuet gleich sind, gewonnen? —

Sie kennen das Kleistsche Lied eines Lappländers, und
die Hand dieses braven Mannes konnte für uns gewiß nicht
anders, als verschönern; aber wenn ich Ihnen nun den rohen
Lappländer gäbe?

O Sonne, dein hellester Schimmer beglänze den Orrasee 2c.

Wie natürlich, wie sehnlich sinnt der junge, begehrende Lappländer, dem sein Weg zu lang wird, dem alles, was er sieht,
Sonne und Wipfel und Wolke und Krähe und Ruderfüße,
sich zum Orrasee, auf sein Mädchen beziehen muß! der auf
die Schnelle und Langsamkeit seines Weges, auf sein Hin-
eilen der Seele, auf seine vorwandernden Gedanken, auf seine
Lust, Richtsteige zu suchen, wie natürlich, wie sehnlich zurück-
kommt! Que de choses dans un menuet! und ich liefere
Ihnen doch nur die stammelndsten, zerrissensten Reste.

Noch lege ich ein altes, recht schauderhaftes schottisches
Lied bei, das ich unmittelbar aus der Ursprache habe. Es

ist ein Gespräch zwischen Mutter und Sohn und soll im
Schottischen mit der rührendsten Landmelodie begleitet sein,
der der Text so viel Raum gönnt:

　　　Dein Schwert, wie ist's von Blut so rot?

Könnte der Brudermord Kains in einem Populärliede
mit grausenderen Zügen geschildert werden? und welche Wirkung muß im lebendigen Rhythmus das Lied thun! und so,
wie viele, viele Lieder des Volkes!

　　　　　　　　　　6.

Endlich werden Sie aufmerksam und mahnen mich um
mehrere solche Volkslieder. Doch ist mir aus Ihrem vor-
letzten Briefe noch ein Einwurf auf dem Herzen. „Auch
Denis habe so viel lyrische Stücke, und die so schön wären!"

Lyrische Stücke hat er, und schön sind sie; aber wie viel
lyrische Stücke — und wodurch sind sie schön? Durch schöne
römische, griechische Silbenmaße, und durch so schöne Anordnung in denselben? Eben deswegen behaupte ich, sie seien
die schönen Bardenlieder des Ossian nicht mehr! Was macht
Macpherson fast bei jedem solcher Stücke für Ausrufe über das
Wilde oder Sanfte, Feierliche oder Kriegerische ihres Rhythmus,
ihrer Melodieen, ihrer Silbenmaße, das die Seele des Gesanges
sei — bei den meisten Fällen sehe ich nun weder Wahl noch
Veranlassung zu römischen und griechischen Silbenmaßen; ja,
wenn ich von den Gesängen der Wilden überhaupt Ton habe,
nirgends Veranlassung zu einem solchen Silbenmaße.

Auch das skaldische Silbenmaß hat der Uebersetzer miß-
braucht. Die vortreffliche, so vielsaitige Goldharfe, die unter
der Hand des dänischen Skalden allen Zauber- und Macht- und
Leier- und Wunderton hat annehmen können, so wie gegenseitig
den Ton der Liebe, der Freundschaft, der Entzückung, ist in
seinen Händen eine Trommel mit zwei Schlägen geworden. —

Ganz anders hat Klopstock auch hier in unserer Sprache
gearbeitet! Der sonst so ausfließende, ausströmende Dichter,
wie kurz, wie stark und abgebrochen, wie altdeutsch hat er sich
in seiner Hermannsschlacht zu sein bestrebt! Welche Prosa
gleicht da wohl seinem Hexameter! Welch lyrisches Silbenmaß
seinen sonst so strömenden griechischen Silbenmaßen! Wenn
in seinem Bardiet wenig Drama ist, so ist wenigstens das

Lyrische im Barbiet, und im Lyrischen der Wortbau so drama=
tisch, so deutsch! — Lesen Sie das edle, simple Stückchen:

Auf Moos, am luftigen Bach ꝛc.

und so viele, fast alle andere. Da Klopstock sich so sehr hat
verleugnen können, verändern müssen — ist dies Muß nicht
eine große Lehre? Ihnen ist bei Denis Fingal und Roskrane,
Klopstocks Hermann und Thusnelde eingefallen; desto schlimmer,
denn Klopstocks neuerer Bardenton ist wohl nicht ganz der in
Hermann und Thusnelde. Ich bin's nicht allein, der diesen
veränderten, härteren Bardenton im neueren Klopstock em=
pfindet, und ohne mich in das Bessere oder Schlechtere ein=
zulassen, gehe ich gern mit den Jahren des Dichters und mit
der Natur fort und bin stolz darauf, das deutsche Barden=
mäßige in seinem

Was that dir, Thor, dein Vaterland,

und in allen neueren Stücken, wo so viel kurzer, dramatischer
Dialog und Wurf der Gedanken ist, zu empfinden.

— · — · — —

7.

Die Anmerkungen, die Sie „über das Dramatische in
den alten Liedern" dieser Art machen, sind so sehr nach meinem
Sinn, daß ich's mir immer mit unter den Charakterstücken
der Alten gedacht habe, die wir Neuere so wenig erreichen,
als ein totes, momentanisches Gemälde eine fortgehende,
handelnde, lebendige Szene. Jenes sind unsere Oden; dies
die lyrischen Stücke der Alten, insonderheit wilder Völker.
Alle Reden und Gedichte derselben sind Handlung. Lesen
Sie im Charlevoix selbst die unvorbereitete Kriegs= und
Friedensrede des Eskimos; es ist alles in ihr Bild, Strophe,
Szene! Was für Handlung in Odins Höllenfahrt, im Webe=
gesange der Valkyriur, im Beschwörungsliede der Hervor,
und bei Offian auf jeder Seite, in jedem Stücke! Ich lege
Ihnen ein paar der genannten bei. Ich hätte sie neu auf=
stutzen und idealisieren können; dann blieben sie aber nicht
mehr, was sie jetzt sind, und eben am Alengo der Bildsäule,
am dunkeln, einförmigen, nordischen Zauberton der Stücke ist
Ihnen und mir gelegen.

— —

8.

Habe ich denn meine skaldischen Gedichte in allem für
Muster neuerer Gedichte ausgeben wollen? Nichts weniger!
Sie mögen so einförmig, so trocken sein; andere Nationen sie
so sehr übertreffen; sie mögen für nichts als Gesänge nor=
discher Meistersänger oder Improvisatori gelten — was ich
mit ihnen beweisen will, beweisen sie. Der Geist, der sie er=
füllt, die rohe, einfältige, aber große, zaubermäßige, feier=
liche Art, die Tiefe des Eindruckes, den jedes so starkgesagte
Wort macht, und der freie Wurf, mit dem der Eindruck ge=
macht wird — nur das wollte ich bei den alten Völkern,
nicht als Seltenheit, als Muster, sondern als Natur anführen,
und darüber also lassen Sie mich reden.

— Es ist aus Reisebeschreibungen bekannt, wie stark und
fest sich immer die Wilden ausdrücken. Immer die Sache,
die sie sagen wollen, sinnlich, klar, lebendig anschauend; den
Zweck, zu dem sie reden, unmittelbar und genau fühlend;
nicht durch Schattenbegriffe, Halbideen und symbolischen Lettern=
verstand (von dem sie in keinem Worte ihrer Sprache, da sie
fast keine abstracta haben, wissen), durch alles dies nicht zer=
streut; noch minder durch Künsteleien, sklavische Erwartungen,
furchtsam schleichende Politik und verwirrende Prämeditation
verdorben — über alle diese Schwächungen des Geistes selig
unwissend, erfassen sie den ganzen Gedanken mit dem ganzen
Worte, und dies mit jenem. Sie schweigen entweder oder
reden im Moment des Interesses mit einer unvorbedachten
Festigkeit, Sicherheit und Schönheit, die alle wohlstudierten
Europäer allezeit haben bewundern müssen und — müssen
bleiben lassen. Unsere Pedanten, die alles vorher zusammen=
stoppeln und auswendig lernen müssen, um alsdann recht
methodisch zu stammeln; unsere Schulmeister, Küster, Halb=
gelehrten, Apotheker und alle, die den Gelehrten durchs Haus
laufen und nichts erbeuten, als daß sie endlich, wie Shake=
speares Launcelots, Polizeidiener und Totengräber, uneigen,
unbestimmt und wie in der letzten Todesverwirrung sprechen —
diese gelehrten Leute, was wären die gegen die Wilden? —
Wer noch bei uns Spuren von dieser Festigkeit finden will,
der suche sie ja nicht bei solchen. — Unverdorbene Kinder,
Frauenzimmer, Männer von gutem Naturverstande, mehr
durch Thätigkeit als Spekulation gebildet, die sind alsdann
die einzigen und besten Redner unserer Zeit.

In der alten Zeit aber waren es Dichter, Skalden, Ge=
lehrte, die eben diese Sicherheit und Festigkeit des Ausdruckes
am meisten mit Würde, mit Wohlklang, mit Schönheit zu
paaren wußten; und da sie also Seele und Mund in den festen
Bund gebracht hatten, sich einander nicht zu verwirren, sondern
zu unterstützen, beizuhelfen, so entstanden daher jene für uns
halben Wunderwerke von ἀοιδοῖς. Sängern, Barden, Minstrels,
wie die größten Dichter der ältesten Zeiten waren. Homers
Rhapsodieen und Ossians Lieder waren gleichsam impromptus,
weil man damals noch von nichts als impromptus der Rede
wußte; dem letztern sind die Minstrels, wiewohl so schwach
und entfernt, gefolgt; indessen doch gefolgt; bis endlich die
Kunst kam und die Natur auslöschte. In fremden Sprachen
quälte man sich von Jugend auf, Quantitäten von Silben
kennen zu lernen, die uns nicht mehr Ohr und Natur zu
fühlen gibt; nach Regeln zu arbeiten, deren wenigste ein Genie
als Naturregeln anerkennt; über Gegenstände zu dichten,
über die sich nichts denken, noch weniger sinnen, noch weniger
imaginieren läßt; Leidenschaften zu erkünsteln, die wir nicht
haben, Seelenkräfte nachzuahmen, die wir nicht besitzen —
und endlich wurde alles Falschheit, Schwäche und Künstelei.
Selbst jeder beste Kopf ward verwirrt und verlor Festigkeit
des Auges und der Hand, Sicherheit des Gedankens und des
Ausdrucks: mithin die wahre Lebhaftigkeit und Wahrheit und
Andringlichkeit. — Alles ging verloren. Die Dichtkunst, die
die stürmendste, sicherste Tochter der menschlichen Seele sein
sollte, ward die ungewisseste, lahmste, wankendste; die Ge=
dichte sein, oft korrigierte Knaben= und Schulexerzitien. Und
freilich, wenn das der Begriff unserer Zeit ist, so wollen wir
auch in den alten Stücken immer mehr Kunst als Natur be=
wundern, finden also in ihnen bald zu viel, bald zu wenig,
nachdem uns der Kopf steht, finden selten, was in ihnen
singt — den Geist der Natur. — Homer und Ossian, wenn
sie aufleben und sich lesen, sich rühmen hören sollten, würden
mehr als zu oft über das erstaunen, was ihnen gegeben und
genommen, angekünstelt und wiederum in ihnen nicht ge=
fühlt wird.

Freilich sind unsere Seelen heutzutage durch lange Gene=
rationen und Erziehung von Jugend auf anders gebildet. Wir
sehen und fühlen kaum mehr, sondern denken und grübeln
nur; wir dichten nicht über und in lebendiger Welt, im Sturm
und im Zusammenstrom solcher Gegenstände, solcher Empfin=

dungen; sondern erkünsteln uns entweder Thema oder die
Art, das Thema zu behandeln, oder gar beides — und haben
uns das schon so lange, so oft, so von frühauf erkünstelt, daß
uns jetzt kaum eine freie Ausbildung mehr glücken würde,
denn wie kann ein Lahmer gehen? Daher also auch, daß
unseren meisten neuen Gedichten die Festigkeit, die Bestimmt=
heit, der runde Kontur so oft fehlt, den nur der erste Hin=
wurf verleiht, und kein späteres Nachzirkeln erteilen kann.
Einem Homer und Ossian würden wir bei solchem poetischen
Fleiß gewiß nicht anders vorkommen als einem Raffael oder
Apelles, der durch einen Umriß sich als Apelles zeigt, der
schwachhändig kritzelnde Lehrknabe. —

9.

Was ich neulich vom ersten Wurfe eines Gedichtes ge=
meint — wollte ich damit der Eilfertigkeit und Schmiererei
unserer jungen Dichterlinge, auch nur im mindesten, zu statten
kommen? Denn was ist doch bei ihnen für ein Fehler sicht=
barer als eben die Unbestimmtheit, Unsicherheit der Gedanken
und der Worte, daß sie nie wissen, was sie sagen wollen oder
sollen? -- Weiß aber jemand das nicht, wie kann er's durch
alle Korrektur lernen? Durch Schnitzelei, kann da je ein
Bratspieß zur marmornen Bildsäule Apolls werden?

Mich dünkt, nach der Lage unserer gegenwärtigen Dicht=
kunst sind hierin zwei Hauptfälle möglich. Erkennt ein Dichter,
daß die Seelenkräfte, die teils sein Gegenstand und seine
Dichtungsart fordert, und die bei ihm herrschend sind, vor=
stellende, erkennende Kräfte sind, so muß er seinen Gegenstand
und den Inhalt seines Gedichtes in Gedanken so überlegen,
so deutlich und klar fassen, wenden und ordnen, daß ihm
gleichsam alle Lettern schon in die Seele gegraben sind, und
er gibt an seinem Gedichte nur den ganzen, redlichen Abdruck.
Fordert sein Gedicht aber Ausströmung der Leidenschaft und
der Empfindung, oder ist in seiner Seele diese Klasse von
Kräften die wirksamste, die geläufigste Triebfeder, ohne die er
nicht arbeiten kann, so überläßt er sich dem Feuer der glück=
lichen Stunde und schreibt und bezaubert. Im ersten Falle
haben Milton, Haller, Kleist und andere gedichtet; sie sannen
lange, ohne zu schreiben; sprachen sie aber, so ward's und
stand. Bei Milton wenige Verse, die er Nächte durch, gleich=

sam als mosaische Arbeit in seiner Seele gebildet hatte und
früh dann seiner Schreiberin sagte; Haller, dessen Gedichten
man's genug ansieht, wie ausgedacht und zusammengedrängt
sie sind; Lessing ist, glaub' ich, in seinen späteren Stücken der
Dichtkunst auch in dieser Zahl; — alle, so lebendig, und in
der Seele ganz vollendete Stücke nehmen sich, wenn nicht
durch ein Schnelles, so durch ein Tiefes und Beständiges des
Eindruckes aus. Sie dauern, und die Seele findet bei jedem
neuen wiederholten Eindruck gleichsam noch etwas Tieferes
und Vollendetes, was sie anfangs nicht bemerkte. Von der
zweiten Art muß Klopstock in den ausströmendsten Stellen
seiner Gedichte sein; Gleim, dessen Gedichte so viel Sichtbares
vom ersten Wurf haben; Jacobi, dessen Verse nur sanfte Un-
terhaltungen des Momentes werden, und andere, die die Sache
freilich nachher bis zu jeder Nachlässigkeit übertrieben haben.
Ramler, glaube ich, sucht beide Arten zu verbinden, ob freilich
die erste, die ausgedachte, bei ihm ungleich sichtbarer ist.
Wieland sucht sie zu verbinden, ob er gleich immer doch mehr
aus dem Fach der Weltkenntnis seines Herzens zu schreiben
scheint; Gerstenberg zu verbinden — und überhaupt verbindet
sie in gewissem Maße jeder glückliche Kopf; denn so entfernt
beide Arten im Anfange scheinen, so wenig ein Genie sich der
Art des anderen aus dem Stegreife bemächtigen kann, so
kommen sie doch endlich beide überein; lange und stark und
lebendig gedacht, oder schnell und wirksam empfunden — im
Punkt der Thätigkeit wird beides impromptu oder bekommt
die Festigkeit, Wahrheit, Lebhaftigkeit und Sicherheit desselben,
und das — nur das ist's, was ich sagen wollte. Was ließen
sich aber auch nur aus dem für große, reiche Wahrheiten der
Erziehung, der Bildung, der Unterweisung ziehen! Was ließen
sich überhaupt aus dieser Proportion oder Disproportion des
erkennenden und empfindenden Teiles unserer Seele für psycho-
logische und praktische Anmerkungen machen! — Aber Sie müssen
auf meine Psychologie über Ossian warten!

Ich bleibe hier in meinem Felde. Da die Gedichte der
alten und wilden Völker so sehr aus unmittelbarer Gegenwart, aus unmittelbarer Begeisterung der Sinne und der Einbildung entstehen und doch so viel Würfe, so viel Sprünge
haben, so hat mich dies längst aus vielen Wahrnehmungen
auf die Gedanken gebracht, die ich Ihnen hier mitteile. Zuerst,
sollten wohl für den sinnlichen Verstand und die Einbildung,
also für die Seele des Volkes, die doch nur fast sinnlicher

Verſtand und Einbildung iſt, dergleichen lebhafte Sprünge,
Würfe, Wendungen eine ſo fremde böhmiſche Sache ſein, als
uns die Gelehrten und Kunſtrichter beibringen wollen? Sie
wiſſen die Einwürfe, die man hieraus Klopſtocks Kirchenliedern,
für die gute Sache des chriſtlichen (wie es hieß) Volkes, gemacht hat; laſſen Sie uns ſehen, was daran ſei!

Zuerſt muß ich Ihnen, wenn es auf Erfahrung und
Autorität ankommt, ſagen, daß nichts in der Welt mehr
Sprünge und kühne Würfe hat als Lieder des Volkes, und
eben die Lieder des Volkes haben deren am meiſten, die ſelbſt
in ihrem Mittel gedacht, erſonnen, entſprungen und geboren
ſind, und die ſie daher mit ſo viel Aufwallung und Feuer
ſingen, und zu ſingen nicht ablaſſen können. Mir iſt ein
Jägerlied bekannt, das ich wohl unterlaſſen werde, Ihnen ganz
mitzuteilen, weil ſich das Meiſte und Anziehendſte in ihm auf
lebendigen Ton und Melodie des Hornes bezieht; aber bei
allem Simpeln und Populären iſt kein Vers ohne Sprung
und Wurf des Dialoges, der in einem neuen Gedichte gewiß
Erſtaunen machte, und über den unſere Kunſtrichter, als un-
verſtändlich, kühn, dithyrambiſch, ſchreien würden.

Ein Jäger hat abends ſpät das Netz geſtellt und bläſt:
„Alleweil bei der Nacht" (Worte des Jägerrefrain) mit ſeinem
Horn das Wild aus dem Korn ins lange Holz; alleweil bei
der Nacht begegnet ihm von fern eine Jungfrau ſtolz, und
da hebt ſich dieſer Dialog an:

> Wo aus? wo ein? du wildes Tier!
>   Alleweil bei der Nacht!
> Ich bin ein Jäger und fang' dich ſchier. u. ſ. w.
> „Biſt du ein Jäger, du fängſt mich nicht, u. ſ. w.
>   Alleweil bei der Nacht!
> Mein' hohe Sprüng', die weißt du nicht, u. ſ. w."
> Dein' hohe Sprüng', die weiß. ich wohl,
> Weiß wohl, wie ich ſie dir ſtellen ſoll, u. ſ. w.

Und ſehen Sie, plötzlich, ohne alle weitere Vorbereitung, erhebt ſich die Frage:

> Was hat ſie an ihrem rechten Arm?

und plötzlich, ohne weitere Vorbereitung, die Antwort:

> Nun bin ich gefangen, u. ſ. w.
> Was hat ſie an ihrem linken Fuß?
> „Nun weiß ich, daß ich ſterben muß!"

Und so gehen die Sprünge fort, und doch in einem so gemeinen, populären Jägerliede! und wer ist's, der's nicht verstünde, der nicht eben daher auf eine dunkle Weise das
lebendig Poetische empfände?

Alle alten Lieder sind meine Zeugen! Aus Lapp- und
Esthland, lettisch und polnisch, schottisch und deutsch, und die
ich nur kenne, je älter, je volksmäßiger, je lebendiger, desto
kühner, desto werfender. Wenn Ihnen meine skaldischen und
lapp- und schottländischen Lieder nicht genug sind, so hören
Sie einmal ein anderes, aus den Dodsleyschen Reliques; ich
wähle ein ganz gemeines, deren wir unter unserem Volk gewiß hundert ähnliche, und wo nicht Lieder, doch Sagen haben.
Es ist Sweet Williams Ghost: und doch, wie wenig kann
ich ihm in der Uebersetzung seinen Aerugo, sein feierliches
Populäres lassen.

Was kann kühn geworfener, abgebrochener und doch na-
türlicher, gemeiner, volksmäßiger sein? Ich sage volksmäßiger:
denn was die Bräutigamssitte betrifft, lesen Sie die Gebräuche
der Wilden, z. E. der Nordamerikaner; und das Kostüm der
Erscheinung, in seiner ganzen Natur, brauche ich Ihnen nicht
zu erklären. —

10.

Sie glauben, daß auch wir Deutschen wohl mehr solche
Gedichte hätten, als ich mit der schottischen Romanze angeführt; ich glaube nicht allein, sondern ich weiß es. In mehr
als einer Provinz sind mir Volkslieder, Provinziallieder,
Bauernlieder bekannt, die an Lebhaftigkeit und Rhythmus,
Naivität und Stärke der Sprache vielen derselben nichts nach-
geben würden; nur wer ist, der sie sammle, der sich um sie
bekümmere? sich um Lieder des Volkes bekümmere, auf Straßen,
Gassen und Fischmärkten? im ungelehrten Rundgesange des
Landvolkes? um Lieder, die oft nicht skandiert und oft schlecht
gereimt sind — wer wollte sie sammeln? — wer für unsere
Kritiker, die ja so gut Silben zählen und skandieren können,
drucken lassen? Lieber lesen wir, nur zum Zeitvertreib, unsere
neueren schöngedruckten Dichter. — Laß die Franzosen ihre
alten Chansons sammeln! Laß Engländer ihre alten Songs,
Balladen und Romanzen in prächtigen Bänden herausgeben!
Laß in Deutschland etwa den einzigen Lessing sich um die
Logaus, Scultetus' und Bardengesänge bekümmern! Unsere

neuen Dichter ſind ja beſſer gedruckt und ſchöner zu leſen;
allenfalls laſſen wir noch aus Opitz, Flemming, Gryphius
Stücke abdrucken. — Der Reſt der älteren, der wahren Volks=
ſtücke mag mit der ſogenannten täglich verbreiteteren Kultur
ganz untergehen, wie ſchon ſolche Schätze untergegangen ſind
— wir haben ja Metaphyſik und Dogmatiken und Akten —
und träumen ruhig hin. —

Und doch, glauben Sie nur, daß, wenn wir in unſeren
Provinzialliedern, jeder in ſeiner Provinz, nachſuchten, wir
vielleicht noch Stücke zuſammenbrächten, vielleicht die Hälfte
der Dodsleyſchen Sammlung von Reliques, oder die derſelben
beinahe an Wert gleich käme! Bei wie vielen Stücken dieſer
Sammlung, inſonderheit den beſten ſchottiſchen Stücken, ſind
mir deutſche Sitten, deutſche Stücke beigefallen, die ich ſelbſt
zum Teil gehört. — Haben Sie Freunde im Elſaß, in der
Schweiz, in Franken, in Tirol, in Schwaben, ſo bitten Sie —
aber zuerſt, daß ſich dieſe Freunde ja der Stücke nicht
ſchämen; denn die dreiſten Engländer haben ſich nicht ſchämen
wollen und dürfen. Selbſt die Melodie des Ihnen einmal
angeführten: Come away, come away, death! erinnere ich
mich einmal dunkel gehört zu haben, und noch nicht vor langer
Zeit erinnere ich mich eines Bettlerliedes, das an Inhalt ſo
gemiſcht und voll Sprünge war, und in ſeiner ſehr lyriſchen
alten Melodie ſo traurig tönte. — Unter ihrem Jammer kam
die Sängerin, eine Penia ſelbſt, im halben Gebetston aufs
Ende ihres Lebens, wenn ſie der bittere Tod überwände und
ihr die Füße bände; endlich kämen vier oder ſechs Leute, die
ſie von Hauſe und Freunden weg, unter dem Schall der Toten=
glocke, in ihr Grab trugen —

> Und wenn die Glocke verliert ihren Ton,
> So haben meine Freunde vergeſſen mich ſchon! —

Iſt dies nicht elegiſch und rührend?

Da ich weiß, daß dieſer Brief keinem von den Herren
unſerer Zeit in die Hände kommen wird, die über einen ver=
alteten Reim oder Ausdruck gleich rümpfen; da ich weiß, daß
Sie überall mit mir mehr Natur als Kunſt ſuchen, ſo trage
ich kein Bedenken, Ihnen aus einer Sammlung ſchlechter
Handwerkslieder ein ſehnendtrauriges Liebeslied herzuſetzen,
das, wenn es ein Gleim, Ramler oder Gerſtenberg nur etwas
einlenkte, wie viele der neueren überträfe.

> Der ſüße Schlaf, der ſonſt ſtillt alles wohl ꝛc.

Ist das Silbenmaß nicht schön, die Sprache nicht stark, der Ausdruck empfunden? Und glauben Sie, so würden sich in jeder Art mehrere Stücke finden, wenn nur Menschen wären, die sie suchten!

Wir haben viele und vielerlei neue Fabeln; was sagen Sie demungeachtet aber zu einer solchen alten Fabel im alten Ausdruck und Ton:

Kuckuck und Nachtigall.

Einmal in einem tiefen Thal 2c.

Lassen Sie mich die Moral nicht dazu setzen, sie ist schlechter gesagt, neuer, und wie vielerlei Moral kann sich nicht jeder selbst daraus ziehen — in Teilen und im Ganzen! Deutungen machen, wenn man etwas die Welt kennt. — Aber zu unserem Zweck: wie fest und tief erzählt! Ohne erzwungene Lustigkeit, und doch wie lustig und stark und treffend in jedem Wort, in jeder Wendung! — Aller guten Dinge sind drei! Zu unseren Zeiten wird so viel von Liedern für Kinder gesprochen: wollen Sie ein älteres deutsches hören? Es enthält zwar keine transcendente Weisheit und Moral, mit der die Kinder zeitig genug überhäuft werden, es ist nichts als ein kindisches Fabelliedchen.

· Fabelliedchen.

Es sah ein Knab' ein Röslein stehn 2c.

Ist das nicht Kinderton? Und noch muß ich Ihnen eine Aenderung des lebendigen Gesanges melden. Der Vorschlag thut bei den Liedern des Volkes eine so große und gute Wirkung, daß ich aus deutschen und englischen alten Stücken sehe, wie viel die Minstrels darauf gehalten; und der ist nun noch im Deutschen wie im Englischen in den Volksliedern meistens der dunkle Laut von the in beidem Geschlecht (de Knabe), 's statt das ('s Röslein), und statt ein ein dunkles a, und was man noch immer in Liedern derart mit ' ausdrücken könnte. Das Hauptwort bekommt auf solche Weise immer weit mehr poetische Substantialität und Persönlichkeit.

> 'Knabe sprach,
> 'Röslein sprach, u. s. w.

Lassen Sie mich noch mit einer weiteren Anmerkung hieraus schließen. In schnellrollenden, gereimten komischen

Sachen, und aus dem entgegengesetztesten Grunde in den
stärksten, heftigsten Stellen der tragischen Leidenschaft, dort
insonderheit in leichtsinnigen Liedern, hier am meisten in den
gedrungenen Blankversen, haben Sie es da nicht oft bemerkt,
wie schädlich es uns Deutschen sei, daß wir keine Elisionen
haben oder uns machen wollen? Unsere Vorfahren haben
sie häufig und zu häufig gehabt; die Engländer mit ihren
Artikeln, mit den Vokalen bei unbedeutenden Wörtern, Par=
tikeln u. s. w. haben sie zur Regel gemacht; die innere Be=
schaffenheit beider Sprachen ist in diesem Stücke ganz einerlei;
uns quälen diese schleppenden Artikel, Partikeln u. s. w. oft
so sehr und hindern den Gang des Sinnes oder der Leiden=
schaft — aber wer unter uns wird zu elidieren wagen? Unsere
Kunstrichter zählen ja Silben und können so gut skandieren!
Sie also, der kein Kunstrichter ist, erlauben Sie mir wenigstens
in dergleichen Fällen, mich freiherrlichermaßen des Zeichens (')
bedienen zu können, nach bestem Belieben.

<hr />

11.

„Woher anscheinend einfältige Völker sich an dergleichen
kühne Sprünge und Wendungen haben gewöhnen können?"
Gewöhnen wäre immer das Leichteste zu erklären: denn wozu
kann man sich nicht gewöhnen, wenn man nichts anderes hat
und kennt? Da wird uns in kurzem die Hütte zum Palast,
und der Fels zum ebnen Wege — aber darauf kommen? es
als eigene Natur so lieben können? Das ist die Frage, und
die Antwort darauf sehr kurz: Weil das in der That die Art
der Einbildung ist, und sie auf keinem engeren Wege je fort=
gehen kann.

Alle Gesänge solcher wilden Völker weben um daseiende
Gegenstände, Handlungen, Begebenheiten, um eine lebendige
Welt! Wie reich und vielfach sind da nun Umstände, gegen=
wärtige Züge, Teilvorfälle! Und alle hat das Auge gesehen!
Die Seele stellt sie sich vor! Das setzt Sprünge und Würfe!
Es ist kein anderer Zusammenhang unter den Teilen des
Gesanges, als unter den Bäumen und Gebüschen im Walde,
unter den Felsen und Grotten in der Einöde, als unter den
Szenen der Begebenheit selbst. Wenn der Grönländer von
seinem Seehundfange erzählt, so redet er nicht, sondern malt,
mit Worten und Bewegungen, jeden Umstand, jede Be=

wegung; denn alle sind Teile vom Bilde in seiner Seele.
Wenn er also auch seinem Verstorbenen das Leichenlob und
die Totenklage hält, er lobt, er klagt nicht; er malt, und
das Leben des Verstorbenen selbst, mit allen lebendigen Ein=
drücken der Einbildung herbeigerissen, muß reden und be=
jammern. Ich entbreche mich nicht, ein Fragment derart
hieher zu setzen. Ein kalter Grönländer, fast unterm Pol
hervor, ohne Hitze und Prophetengeist und Odentheorie, aus
dem vollen Bilde seiner Phantasie möge hier reden.

Totenlied.

„Wehe mir, daß ich deinen Sitz ansehen soll, der nun leer ist!"

Der Grönländer befolgt die feinsten Gesetze vom Schweben
der Elegie, die auch

— irrt, doch nicht verwirret! —

und von wem hat er sie gelernt? Sollte es mit den Gesetzen
der Ode, des Liedes nicht eben so sein? und wenn sie in der
Natur der Einbildung liegen, wen sind sie nötig zu lehren?
wem unmöglich zu fassen, der nur dieselbe Einbildung hat? —
Alle Gesänge des A. T., Lieder, Elegien, Orakelstücke der
Propheten sind voll davon, und die sollten doch kaum poetische
Uebungen sein. —

Selbst einen allgemeinen Satz, eine abgezogene Wahr=
heit kann ein lebendiges Volk im Liede, im Gesange nicht
anders als auch so lebendig und kühn behandeln; es weiß
von der Lehrart und dem Gange eines dogmatischen Locus
nicht, und es schläft gewiß ein, wenn es denselben geführt
werden soll. Sehen Sie in den mehr angeführten Dodsley=
schen Reliques die alten moralischen Stücke an: My heart
to me a kingdom u. s. w.; sie brechen immer in ihrem
lyrischen Gange nur die Blumen ihrer Moral und kommen,
da hier kein sichtbarer Gegenstand, keine aneinander hangende
Geschichte und Handlung der Einbildung und dem Gedächtnis
vorschwebt, jenem immer durch Anwendung, diesem durch
Symmetrie, Refrain des Verses und zehn andere Mittel zu
statten. Hören Sie eine Probe derart über den allgemeinen
Satz: Der Liebe läßt sich nicht widerstehen! Wie würde ein
neuer analytischer, dogmatischer Kopf den Satz ausgeführt
haben — und nun der alte Sänger?

Ueber die Berge!

Konnte der Gedanke sinnlicher, mächtiger, stärker ausgeführt werden? Und mit welchem Fluge! mit welchem Wurfe von Bildern! Lassen Sie den dümmsten Menschen das Lied dreimal hören: er wird's können und mit Freude und Entzückung singen; sagen Sie ihm aber eben dieselbe Sache auf einförmige, dogmatische Art, in hübsch abgezählten Strophen, und seine Seele schläft.

Alle unsere alten Kirchenlieder sind voll dieser Würfe und Inversionen, keine aber fast mehr und mächtiger als die von unserem Luther. Welche Klopstocksche Wendung in seinen Liedern kommt wohl den Transgressionen bei, die in seinem „Ein' feste Burg ist unser Gott!" „Gelobet seist du, Jesu Christ!" „Christ lag in Todesbanden!" und dergleichen vorkommen; und wie mächtig sind diese Uebergänge und Inversionen! Wahrhaftig nicht Notfälle einer unpolierten Muse, für die wir sie so gern annehmen; sie sind allen alten Liedern solcher Art, sie sind der ursprünglichen, unentnervten, freien und männlichen Sprache besonders eigen. Die Einbildungskraft führt natürlich darauf, und das Volk, das mehr Sinne und Einbildung hat als der studierende Gelehrte, fühlt sie, zumal von Jugend auf gelernt und sich gleichsam nach ihnen gebildet, so innig und übereinstimmend, daß ich mich wie über zehn Thorheiten unserer Liederverbesserung, so auch darüber wundern muß, wie sorgfältig man sie wegbannt und dafür die schläfrigsten Zeilen, die erkünsteltsten Partikeln, die mattesten Reime hineinpfropft. Eben als wenn der große ehrwürdige Teil des Publikums, der Volk heißt, und für den doch die Gesänge kastigiert werden, eine von den schönen Regeln fühle, nach denen man sie kastigieret! und Lehren in trockener, schläfriger, dogmatischer Form, in einer Reihe toter, schlaftrunken nickender Reime mehr fühlen, empfinden und behalten werde, als wo ihm durch Bild und Feuer, Lehre und That auf einmal in Herz und Seele gesungen wird.

Hiemit keine Schutzschrift für die Klopstockschen Lieder! Ich glaube gern, daß auch sie nicht immer Lieder des Volkes sind, und daß sie seltener ganze Gegenstände als kleine Züge aus diesen Gegenständen, seltener ganze Pflichten, Thaten und Gestalten des Herzens als feine Nüancen, oft Mittelnüancen von Empfindungen besingen, daß also ein sehr sympathetischer und zu gewissen Vorstellungen sehr zugebildeter Charakter zum ganzen Sänger seiner Lieder gehöre. Aber demungeachtet ist das, was viele sonst gegen ihn sagten,

und noch mehr, was man ihm entgegenstellt, so trocken, so
mager, so unkundig der menschlichen Seele, daß ich immer
wetten will, das kühnste Klopstocksche Lied, voll Sprünge und
Inversionen, einem Kinde beigebracht und von ihm einigemal
lebendig gesungen, werde mehr für ihn sein und tiefer und
ewiger in ihm bleiben, als der dogmatischste Locus von Liebe,
wo ja kein Zwischenpartikel und Zwischengedanke ausgelassen
ist. — Mein Gott! wie trocken und dürre stellen sich doch
manche Leute die menschliche Seele, die Seele eines Kindes
vor! Und was für ein großes, treffliches Ideal wäre mir
dieselbe, wenn ich mich je an Liedern dieser Art versuchte!
Eine ganze jugendliche, kindliche Seele zu füllen, Gesänge in
sie zu legen, die, meistens die einzigen, lebenslang in ihnen
bleiben, und den Ton derselben anstimmen, und ihnen ewige
Stimme zu Thaten und Ruhe, zu Tugenden und zum Troste
sein soll, wie Kriegs=, Helden= und Väterlieder in der Seele
der alten, wilden Völker — welch ein Zweck! welch ein Wort!
und wie viel wahrhafte Bestrebungen zu solchem Werke haben
wir denn? Reimgebetlein und Lehrverse genug!

Wenn Luther über jene beiden wegen der Religion Ver=
brannten anstimmt:

> Die Asche will nicht lassen ab,
> Sie stäubt in allen Landen;
> Hier hilft kein Bach und Grub' und Grab,
> Sie macht den Feind zu schanden!
> Die er im Leben durch den Mord
> Zu schreien hat gezwungen,
> Die muß er tot an allem Ort
> Mit heller Stimm' und Zungen
> Gar fröhlich lassen singen — —

oder wenn er schließt:

> Die lass' man liegen immerhin,
> Sie haben's keinen Frommen!
> Wir wollen danken Gott darin,
> Sein Wort ist wieder kommen,
> Der Sommer ist hart für der Thür,
> Der Winter ist vergangen.
> Die Gartenblumen gehn herfür;
> Der das hat angefangen,
> Der wird es auch vollenden —

so wollte ich fragen, wie viele unsere neueren Lieberdichter der=
gleichen Strophen (ich sage nicht dem Inhalt, sondern der Art
nach) gemacht haben? und wie viele haben Luthern verbessert?

Auch Sie beklagen's, daß die Romanze, diese ursprüng=
lich so edle und feierliche Dichtart, bei uns zu nichts als zum
Niedrigkomischen und Abenteuerlichen gebraucht oder vielmehr
gemißbraucht werde; — ich beklage es gewiß mit; denn wie
wahrer, tiefer und dauernder ist das Vergnügen, das eine
sanfte oder rührende Romanze des alten Englands oder der
Provençalen, und eine neuere deutsche, voll niedrigen, abge=
brauchten, pöbelhaften Spottes und Wortwitzes, nachläßt.
Aber noch sonderbarer ist's, daß in dieser letzten Gestalt die
Romanze uns fast nur bekannt geworden zu sein scheint.

Gleim sang seine Marianne so schön — ich sage, er sang
sie schön: denn eigentlich ist das Stück eine alte französische
Romanze, die Sie, wie mich dünkt, in dem neuen Choix des
Romances anciennes et modernes finden werden — und so
sang man ihm nach. Seine beiden anderen Stücke neigten
sich ins Komische; die Nachsinger stürzten sich mit ganzem
plumpen Leibe hinein, und so haben wir jetzt eine Menge des
Zeugs, und alle nach einem Schlage, und alle in der un=
eigentlichsten Romanzenart, und fast alle so gemein, so sehr
auf ein einmaliges Lesen — daß nach weniger Zeit wir fast
nichts wieder als die Gleimschen übrig haben werden.

Dazu kommt nun noch das, daß die wenigen fremden,
die übersetzt sind, so schlecht übersetzt sind (ich führe Ihnen
nur die schöne Rosemunde, und Alkanzor und Zaide an); und
da der Ton nun einmal gegeben ist, so singt man fort und
verfehlt also den ganzen Nutzen, den für unser jetziges Zeit=
alter diese Dichtart haben könnte, nämlich unsere lyrischen Ge=
sänge, Oden, Lieder, und wie man sie sonst nennt, etwas zu
vereinfältigen, an einfachere Gegenstände und edlere Behand=
lung derselben zu gewöhnen, kurz, uns von so manchem drücken=
den Schmuck zu befreien, der uns jetzt fast Gesetz geworden.

Sehen Sie, in welcher gekünstelten, überladenen, gotischen
Manier die neueren sogenannten philosophischen und Pindari=
schen Oden der Engländer sind, die ihnen als Meisterstücke
gelten! von Gray, von Akenside, von Mason u. s. w., ob sie
wohl in ihrem Silbenmaß oder Inhalt oder Einkleidung die
mindeste Odenwirkung thun könne? Sehen Sie, in welche
gekünstelte Horazische Manier wir Deutschen hie und da ge=
fallen sind — Ossian, die Lieder der Wilden, der Skalden,
Romanzen, Provençalgedichte könnten uns auf besseren Weg

bringen, wenn wir aber auch hier nur mehr als Form, als
Einkleidung, als Sprache lernen wollten. Zum Unglück aber
fangen wir hievon an und bleiben hiebei stehen, und da
wird wieder nichts. — Irre ich mich, oder ist's wahr, daß
die schönsten lyrischen Stücke, die wir schon jetzt haben und
längst gehabt haben, schon mit diesem männlichen, starken,
festen deutschen Ton übereinkommen oder sich ihm nähern —
was wäre nicht also von der Aufweckung mehrerer solcher zu
hoffen! —

Aehnlichkeit der mittleren englischen und deutschen Dichtkunst.

Aus dem Deutschen Museum 1777.

Wenn wir gleich anfangs die alten Briten als ein eigenes
Volk an Sprache und Dichtungsart absondern, wie die Reste
der walischen Poesie und ihre Geschichte es darstellt, so wissen
wir, daß die Angelsachsen ursprünglich Deutsche waren, mithin der Stamm der Nation an Sprache und Denkart deutsch
ward. Außer den Briten, mit denen sie sich mengten, kamen
bald dänische Kolonieen in Horden herüber; dies waren nörd-
lichere Deutsche, noch desselben Völkerstammes. Späterhin
kam der Ueberguß der Normänner, die ganz England um-
kehrten und ihre nordischen in Süden umgebildeten Sitten
ihm abermals aufdrangen: also kam nordische, deutsche Denkart in drei Völkern, Zeitläufen und Graden der Kultur herüber: ist nicht auch England recht ein Kernhalt nordischer
Poesie und Sprache in dieser dreifachen Mischung worden?

Ein Wink sogleich aus diesen frühen Zeiten für Deutschland! Der ungeheure Schatz der angelsächsischen Sprache in
England ist also mit unser, und da die Angelsachsen bereits
ein paar Jahrhunderte vor unserem angeblichen Sammler und
Zerstörer der Bardengesänge, vor Karl dem Großen, hinüber-
gingen; wie? wäre alles, was dort ist, nur Pfaffenzeug? in
dem großen noch ungenutzten Vorrat keine weiteren Frag-
mente, Wegweiser, Winke? endlich auch ohne dergleichen, wie
wäre uns Deutschen das Studium dieser Sprache, Poesie und
Litteratur nützlich! —

Hiezu aber, wo sind äußere Anmunterungen und Ge=
legenheiten? Wie weit stehen wir, in Anlässen derart, den
Engländern nach! Unsere Parker, Selden, Spelman, Whelok,
Hickes, wo sind sie? wo sind sie jetzo? Stußens Plan zur
wohlfeileren Ausgabe der Angelsachsen kam nicht zustande;
Lindenbrogs angelsächsisches Glossarium liegt ungedruckt, und
wie viel haben wir Deutschen noch am Stamm unserer eigenen
Sprache zu thun, ehe wir unsere Nebensprößlinge pflegen und
darauf das Unsere suchen. Wie manches liegt noch in der
kaiserlichen Bibliothek, das man kaum dem Titel nach kennt!
und wie manche Zeit dürfte noch hingehen, ehe es uns im
mindesten zu statten kommt, daß deutsches Blut auf so viel
europäischen Thronen herrscht!

Hurd hat den Ursprung und die Gestalt der mittleren
Ritterpoesie aus dem damaligen Zustande Europas in einigen
Stücken gut, obwohl nichts minder als vollständig, erklärt.
Es war Feudalverfassung, die nachher Ritterzeit gebar, und
die die Vorrede unseres aufgeputzten Heldenbuches im Mär=
chenton von Riesen, Zwergen, Untieren und Würmern sehr
wahr schildert. Mir ist noch keine Geschichte bekannt, wo
diese Verfassung recht charakteristisch für Deutschlands Poesie,
Sitten und Denkart behandelt und in alle Züge nach fremden
Ländern verfolgt wäre. — Aber freilich haben wir noch nichts
weniger als eine Geschichte der deutschen Poesie und Sprache!
Auch sind unter so vielen Akademien und Societäten in Deutsch=
land wie wenige, die selbst in tüchtigen Fragen sich die Mühe
nehmen, einzelne Derter aufzuräumen und ungebahnte Wege
zu zeigen.

Ich weiß wohl, was wir, zumal im juristisch=diplomatisch=
historischen Fache, hier für mühsame Vorarbeiten haben; diese
Vorarbeiten aber sind alle noch erst zu nutzen und zu beleben.
Unsere ganze mittlere Geschichte ist Pathologie, und meistens
nur Pathologie des Kopfes, d. i. des Kaisers und einiger
Reichsstände. Physiologie des ganzen Nationalkörpers — was
für ein ander Ding! und wie sich hiezu Denkart, Bildung,
Sitte, Vortrag, Sprache verhielt, welch ein Meer ist da noch
zu beschiffen, und wie schöne Inseln und unbekannte Flecke
hie und da zu finden! Wir haben noch keinen Curne de
St. Palaye über unser Rittertum, noch keinen Wharton über
unsere mittlere Dichtkunst. Goldast, Schilter, Schatz, Opitz,
Eckard haben treffliche Fußstapfen gelassen; Frehers Manu=
skripte sind zerstreut; einige reiche Bibliotheken zerstreut und

geplündert; wann sammeln sich einst die Schätze dieser Art
zusammen, und wo arbeitet der Mann, der Jüngling vielleicht
im stillen, die Göttin unseres Vaterlandes damit zu schmücken
und also darzustellen dem Volke! Freilich, wenn wir in den
mittleren Zeiten nur Shakespeare und Spenser gehabt hätten;
an Theobalden und Upston, Wharton und Johnson sollte es
nicht fehlen: hier ist aber eben die Frage, warum wir keine
Shakespeare und Spenser gehabt haben?

Der Strich romantischer Denkart läuft über Europa; wie
nun aber über Deutschland besonders? Kann man beweisen,
daß es wirklich seine Lieblingshelden, Originalsüjets, National-
und Kindermythologien gehabt und mit eigenem Gepräge bearbeitet habe? Parcival, Melusine, Magellone, Artus, die
Ritter von der Tafelrunde, die Rolandsmärchen sind frembes
Gut; sollten die Deutschen denn von jeher bestimmt gewesen
sein, nur zu übersetzen, nur nachzuahmen? Unser Heldenbuch
singt von Dietrich, von dem aber auch alle Nordländer singen;
wie weit hinauf zieht sich's, daß dieser Held deutsch oder roma-
nisch ist besungen worden? Gehört er uns zu, wie Roland,
Arthur, Fingal, Achill, Aeneas anderen Nationen? Noch bei
Hastings sangen die Angelsachsen the Horne-Child, dessen
Sage noch in der Harleyschen Sammlung zu Oxford liegt:
wo ist er her? wie weit ist er unser? Ich freue mich unendlich auf die Arbeiten eines gelehrten jungen Mannes in
diesem Felde, dem ich bei kritischem Scharfsinn zugleich völlige
Toleranz jeder Sitte, Zeit und Denkart zur Muse und dann
die Bibliotheken zu Rom, Oxford, Wien, St. Gallen, im Es-
korial u. s. zu Gefährten wünschte. Rittergeist der mittleren
Zeiten, in welchem Palaste würdest du weben!

Auch die gemeinen Volkssagen, Märchen und Mythologie
gehören hieher. Sie sind gewissermaßen Resultat des Volks-
glaubens, seiner sinnlichen Anschauung, Kräfte und Triebe,
wo man träumt, weil man nicht weiß, glaubt, weil man nicht
sieht und mit der ganzen, unzerteilten und ungebildeten
Seele wirkt; also ein großer Gegenstand für den Geschichtschreiber der Menschheit, den Poeten und Poetiker und Philosophen. Sagen einer Art haben sich mit den nordischen
Völkern über viel Länder und Zeiten ergossen, jeden Orts
aber und in jeder Zeit sich anders gestaltet; wie trifft das
nun auf Deutschland? Wo sind die allgemeinsten und sonderbarsten Volkssagen entsprungen? wie gewandert? wie verbreitet
und geteilt? Deutschland überhaupt und einzelne Provinzen

Deutschlands haben hierin die sonderbarsten Aehnlichkeiten
und Abweichungen: Provinzen, wo noch der ganze Geist
der Edda von Unholden, Zauberern, Riesenweibern, Valkyriur
selbst dem Ton der Erzählung nach voll ist; andere Provinzen, wo schon mildere Märchen, fast Ovidische Verwand-
lungen, sanfte Abenteuer und Feinheit der Einkleidung herrscht.
Die alte wendische, schwäbische, sächsische, holsteinische Mythologie, sofern sie noch in Volkssagen und Volksliedern lebt,
mit Treue aufgenommen, mit Helle angeschaut, mit Fruchtbarkeit bearbeitet, wäre wahrlich eine Fundgrube für den
Dichter und Redner seines Volkes, für den Sittenbilder und
Philosophen.

Wenn nun auch hier England und Deutschland große
Gemeinschaft haben, wie weiter wären wir, wenn wir diese
Volksmeinungen und Sagen auch so gebraucht hätten wie die
Briten, und unsere Poesie so ganz darauf gebaut wäre, als
dort Chaucer, Spenser, Shakespeare auf Glauben des Volkes
bauten, daher schufen und daher nahmen. Wo sind unsere
Chaucer, Spenser und Shakespeare? Wie weit stehen unsere
Meistersänger unter jenen! und wo auch diese Gold enthalten,
wer hat sie gesammelt? wer mag sich um sie kümmern? Und
doch sind wirklich beide Nationen in diesen Grundadern der
Dichtung sich bis auf Wendungen, Reime, Lieblingssilbenmaße
und Vorstellungsarten so ähnlich, wie ein jeder wissen muß,
der Rittererzählungen, Balladen, Märchen beider Völker kennt.
Der ganze Ton dieser Poesien ist so einförmig, daß man oft
Wort für Wort übersetzen, Wendung für Wendung, Inversion
gegen Inversion übertragen kann. In allen Ländern Europas
hat der Rittergeist nur ein Wörterbuch, und so auch die Erzählung im Ton desselben, Ballade, Romanze überall dieselben
Haupt- und Nebenworte, einerlei Fallendungen und Freiheiten
im Silbenmaße, in Verwerfung der Töne und Flicksilben, selbst
einerlei Lieblingslieder, romantische Pflanzen und Kräuter,
Tiere und Vögel. Wer Shakespeare in dieser Absicht studiert
und etwa nur Wharton über Spenser gelesen hat, und dann
nur die schlechtesten Romanzen und Lieder unseres Volkes
kennt, wird Beispiele und Belege genug darüber zu geben
wissen, und ich selbst könnte es durch alle Kapitel und Klassen
geben. Was diese Vergleichung nun für einen Strom Bemerkungen über die Bildung beider Sprachen und der Schriftsteller in beiden Sprachen geben müsse, wenn sich eine Sprach-
gesellschaft oder Belles-Lettres-Académie einer solchen Kleinig-

keit annähme, erhellt von selbst. Hier ist dazu weder Ort noch Zeit.

Ich sage nur so viel: Hätten wir wenigstens die Stücke gesammelt, aus denen sich Bemerkungen oder Nutzbarkeiten derart ergäben — aber wo sind sie? Die Engländer — mit welcher Begierde haben sie ihre alten Gesänge und Melodien gesammelt, gedruckt und wieder gedruckt, genutzt, gelesen! Ramsay, Percy und ihresgleichen sind mit Beifall aufgenommen, ihre neueren Dichter Shenstone, Mason, Mallet haben sich, wenigstens schön und müßig, in die Manier hineingearbeitet; Dryden, Pope, Addison, Swift sie nach ihrer Art gebraucht; die älteren Dichter, Chaucer, Spenser, Shakespeare, Milton haben in Gesängen derart gelebt, andere edle Männer, Philipp Sidney, Selden, und wie viel müßte ich nennen, haben gesammelt, gelobt, bewundert; aus Samenkörnern derart ist der Briten beste lyrische, dramatische, mythische, epische Dichtkunst erwachsen, und wir — wir überfüllten, satten, klassischen Deutschen — wir? Man lasse in Deutschland nur Lieder drucken, wie sie Ramsay, Percy u. a. zum Teil haben drucken lassen, und höre, was unsere geschmackvollen, klassischen Kunstrichter sagen!

An allgemeinen Wünschen fehlt's freilich nicht. Als vor weniger Zeit die Barden-Windsbraut brauste, wie wurde nach den Gesängen gerufen, die der große Karl gesammelt haben soll! Wie wurden diese völlig unbekannterweise gelobt, nachgeahmt, gesungen — ihr Fund so leicht gemacht, als ob sie nur aus der Hand gelegt wären, an ihnen nichts weniger als ein deutscher Ossian gehofft u. f. Trefflich alles in der Ferne! Wenn da auf einmal ein Macpherson in Tirol oder in Bayern aufstünde und uns da so einen deutschen Ossian sänge, ginge es hin, so weit ließen wir uns etwa noch mit ziehen. Nun aber wären diese Gesänge in einer Sprache, wie sie nach Analogie der Schilterschen Sammlung notwendig sein müßten; müßten sie, weil vor Otfried alles undisziplinierte Sprache war, als lebendiger Gesang im Munde der Barden erst buchstabiert, als eine Zaubergestalt voriger Zeiten im Spiegel der Glossatoren studiert werden, ohne daß sie so wenig als Ulfilas' Evangelien in unseren Kirchen Wunder thun könnten; wie viel Lobredner und Jünger würden stracks zurückgehen und sagen: „Ich kenne euch nicht! Ich hatte mir so einen klassischen Ossian vermutet!"

Sage ich unrecht, oder ist nicht das Exempel völlig da-

gewesen? Als der Manessische Kodex ans Licht kam, welch
ein Schatz von deutscher Sprache, Dichtung, Liebe und Freude
erschien in diesen Dichtern des schwäbischen Zeitalters! Wenn
die Namen Schöpflin und Bodmer auch kein Verdienst mehr
hätten, so müßte sie dieser Fund, und den letzten die Mühe,
die er sich gab, der Eifer, den er bewies, der Nation lieb und
teuer machen.   Hat indessen wohl diese Sammlung alter
Vaterlandsgedichte die Wirkung gemacht, die sie machen sollte?
Wäre Bodmer ein Abt Millot, der den Säklenfleiß seines
Curne de St. Palaye in eine histoire littéraire des Troubadours nach gefälligstem Auszuge hat verwandeln wollen;
vielleicht wäre er weiter umhergekommen als jetzt, da er den
Schatz selbst gab und uns zutraute, daß wir uns nach dem Bissen
schwäbischer Sprache leicht hinauf bemühen würden.   Er hat
sich geirrt; wir sollen von unserer klassischen Sprache weg, sollen
noch ein ander Deutsch lernen, um einige Liebesdichter zu lesen —
das ist zu viel! Und so sind diese Gedichte nur etwa durch
den einigen Gleim in Nachbildung, wenig andere durch Uebersetzung recht unter die Nation gekommen; der Schatz selbst
liegt da, wenig gekannt, fast ungenutzt, fast ungelesen.

Aus älteren Zeiten haben wir also durchaus keine lebende
Dichterei, auf der unsere neuere Dichtkunst wie Sprosse auf
dem Stamm der Nation gewachsen wäre; da hingegen andere
Nationen mit den Jahrhunderten fortgegangen sind und sich
auf eigenem Grunde, aus Nationalprodukten, auf dem Glauben
und Geschmack des Volkes, aus Resten alter Zeiten gebildet
haben.   Dadurch ist ihre Dichtkunst und Sprache national
worden, Stimme des Volkes ist genutzt und geschätzt, sie haben
in diesen Dingen weit mehr ein Publikum bekommen, als wir
haben.   Wir armen Deutschen sind von jeher bestimmt gewesen, nie unser zu bleiben: immer die Gesetzgeber und Diener
fremder Nationen, ihre Schicksalsentscheider und ihre verkauften,
ausgesogenen Sklaven,

> — Jordan, Po und Tiber,
>   wie strömten oft sie deutsches Blut
>   und deutsche Seelen —

und so mußte freilich, wie alles, auch der deutsche Gesang
werden

>   ein Bangeschrei! ein Widerhall
>   vom Schilfe Jordans und der Tiber
>   und Thems' und Sein' —

wie alles, auch der deutsche Geist werden

> — ein Mietlingsgeist, der wiederkäut,
> was andrer Fuß zertrat —

Der schöne fette Oelbaum, der süße Weinstock und Feigenbaum ging, als ob er Dornbusch wäre, hin, daß er über den Bäumen schwebe, und wo ist also seine gute Art und Frucht? seine Kraft, Fette und Süße? Sie wird und ward in fremden Ländern zertreten.

Hohe, edle Sprache! großes, starkes Volk! Es gab ganz Europa Sitten, Gesetze, Erfindungen, Regenten und nimmt von ganz Europa Regentschaft an. Wer hat's wert gehalten, seine Materialien zu nutzen, sich in ihnen zu bilden, wie wir sind? Bei uns wächst alles a priori, unsere Dichtkunst und klassische Bildung ist vom Himmel geregnet. Als man im vorigen Jahrhunderte Sprache und Dichtkunst zu bilden anfing — im vorigen Jahrhunderte? und was hätte man denn wohl mehr thun können, wenn's Zweck gewesen wäre, die letzten Züge von Nationalgeist wirklich auszurotten, als man heuer und jetzt wirklich gethan hat? Und jetzt, da wir uns schon auf so hohem Gipfel der Verehrung anderer Völker wähnen, jetzt, da uns die Franzosen, die wir so lange nachgeahmt haben, Gott Lob und Dank! wieder nachahmen; jetzt, da wir das Glück genießen, daß deutsche Höfe schon anfangen, deutsch zu buchstabieren und ein paar deutsche Namen zu nennen — Himmel, was sind wir nun für Leute! Wer sich nun noch ums rohe Volk bekümmern wollte, um ihre Grundsuppe von Märchen, Vorurteilen, Liedern, rauher Sprache: welch ein Barbar wäre er! er käme, unsere klassische, silbenzählende Litteratur zu beschmitzen, wie eine Nachteule unter die schönen, buntgekleideten, singenden Gefieder! —

Und doch bleibt's immer und ewig, daß der Teil von Litteratur, der sich aufs Volk bezieht, volksmäßig sein muß, oder er ist klassische Luftblase; doch bleibt's immer und ewig, daß, wenn wir kein Volk haben, wir kein Publikum, keine Nation, keine Sprache und Dichtkunst haben, die unser sei, die in uns lebe und wirke. Da schreiben wir denn nun ewig für Stubengelehrte und ekle Rezensenten, aus deren Munde und Magen wir's denn zurückempfangen, machen Romanzen, Oden, Heldengedichte, Kirchen- und Küchenlieder, wie sie niemand versteht, niemand will, niemand fühlt. Unsere klassische Litteratur ist Paradiesvogel, so bunt, so

artig, ganz Flug, ganz Höhe und — ohne Fuß auf die
deutsche Erde.

Wie anders hierin andere Nationen! Welche Lieder hat
z. E. Percy in seine Reliques genommen, die ich unserem ge=
bildeten Deutschland nicht vorzuzeigen wagte. Uns wären sie
unausstehlich, jenen sind sie's nicht. Das sind einmal alte Na=
tionalstücke, die das Volk singt und sang, woraus man also
die Denkart des Volkes, ihre Sprache der Empfindung kennen
lernt, dies Liedchen hat etwa gar Shakespeare gekannt, daraus
einige Reihen geborgt u. f. Mit milder Schonung setzt man
sich also in die alten Zeiten zurück, in die Denkart des Volkes
hinab, liegt, hört, lächelt etwa, erfreut sich mit oder über=
schlägt und lernt. Ueberall indes sieht man, aus welchen
rohen, kleinen, verachteten Samenkörnern der herrliche Wald
ihrer Nationaldichtkunst worden, aus welchem Marke der
Nation Spenser und Shakespeare wuchsen.

Großes Reich, Reich von zehn Völkern, Deutschland!
Du hast keinen Shakespeare, hast du auch keine Gesänge
deiner Vorfahren, deren du dich rühmen könntest? Schweizer,
Schwaben, Franken, Bayern, Westfalen, Sachsen, Wenden,
Preußen, ihr habt allesamt nichts? Die Stimme eurer Väter
ist verklungen und schweigt im Staube? Volk von tapferer
Sitte, von edler Tugend und Sprache, du hast keine Ab=
drücke deiner Seele die Zeiten hinunter?

Kein Zweifel! Sie sind gewesen, sie sind vielleicht noch
da; nur sie liegen unter Schlamm, sind verkannt und verachtet.
Noch neulich ist eine Schüssel voll Schlamm öffentlich auf=
getragen, damit die Nation ja nicht zu etwas Besserem Lust
bekomme, als ob solcher Schlamm das Gold wäre, das man
führt, und das ja auch selbst der klassische Virgil in den Ein=
geweiden Ennius' nicht verschmähte. Nur wir müssen Hand
anlegen, aufnehmen, suchen, ehe wir alle klassisch gebildet da=
stehen, französische Lieder singen, wie französische Menuets
tanzen oder gar allesamt Hexameter und Horazische Oden
schreiben. Das Licht der sogenannten Kultur will jedes
Winkelchen erleuchten, und Sachen derart liegen nur im
Winkel. Legt also Hand an, meine Brüder, und zeigt unserer
Nation, was sie ist und nicht ist; wie sie dachte und fühlte,
oder wie sie denkt und fühlt. Welche herrliche Stücke haben
da die Engländer bei ihrem Suchen gefunden! Freilich nicht
fürs Papier gemacht und auf ihm kaum lesbar; aber dafür
voll lebendigen Geistes, im vollen Kreise des Volkes ent=

sprungen, unter ihnen lebend und wirkend. Wer hat nicht
von den Wundern der Barden und Skalden, von den Wir=
kungen der Troubadours, Minstrels und Meistersänger ge=
hört oder gelesen? Wie das Volk dastand und horchte! was
es alles in dem Liede hatte und zu haben glaubte! Wie heilig
es also die Gesänge und Geschichten erhielt, Sprache, Denk=
art, Sitten, Thaten, an ihnen mit erhielt und fortpflanzte.
Hier war zwar einfältiger, aber starker, rührender, wahrer
Sang und Klang, voll Gang und Handlung, ein Notdrang
ans Herz, schwere Accente oder scharfe Pfeile für die offene,
wahrheittrunkene Seele. Ihr neuen Romanzer, Kirchen=
lieder= und Odenversler, könnet ihr das? wirkt ihr das?
und werdet ihr's auf eurem Wege jemals wirken? Für euch
sollen wir alle im Lehnstuhl ruhig schlummern, mit der
Puppe spielen oder das Versebildlein als Kabinettstück auf=
fangen, daß es im klassischen vergoldeten Rahmen da zierlich
müßig hange.

Wenn Bürger, der die Sprache und das Herz dieser
Volksrührung tief kennt, uns einst einen deutschen Helden=
oder Thatengesang voll aller Kraft und alles Ganges dieser
kleinen Lieder gäbe: ihr Deutschen, wer würde nicht zulaufen,
horchen und staunen? Und er kann ihn geben; seine Romanzen,
Lieder, selbst sein verdeutschter Homer ist voll dieser Accente,
und bei allen Völkern ist Epopöe und selbst Drama nur aus
Volkserzählung, Romanze und Lied worden. — Ja, wären
wir nicht auch weiter, wenn selbst unsere Geschichte und
Beredsamkeit den simpeln, starken, nicht übereilten, aber zum
Ziel strebenden Gang des deutschen Geistes in That und
Rede genommen oder vielmehr behalten hätte; denn in
den alten Chroniken, Reden und Schriften ist er schon da.
Die liebe Moral und die feine pragmatische Philosophie
würde sich jeder Machiavell doch selbst herausfinden können.
Ja endlich wäre selbst unsere Erziehung deutscher, an Ma=
terialien dieser Art reicher, stärker und einfältiger in Rüh=
rung der Sinne und Beschäftigung der lebendsten Kräfte;
mich dünkt, unsere Vorfahren in ihren Gräbern würden
sich des erfreuen und eine neue Welt ihrer wahreren Söhne
segnen.

Endlich (denn lasset uns auch hier Klopstocks Spruch
erfüllen:

> Nie war gegen das Ausland
> ein anderes Land gerecht wie du!)

zeigte sich hier auch noch ein Ausweg zu Liedern fremder
Völker, die wir so wenig kennen und nur aus Liedern können
kennen lernen.

Die Karte der Menschheit ist an Völkerkunde ungemein
erweitert; wie viel mehr Völker kennen wir als Griechen und
Römer! wie kennen wir sie aber? Von außen, durch Frahen-
kupferstiche und fremde Nachrichten, die den Kupferstichen
gleichen? oder von innen, durch ihre eigene Seele? aus Empfindung, Rede und That? — So sollte es sein und ist's
wenig. Der pragmatische Geschicht- und Reisebeschreiber beschreibt, malt, schildert; er schildert immer, wie er sieht, aus
eigenem Kopfe, einseitig gebildet, er lügt also, wenn er
auch am wenigsten lügen will.

Das einzige Mittel dagegen ist leicht und offenbar. Alle
unpolizierten Völker singen und handeln; was sie handeln,
singen sie und singen Abhandlung. Ihre Gesänge sind das
Archiv des Volkes, der Schatz ihrer Wissenschaft und Religion,
ihrer Theogonie und Kosmogonien, der Thaten ihrer Väter
und der Begebenheiten ihrer Geschichte, Abdruck ihres Herzens,
Bild ihres häuslichen Lebens in Freude und Leid, beim Braut-
bett und Grabe. Die Natur hat ihnen einen Trost gegen
viele Uebel gegeben, die sie drücken, und einen Ersatz vieler
sogenannten Glückseligkeiten, die wir genießen, d. i. Freiheits-
liebe, Müßiggang, Taumel und Gesang. Da malen sich alle,
da erscheinen alle, wie sie sind. Die kriegerische Nation singt
Thaten, die zärtliche Liebe. Das scharfsinnige Volk macht
Rätsel, das Volk von Einbildung Allegorien, Gleichnisse,
lebendige Gemälde. Das Volk von warmer Leidenschaft kann
nur Leidenschaft, wie das Volk unter schrecklichen Gegenständen sich auch schreckliche Götter dichtet. — Eine kleine Sammlung solcher Lieder aus dem Munde eines jeden Volkes, über
die vornehmsten Gegenstände und Handlungen ihres Lebens,
in eigener Sprache, zugleich gehörig verstanden, erklärt, mit
Musik begleitet — wie würde es die Artikel beleben, auf die
der Menschenkenner bei allen Reisebeschreibungen doch immer
am begierigsten ist, „von Denkart und Sitten der Nation,
von ihrer Wissenschaft und Sprache, von Spiel und Tanz,
Musik und Götterlehre“. Von alle diesem bekämen wir doch
bessere Begriffe, als durch Plappereien des Reisebeschreibers
oder als durch ein in ihrer Sprache aufgenommenes — — —
Vaterunser! Wie Naturgeschichte Kräuter und Tiere beschreibt, so schilderten sich hier die Völker selbst. Man be-

käme von allem anschauenden Begriff, und durch die Aehn=
lichkeit oder Abweichung dieser Lieder an Sprache, Inhalt und
Tönen, insonderheit in Ideen der Kosmogonie und der Ge=
schichte ihrer Väter, ließe sich auf die Abstammung, Fortpflan=
zung und Vermischung der Völker wie viel und wie sicher
schließen!

Und doch sind selbst in Europa noch eine Reihe Nationen
auf diese Weise unbenutzt, unbeschrieben. Esthen und Letten,
Wenden und Slaven, Polen und Russen, Friesen und Preußen —
ihre Gesänge derart sind nicht so gesammelt als die Lieder
der Isländer, Dänen, Schweden, geschweige der Engländer,
Hersen und Briten oder gar der südlichen Völker. Und
unter ihnen sind doch so manche Personen, denen es Amt
und Arbeit ist, die Sprache, Sitte, Denkart, alte Vorurteile
und Gebräuche ihrer Nation zu studieren! und anderen Nationen
gäben sie hiermit die lebendigste Grammatik, das beste Wörter=
buch und Naturgeschichte ihres Volkes in die Hände. Nur
sie müssen es geben, wie es ist, in der Ursprache und mit ge=
nugsamer Erklärung, ungeschimpft und unverspottet, so wie
unverschönt und unveredelt; wo möglich mit Gesangweise, und
alles, was zum Leben des Volkes gehört. Wenn sie's nicht
brauchen können, können's andere brauchen.

Lessing hat über zwei litauische Lieder seine Stimme
gegeben; Kleist hat ein Lied der Lappen und Kannibalen
nachgebildet, und Gerstenberg wie schöne Stücke der alten
Dänen übersetzt gegeben. Welche schöne Ernte wäre noch da=
hinten! — Wenn Leibniz den menschlichen Witz und Scharf=
sinn nie wirksamer erklärt als in Spielen, wahrlich, so ist das
menschliche Herz und die volle Einbildungskraft nie wirksamer
als in den Naturgesängen solcher Völker. Sie öffnen das
Herz, wenn man sie hört, und wie viele Dinge in unserer
künstlichen Welt schließen und mauern es zu!

Auch den Regeln der Dichtkunst endlich, die wir uns
meistens aus Griechen und Römern geformt haben, thun
Proben und Sammlungen derart nicht ungut. Auch die
Griechen waren einst, wenn wir so wollen, Wilde, und selbst
in den Blüten ihrer schönsten Zeit ist weit mehr Natur, als
das blinzende Auge der Scholiasten und Klassiker findet. Bei
Homer hat's noch neulich Wood abermals gezeigt; er sang aus
alten Sagen, und sein Hexameter war nichts als Sangweise
der griechischen Romanze. Tyrtäus' Kriegsgesänge sind grie=
chische Balladen, und wenn Arion, Orpheus, Amphion lebten,

so waren sie edle griechische Schamanen. Die alte Komödie
entsprang aus Spottliedern und Mummereien voll Hefen
und Tanz; die Tragödie aus Chören und Dithyramben, d. i.
alten lyrischen Volkssagen und Göttergeschichten. Wenn nun
Frau Sappho und ein litauisches Mädchen die Liebe auf
gleiche Art singen, wahrlich, so müssen die Regeln ihres Ge=
sanges wahr sein, sie sind Natur der Liebe und reichen bis
ans Ende der Erde. Wenn Tyrtäus und der Isländer
gleichen Schlachtgesang anstimmt, so ist der Ton wahr, er
reicht bis ans Ende der Erde. Ist aber wesentliche Ungleich=
heit da, will man uns Nationalformen oder gar gelehrte
Uebereinkommnisse über Produkte eines Erdwinkels für Ge=
setze Gottes und der Natur aufbürden — sollte es da nicht
erlaubt sein, das Marienbild und den Esel zu unterscheiden,
der das Marienbild trägt?

VI.

Schulreden.

Von den Vorteilen und Nachteilen der heutigen Studiermethode.

1780.

Unter anderen Lobsprüchen, die unsere Zeit genießt, ist auch der von der in ihr verbesserten Lehrmethode der Wissenschaften nicht der geringste. Er hat, wie alle Lobsprüche, die einem so vielfassenden Dinge als ein Zeitalter — in einer so vielfassenden Sache, als Lehrmethode aller Wissenschaften ist, gegeben werden, wie mich dünkt, sein Wahres und Falsches, sein Gutes und Böses. Der Strom aller Verbesserungen auf Erden läuft mit aus- und einspringenden Winkeln: hier reißt er ab, dort setzt er zu.

Es ist wohl nicht zu leugnen, daß, wo in einem Zeitalter die Wissenschaften selbst einen höheren Grad von Vollkommenheit gewinnen, eben damit auch die Lehrart verbessert werde, in der sie anderen beigebracht werden. Zu der Zeit, da die Naturlehre nichts als ein Namenregister von Abstraktionen und verborgenen Qualitäten war, konnte sie auch nicht anders, als ein solches, gelehrt und gelernt werden: sie ward also schlecht gelernt. Man räsonierte über viele Dinge, die es in der Natur gar nicht gab; stritt über sie nach angenommenen Formeln und Distinktionen: Erfahrungen, Versuche waren verbannt; so war die Lehrmethode, was die Wissenschaft selbst war, Spinnweb. Es fällt ins Auge, daß, nachdem über zwei Jahrhunderte her, diese Wissenschaft und die Mathematik, ihre Schwester, besser gebaut und aus den Kerkern der Scholastik ins Licht der Erfahrungen gezogen worden, man in ihr mit ungleich geringerer Mühe sichere,

reichere, gewisse Wahrheiten lernen kann, als man es einst
konnte. Die Versuche liegen vor aller Welt da: die Lehr=
sätze, die darauf gebaut werden, sind entweder unmittelbare
Axiome, oder wo sie sich in Folgerungen verlaufen, ist's dieser
edeln Wissenschaft Art, sogleich den Grad von Gewißheit
anzugeben, in dem man sie anzunehmen habe; in ihr also
und der Mathematik darf man also gottlob! keine Lügen
lernen: man kann eine Reihe heller Wahrheiten auf die
kürzeste, leichteste Art fassen, und die Verbesserung sagt ge=
wiß viel.

Der Naturlehre und Mathematik setze ich die Natur=
geschichte, die Geschichte und Geographie zur Seite: sie grün=
den sich zum Teil auf jene und sind mit ihnen gewachsen.
Seit man die Erde physisch, historisch, mathematisch, geo=
graphisch mehr kennen gelernt, sind aus den genannten Wissen=
schaften eine Menge Fabeln entwichen, die vorher zum ange=
nehmen Popanz der Kinder darin standen. Man kennt mehr
Weltteile, mehr Geschöpf= und Naturarten, und kennt sie
besser: durchs Band der Schiffahrt sind uns entfernte Länder
näher geworden, und weil so viel Reisende, weil ganze und
mehrere Nationen sie kennen lernen, darf man von ihnen
nicht mehr so ungeheuer lügen. Aus den dunkeln Jahr=
hunderten der Geschichte sind eine Menge Fabeln, ungewisse
und übertriebene Dinge entweder ausgetrieben oder gebrand=
malt, und es wird wenigstens nicht auf sie, als auf den
Hauptzweck und das Hauptvergnügen der Geschichte gerechnet.
Der Knabe bekommt also eine bessere Geschichte, Geographie
und Naturgeschichte zu lernen, als man vor ein paar Jahr=
hunderten lernen konnte.

Die philologischen Wissenschaften sind denen, die ich
bisher genannt, nicht mit gar ungleichem Schritt gefolgt.
Unter einer Menge philologischer Meinungen, Lese= und
Erklärungsarten hat man mit der Zeit die Auswahl des
Besten gemacht und teils eine Sammlung guter Ausgaben
der alten Schriftsteller, teils einen Vorrat auserwählter guter
Hilfsmittel zustande gebracht, die man Jahrhunderte vorher
nicht hatte und haben konnte. Viele und vieler Augen sehen
mehr als die Augen eines; selbst bei einem Menschen lehrt
ein Tag den anderen, und am meisten ist aus den Streitig=
keiten der Kritiker, wo jeder seine Meinung aufs schärfste
verteidigte, wie sie verteidigt werden konnte, eine Gewißheit
und ein Licht erwachsen, wie sie bei Sachen solcher Art nur

sein können.   Der Schüler wird einer Menge unnützer Schalen
überhoben, an denen andere Zeiten noch kauen mußten, und
genießt den Kern: statt unnützer Streitigkeiten sucht man die
alten, die größten Schriftsteller der Welt mit Geschmack und,
was noch mehr ist, mit Verstand zu lesen, sie anzuwenden,
sie zu verdauen.   Selbst in der Theologie, als philologische
Wissenschaft betrachtet, ist man über mancherlei unnütze
Streitigkeiten hinweg, der Schüler darf mit einer Reihe nutz=
loser Distinktionen verschont werden, deren Veranlassung und
Gebrauch in anderen, dunkleren Zeiten war.   Die Hilfsmittel
der sogenannten heiligen Sprachen sind, auch aus den welt=
lichen Schriftstellern, erweitert: man liest und erklärt die
Bibel, wie man ein anderes Buch erklärt, und durch einen
neidlosen, milderen Anblick, durch einen allgemeineren und,
wenn ich so sagen darf, menschlicheren Gesichtspunkt, durch
Entfernung der Mystik und der Polemik, wo beide nicht hin=
gehören, wird auch hier in diesen steilen, vielgeteilten Pfaden
(viele Irrwege und Abweichungen nicht verteidigt), mit der
Zeit ein ebnerer Weg bereitet.   Das alles fließt in die
Methode ein, erleichtert, befestigt, erläutert, bewährt sie: je
mehr in einer Wissenschaft das Helle vom Dunkeln, das
Wahre vom Falschen, das Nützliche vom Entbehrlichen ge=
sondert ist, desto besser ist die Wissenschaft zu lehren, desto
leichter, angenehmer und nützlicher ist sie zu lernen: denn wo
Licht ist, kann man sehen, und wo Ordnung ist, kann man
überschauen und finden.

Ich wünschte, daß ich in diesem Ton fortfahren könnte
und nicht zugleich von mancherlei Verbesserungen der Lehr=
methode im Unterricht der Wissenschaften reden müßte, die
mir keine Verbesserung scheinen. 1. Hat man das Licht und
die Ordnung, deren sich unsere Zeit mit Recht in den meisten
Wissenschaften freuen kann, so weit ausgebreitet, daß alles
gleich licht und noch mehr gleich leicht und faßlich, ja für
alle gleich leicht und faßlich sein soll — und diese lichte,
leichte Methode in usum delphinorum aevi nostri ist, dünkt
mich, sowohl der Natur der Wissenschaften an sich, als der
Natur unserer Seele und der so mancherlei menschlichen Seelen=
kräfte, endlich auch wirklich dem Zweck und Nutzen entgegen,
den man von Erlernung der Wissenschaft haben soll.   So
wie alles in der Welt nicht gleich licht ist, so kann auch nicht
alles in der Wissenschaft sein, und wer Licht hineinlügt, wo
keines ist, wer Faßlichkeit hineinlügt, wo sie nicht ist: ist

Gaukler, nicht Lehrer. — Jede Wissenschaft hat ihre eigene
Methode, und wer eine in die andere hinüberträgt, macht's
oft nicht klüger, als wer in der Luft schwimmen, im Wasser
säen und ackern will. Strenge Wahrheiten der Metaphysik,
Physik, Mathematik in Gespräche oder in die Dichtung eines
Romans kleiden, ist meistens nicht ziemender und anständiger,
als in den scholastischen Zeiten eine romanhafte Mathematik,
Physik und Metaphysik selbst war. Es ist gar nicht gleich
viel, eine leichte Geschichte dieser Wissenschaften und ihrer
Lehrsätze, etwa Anekdoten von ihrer Erfindung und Anwendung im Kopf haben oder die Wissenschaft selbst, ihre Lehrsätze und Anwendung, gelernt haben; denn oft sieht man,
daß, wer sich an diesen überzuckerten Wissenschaften, oder
vielmehr an solchem falschen Zucker, womit seine Wissenschaft
überzogen war, satt genascht hat, nachher nie die anfangs
bittere, aber nachher gesunde und stärkende Wurzel zu kauen
mehr Lust hat. Was hat's für einen Nutzen gebracht, daß
man alle philosophischen Wissenschaften plötzlich in mathe-
matische Form goß? Ist ein einziger mangelhafter, unstäter,
dunkler Begriff dadurch vollkommen, fest und klar worden,
daß man die Namen Axioma, Demonstratio über sie setzte?
Und so wird's kein Fünkchen mehr Nutzen bringen, wenn
man die Leibnizsche und Newtonsche Philosophie pour les
dames et pour les enfants einrichtet. Die Philosophie in
solcher Tracht wird selbst Dame, wird selbst Kind; sie verliert aber damit Endzweck, Würde, Bestimmung. Ein Gleiches
ist's mit Sprachen, die man, als ob's keine Sprachen wären,
aus eingeborenen Begriffen, ohne Gedächtnis, Mühe und
Grammatik lernen soll. Das Lernen ist auch danach und ist
in weniger Zeit ein sanftes Vergessen geworden. Ins feuchte
Wasser, in leichten Sand ist alles leicht geschrieben und wird
auch wie auf feuchtem Wasser, wie in leichtem Sande glücklich verweht. Die Seele hat keine Nägel, woran sie, was
sie lernte, aufgehangen und mit ihnen in sich eingeheftet hat,
die Regeln der Grammatik sind Nägel, Mühe des genauen
Lernens und Wiederholens ist die Einheftung derselben; dafür
aber stecken sie auch fest und lassen, selbst wenn sie mit Gewalt herausgerissen würden, Spuren nach sich. Eine Grammatik muß der Mensch lernen, denn Grammatik ist Philosophie
der Sprache, und die Sprache ist ja der Umfang aller menschlichen Begriffe; an je einer vollkommeneren, ausgebildeteren
Sprache man also Grammatik, d. i. eine Logik und Philo-

sophie der menschlichen Vernunft lerne, desto besser lernt
man sie, und behält an ihr ein Modell für Ordnung, Ge=
nauigkeit und Klarheit der Begriffe im Kopfe für alle anderen
Wissenschaften, Sprachen und Künste. Ein Mensch, der in
seinem Leben keine Grammatik gelernt hat, lernt sein Leben
durch nicht genau, wenigstens nicht sicher sprechen und schrei=
ben: er irret in Ungewißheit umher und hat kein Leitseil
im großen Labyrinth der Sprachen und Worte. Crusius, der
große Philolog, nannte die Theologie selbst eine grammati-
cam divinam, und Geßner wendet auf sie an, was Luther
von der Theologie sagte; sie rächt sich an ihren Verächtern.
Sie rächt sich wahrlich auch an dem, der mit ihr tändelt, und
so rächen sich alle Wissenschaften und Künste an dem, der sie
auf zu leicht spielende Art zu fassen Lust hat. In der Natur
und im Lernen wachsen die Rosen unter Dornen: nur auf
diesen pflückt man sie. Durchs Lernen, durchs schwere Lernen,
durchs mühsame, ganze Erfassen üben wir uns, wir bekommen
Stärke und Lust, mehreres zu fassen, Schwereres zu lernen;
da hingegen ein Mensch, der sich nie zum captu der Wissen=
schaft erhebt, sondern den die Wissenschaft immer ad captum
gemacht, d. i. wie Honig und Brei um den Mund des kranken
Säuglings geschmiert werden soll, auch nie gesund, nie stark
werden wird in Begriffen und Seelenkräften. Er wird nach=
her in seiner Haupt= und Brotwissenschaft, in seinem Geschäft,
in seinen Lebensverrichtungen so blöde und schwachherzig thun,
wie er in seinem ersten Schullernen geübt wurde. Was sich
nicht erhaschen, nicht ertändeln läßt, das ist für ihn nicht
da: der Kern bleibt unberührt, wo nur ein paar Zwiebel=
schalen umher sind.

O wie mancherlei Lockspeisen und Lockpfiffe kommen in
unserer Zeit zusammen, den Jüngling vom männlichen Wege
des Studiums abzulenken und ihn in die Gärten der Kalypso
oder der Armida auch im Lernen der Wissenschaften zu ver=
senken! In unseren Zeiten ist das goldene Jahrhundert
Saturns zurückgekehrt, wo alles von selbst erwächst, wo, wie
damals die Ernte, anjetzt der Mutterwitz ohne Pflanzen und
Säen aus der Erde bricht und in sehr angenehme, wohl=
gefällige Blüten hervorschießt. Milch und Honig rinnen in
Strömen, d. i. Genies und schöne Geister sprossen wie eine
Saat bunter Mohnblumen, auch wo sie eben nicht wachsen
sollten, empor; solange sie blühen, gewähren sie dem Auge
einen gar lustigen Anblick, nachher, wenn der kahle Mohnkopf

dasteht, klappert's inwendig etwas, und sein Inhalt gewährt
anderen einen sanften Schlaf. Was schadet's, daß der Knabe
nichts lernt, daß Hauszucht der Eltern so selten sich mit der
Schulzucht verbindet; ei! ei! der Knabe hat einen guten Kopf
und wird zu seiner Zeit alles aus sich selbst lernen. Er hat
auch schon vieles gelernt und gelesen, Romane nämlich, zephyr=
leichte und in süßer Ohnmacht des Geistes hervorgelispelte
Lieder; vielleicht macht er gar selbst dergleichen, und wenn
er nun noch eine neue Modesprache hinzufügt, wenn er tanzen
und dramatisieren, gar auch agieren lernt — Himmel, hilf,
was fehlt dem Knaben? Verstehe er nun kein Wort eines
alten Autors, wisse er nicht, wer eher gelebt habe, ob Daniel
oder Johannes der Täufer, Karl V. oder Alexander der
Große, — thut alles nichts! Er hat sich, wie jener sagte,
auf die galantiora gelegt und wird sich weiter darauf legen.
Er wird in Jena den elegantesten Haarbeutel tragen und
auf ein Haar wissen, in welcher Tiefe er auf dem Rücken
schweben muß, um ein sanft herabfließendes Haar zu zeigen.
Süße Verslein werden ihm zu rechter Zeit entfließen, wie
Tau von Rosen, und werden auch freilich wie Tau auf Rosen
vertrocknen, oder Würmer und Ungeziefer hecken, das ge=
meiniglich von so süßer Speise lebt! — Das alles gehört
zur leichten schönen Studiermethode.

O wie anders war's da, wenige Jahrhunderte rückwärts.
Theodor Agrippa d'Aubigne, Ritter und Stallmeister König
Heinrichs IV., ein Mann, der gar nicht eigentlich zu den
Wissenschaften erzogen ward und seinem Stande nach nicht
schreiben und studieren, sondern fechten und reiten sollte, er=
zählt von sich in seinen sehr offen und nicht zum Druck ge=
schriebenen Mémoires an seine Kinder: „Kaum hatte ich das
vierte Jahr meines Alters zurückgelegt, so gab mir mein
Vater einen Lehrmeister, Jean Cottin, einen lieblosen, trotzigen
Mann, der mich aber im Französischen, Lateinischen, Grie=
chischen und Hebräischen zugleich und so gut unterrichtete,
daß ich in meinem sechsten Jahre diese vier Sprachen ziem=
lich gut lesen konnte. Da ich sieben und ein halb Jahr
alt war, übersetzte ich den Kriton des Plato, weil mir mein
Vater versprach, diese Uebersetzung drucken zu lassen, mit
meinem jugendlichen Bildnis vor dem Buche. Als ich drei=
zehn Jahre alt war, schickte mich mein Vormund nach Genf.
Damals las ich die Rabbinen geläufig ohne Punkte, ich las
sie, so wie auch das Griechische und Lateinische in französischer

Ueberſetzung vor, ohne den Text vorher vorzuleſen; und doch
wurde ich zu Genf wieder ins Kollegium gethan, weil ich
einige Dialekte des Pindarus nicht gut erklärt hatte." So
erzählt d'Aubigne, und daß dergleichen Exempel von frühem
Fleiß und außerordentlichem Fortkommen in der Philologie
damals im ſechzehnten und ſiebzehnten Jahrhundert nichts
Außerordentliches, nichts Wunderbares geweſen, weiß jeder, der
die Geſchichte dieſer Zeit, ihres großen Fleißes in Sprachen,
des Rufes dieſer Studien noch auf Akademien, des Wertes
und der Hochachtung, in der damals die Schulen und Schul-
ſtudien ſtanden, endlich die Werke, zum Teil die frühen Werke
einer Reihe Gelehrter kennt, die, wenn ſie in unſerer Zeit lebten,
auch kaum ſein würden, was ſie damals waren und wurden.
Vielleicht auch hingeriſſen von früher Ueppigkeit, Wolluſt,
Spiel, übler Geſellſchaft, oder von Modeſtudien, Modeergötz-
lichkeiten und Modemethoden, wären ſie auch geworden, was
ſo manche gute Köpfe jetzt ſind, die frühe blühten und bald
verdorrten, Quellen geworden, die nicht mehr ſtrömen konnten,
weil ihr Waſſer in herrlichen Kaskaden aufgefangen wird,
in die Luft ſteigt und in ſein eigenes Becken traurig zu-
rückfällt.

O Jünglinge, daß keiner von euch in dieſer Zahl wäre!
O daß euch früh die Göttin der Weisheit erſchiene und euch
ihren rauhen Pfad mit dem herrlichen Schloß der Ehre an
dem Ende des Weges zeigte, und ihr ſie lieb gewinnet vor
aller ſüßduftenden, leichtbekleideten, aber zum Verderben ab-
führenden Wolluſt und Thorheit. Auch hier heißt's: Gehet
ein durch die enge Pforte! denn die Pforte zur Brauchbarkeit, zur Würde, zur Unſterblichkeit iſt enge, und der Weg iſt
ſchmal, auch wenige ſind es, die ihn finden. Aber die Pforte
der Wolluſt, Ueppigkeit, der Modeſtudien und leichten Methode
iſt weit, und der ſind viele, die darauf wandeln; aber er
führt in den Abgrund. Wer im Frühling nicht ſäet, kann
im Herbſt nicht ernten: wer in der Jugend ſich nicht müht
und übt, mit Wiſſenſchaften, Sprachen, Schwierigkeiten, Hinder-
niſſen kämpft und über alle ſiegt, der wird in den Jahren
der Ehre nicht gekrönt, und in den Jahren der Ruhe
wird er verachtet. Auf, alſo! zeigt auch jetzt durch eure
Antworten, durch die gute, freudige Rechenſchaft, die ihr gebt,
daß unſer Gymnaſium Gymnaſium, d. i. ein Uebungsplatz
ſei, wo wohlbegabte, edle, tüchtige Jünglinge in Fleiß wetteifern und von Thorheit und Ueppigkeit fern auch jetzt

nach Kränzen des Lobes und der Liebe ihrer Lehrer und Vor=
gesetzten ringen. Gott segne das Gymnasium und alle guten
Blüten desselben; er segne auch diese Prüfung zu seiner und
unserer Freude.

Von Schulübungen.

1781.

Uebung ist die Mutter aller Vollkommenheit. Sie muß
also auch die Gehilfin, die treue Gefährtin jedes Lernens sein,
oder es ist zu besorgen, das Lernen selbst werde einem großen
Teile nach unnütz. Das jugendliche Alter ist zu allerlei Uebung
des Geistes und des Körpers geschaffen: die Gliedmaßen bei=
der Teile, Leibes und Geistes, sind noch zart, noch elastisch
und bildsam. Die Jugend hat einen Ueberfluß von gutem
Willen und Mut, sich zu üben, in allerlei zu üben; und die
allgemeine Erfahrung zeigt's, daß man in diesem Lebensalter
durch Tage weiter kommt, als sonst durch Jahre, daß, was
man jetzt lernt, auch üben, auch treiben lernt, man nie ver=
gesse, ja, wenn ich so sagen darf, an jeder guten Uebung eine
Form erhalte, in die man zeitlebens andere schlage, Gedanken,
Kräfte, Uebungen, Thätigkeiten immer nur nach der Art moble,
wie man in der Jugend wirken gesehen und selbst gewirkt
hat. Wenn dies alles ist (und es ist unwidersprechlich), so
sind Uebungen bei der Jugend mit Argusaugen zu bewachen
und mit Vaterblicken zu übersehen und zu lenken: statt in
der schönsten Begebenheit die Seele erschlaffen zu lassen, wird
man sie üben, täglich auf jugendliche Weise, d. i. munter und
frei üben, man wird den Acker nicht nur besäen, sondern auch
bearbeiten, daß er gewisse und schöne Frucht zeuge. —

Es ergibt sich, H. und H. B., daß ich von Schulübun=
gen reden will: ein sehr unbestimmter Name. Viele denken
sich an ihm nur auswendig gelernte Reden, oratorische Chrien,
syntaktische Exerzitia oder gar logisch=metaphysische Disputa=
tionen und richten danach ihr Urteil ein. Andere kennen unter
Jugendübung nichts als Reiten, Fechten, Springen, Tanzen,
Schlittschuhlaufen oder gar Komödien machen und sie agieren;
und freilich die meisten dieser Künste taugen aber zu Schul=
übungen nicht. Das Urteil der Menge ist also unbestimmt

und verworren, daß der eine Teil leugnet, was der andere
bejaht, und die Jugend zu beiden Seiten hinausgezerrt wird
oder sich, auf welchem Spaziergange sie will, selbst verliert.
Eine kurze und klare Hererzählung dessen, was ich für not=
wendige, nützliche, bildende Schulübung halte, wird also der
ganze Inhalt meiner Rede sein.

I. Die erste und notwendigste Schulübung ist, dünkt
mich, die, daß Aufmerksamkeit in der Klasse erhalten wird;
und alle Mittel, die Lehrende und Lernende anwenden, sich
in ihr zu erhalten, sind Stücke der wahren, der nötigsten
Schulübung. Beim Lehrer wird ein munterer Vortrag, eine
Gegenwart seines Geistes gleichsam inmitten seiner Klasse
auf alle und über alle sein, die ihn hören: denn Flamme steckt
Flamme an, Gegenwart des Geistes erweckt Gegenwart des
Geistes. Eine schläfrige Klasse hört nicht oder hört nur halb:
lernt nicht oder lernt nur Stückwerk; am wenigsten kann man
ihr Lernen Uebung nennen, vielmehr erschlafft die Seele über
solchem Hören und Halblernen, der Junge wird in der Schule
dumm, wie man so oft sagt. Lediglich kann dieser stupor
scholasticus, der sich zwischen den Schulwänden erzeugen soll,
daher kommen, daß die Seelenkräfte der Jünglinge nicht ge=
weckt, nicht geübt werden; wenigstens, daß nicht alle und zwar
fortgehend mit immer reger Gegenwart des Geistes geübt
werden, sondern oft das leere, trockene Wortgedächtnis der
hinkende Bote sein muß, der die Stelle aller lebendigen, wirk=
samen Seelenkräfte, der Einbildungskraft, des Urteils, der
Neigungen und eigener Bestrebsamkeit vertreten soll. Ein
armer Stellvertreter! Was so lässig, kalt, unteilnehmend ge=
hört wird, wird im Grabe des Gedächtnisses begraben und
steht selten wieder auf; da im Gegenteil, sobald der Lehrer
das Glück hat, seine Klasse in rege Aufmerksamkeit, ja in
einen Wettstreit von Aufmerksamkeit, von eigenen, sich üben=
den Seelenkräften seiner Schüler zu setzen und darin zu er=
halten, alles sich gleich von selbst macht und fördert. Er fragt,
er fragt hie und da, natürlich am meisten, wo am meisten zu
fragen not ist, unvermutet, wo eine unvermutete Frage und
Antwort für den Antwortenden und für die ganze Klasse gut
thut; aus eigener Erfahrung bin ich überzeugt, manches
Schläfrige kann auf diese Weise geweckt werden, auch dem
Gedankenlosesten gibt oder veranlaßt man auf solche Weise
Gedanken. Das Gleichnis des Plato, daß sich Seelen ein=
ander anfeuern, ziehen und begeistern, wie der Magnet das

Eisen an sich zieht, ist wahr und sollte insonderheit in Schu=
len, in dieser heiligen Versammlung junger, munterer, leicht
entzündbarer Gemüter nie bezweifelt werden. — Nur freilich
müssen in diesem certamine ingeniorum Jünglinge ihren
Lehrer nicht allein arbeiten lassen; sie müssen arbeiten, sie
müssen wetteifern und ihre Seelenkräfte üben. Wie dies?
Zuerst nicht anders als durch Aufmerksamkeit, aber durch jene
gelenkige, rege, vielgestaltige Aufmerksamkeit, die sich jedem
Wort, jeder neuen Lektion und Materie neu und ihr eigen
anschlingt und nicht abläßt, bis sie sie ganz, schön, munter,
genau darstellen kann, sobald der Lehrer fragt. Ja, wenn er
auch nicht fragte, das Bild der Antwort, die Idee ist in der
Seele da: diese hat sich an ihr unvermerkt und schon wäh=
rend dem Hören und reinen Erfassen geübt und selbst ge=
bildet. O, wenn Jünglinge wüßten, wie schön, wie reizend
es sei, wenn sie sich in dieser liebenswürdigen Gestalt zeigen!
wenn auf eine Frage, ja nur auf den leichten Wink einer
Frage, die Antwort, leicht, jugendlich, klar, wohlgebildet in
Gedanken und Worten, als ein schöner Abdruck ihrer Seele
ohne Mühe hervortritt und wie eine bescheidene Minerva da=
steht! Wüßten sie, was für ein gutes Vorurteil man hieraus
für ihre Seele, für ihre Neigung und Brauchbarkeit, für ihr
Herz und ihre Hoffnungen faßt: wie würden sie wetteifern,
wie würden sie sich in der Stille bestreben, zwanglos, schön,
rein und klar zu antworten, mit einer schönen Stimme auch
eine schöne Seele tönen zu lassen und auch heute ein frohes,
ein des Ruhmes gewisses und dennoch stilles, bescheidenes An=
gesicht zu zeigen! Das Nachschreiben aus dem Munde des
Lehrers trägt zu dieser Gedankenübung, zu dieser Bildung
schöner und fertiger Antworten viel bei. Man lernt dabei,
was man schreiben und nicht schreiben dürfe, lernt einen fließen=
den Vortrag auf seine Hauptsätze zurückbringen und in die
kürzeste, schönste Bemerkung bilden. Man lernt schreibend am
besten, was die Absicht des Lehrers bei diesem, jenem Vor=
trage sei? ob er habe erläutern oder erweitern? ob verbessern
oder ausbilden wollen? Durchs Nachschreiben des Erwähl=
testen, des Besten, was uns der Lehrer sagt, bekommt man
Lehrer und Arbeit gewiß lieber; ja selbst das Buch lieber,
über welches man gehört hat. Man liebt das letzte mit den
jugendlichen Schulanmerkungen, die man dazu am besten be=
sonders nachschrieb, noch bis in sein Alter. Der große Leibniz
führte auch in seinen männlichen Jahren seine ersten Kom=

pendien der Wissenschaften, auch auf Reisen, bei sich, er, der
doch manche derselben so ansehnlich verändert und vermehrt
hatte, ja er starb, von einigen Büchern solcher Art umgeben.
Wie angenehm wird es sein, wenn am letzten Tage des
Examens auch einige Nachschriften dieser Gattung, mit Fleiß
und Urteil verzeichnet, insonderheit von Schülern der ersten
Klasse und dimittendis werden vorgelegt werden können. Ich bin
überzeugt, viele Anmerkungen der Lehrer waren dessen sehr wert.

II. Ein großer Teil der Schularbeiten betrifft Sprachen
und klassische Autoren; eine der schönsten Schulübungen wird
hiebei offenbar, nämlich Uebersetzung derselben, aber Ueber=
setzung, die mit den Schriftstellern in der Ursprache wett=
eifert, die ihren Geist, ihre Form von Gedanken und Schreib=
art so edel, so rein und schön auszudrücken strebt, als es die
Muttersprache nur erlaubt. Nach dem Urteil aller Verstän=
digen stehen diese Uebungen sehr hoch und sind sehr nützlich;
sie sind aber auch sehr schwer für jeden, der's versucht hat,
wenn ihm der Himmel nur einiges Gefühl der Vollkommen=
heit einprägte. Ueber das erste mag der größte Held und
Regent unserer Zeiten, der König von Preußen, Zeuge sein,
dem wohl niemand in Europa einen klaren, weitsehenden
Blick absprechen wird: gute Uebersetzungen aus den Alten
hält er für das erste Hilfsmittel zu Bildung einer Nation
und Sprache. Wie nützlich sie Jünglingen sein können, ist
kaum zu sagen. Sie lernen hohe, wahre, edle Gedanken in
den schönsten, wohlklingendsten Worten: sie lernen beides in
eine fremde, von der griechischen und römischen so verschie=
dene Sprache übertragen: sie lernen wahre Natur und Stärke
des Ausdrucks, wahre Form und periodum der Rede. Dem
wilden Maulesel werden, wie Huart sagt, Seile angelegt, daß
er im Gleise gehen lerne und nicht ausschlage; oder edler zu
sagen, die große Form von Gedanken und Sprache der Griechen
und Römer geht, wenn der deutsche Jüngling derselben nur
einigermaßen empfänglich ist, durch diese Uebungen unvermerkt
in ihn über. Nur müssen diese Uebungen liberal sein, d. i.
mit allem Fleiß und Trieb der Seele, mit Lust und Liebe,
mit vorhergehenden Kenntnissen beider Sprachen und Völker
und mit nachfolgenden tüchtigen Verbesserungen geschehen, da=
mit sie nicht bloß, wie leider der Vorwurf oft gemacht wird,
gezwungenes Exerzitien=, Schul= und Knabenwerk bleiben.
Und, o wie ladet hiezu die Materie ein, die übersetzt und in
unserer Sprache nachgebildet werden soll! Die schönen Sachen,

die schöne Gestalt, die großen Geister, die sie aufschreiben und
geben, ihr Nachruhm, ihr ewiggepriesener Name, wie freund=
lich und edel laden sie jeden ein, dessen Seele aus besserem
Stoff gebildet ist, und der ihre Schönheit zu verstehen, nur
einigermaßen nachzubilden wert ist; glückliche Jugendzeiten,
die daran gewandt werden! glücklicher Jüngling, der seine
Jugendzeit auf solche Uebungen anwandte! Im vergangenen
Jahre sind z. E. Ciceronis officia, einige seiner besten Reden,
ein schönes Stück aus Aristoteles' Rhetorik, Lucians Lob des
Demosthenes, Teile aus den besten unsterblichen Dichtern der
Welt, Horaz und Virgil, gemacht worden: welch ein über=
raschender schöner Anblick, welch untrügliches ehrenwertes Zeug=
nis des Fleißes und der Uebung wäre es, wenn am letzten
Tage des Examens einige schöne, richtig reingeschriebene und
mit Lust ausgearbeitete Uebersetzungen dieser Stücke dargelegt
würden! Viele dieser Stücke sind im Deutschen noch gar nicht,
andere nicht gut übersetzt. Der Jüngling, der sich daran ge=
macht, der sich darin auch mit stillem Privatfleiße bemüht
hätte, fühlte, daß er eine schöne Vorarbeit gethan, und wenn
kein Lob ihn belohnte, fühlte er das beste Lob, den Nutzen,
den er während der Arbeit daraus geschöpft hat, in seiner
Brust. Noch in männlichen Jahren würde er diese Jugend=
übungen lieb haben und mit Freuden aufzeigen; das erste
Exemplar dieser Autoren, noch mit Tropfen seines jugend=
lichen, willigen Schulschweißes bedeckt, würde ihm so lieb sein,
als dem großen Alexander das Exemplar seines Homers,
woraus er unter Aristoteles gelernt hatte. Und wie? wenn
ein fleißiger Lehrling seinen Lehrer und uns mit Uebersetzun=
gen und Uebungen überraschte, die er für sich gemacht, die
ihm nicht aufgegeben worden, dazu ihn Lust und Liebe allein
drang. Diese würden ihm und vielleicht uns allen die lieb=
sten sein: man würde an ihnen wahrnehmen, wohin sein Geist,
sein Herz, seine Art, sein eigener Eifer strebe: schöne Blüten
zukünftiger Früchte, um so schöner, weil sie unerwartet wären,
weil sie, wie im goldenen Alter der Welt, der reiche Schoß
der willigen Erde von selbst und mit aller Mutterfreude her=
vorgebracht hätte. — Traurig wäre jede Schule, wo alles
dies liegt! wo nichts von selbst, nichts durch edle Nacheife=
rung, nichts durch eigene Lust und Mühe hervorkäme; wo der
reichste Boden so viel trüge als der ärmste. — Diese Tage
werden's zeigen, was von so notwendigen und nützlichen
Uebungen auch diese Schule, dieses Gymnasium, ein Ort, der

Uebung heißt, zum Lobe und zur Freude unser aller hervorgebracht habe.

III. Ich kann's mir kaum denken, daß nicht aus diesen
Schulübungen, der täglich wachsamen Aufmerksamkeit, auf den
Unterricht des Lehrers und das fleißige Treiben der Alten
nicht noch mehrere und eben so freiwillig folgen sollten. Dichter z. E. erzeugen neue Dichter, Redner neue Redner, Philosophen neue Philosophen, wenn dazu die Gaben in der Natur
des Jünglings liegen. Nur liegen sie bei einem tiefer versteckt als beim anderen und müssen also sorgsamer hervorge-
sucht werden. Die Gabe der Dichtkunst meldet sich am rasche-
sten an; und ich kann mir's kaum gedenken, daß nicht ein
Jüngling, von einem Lobgesange, einer Ode, einer schönen
Beschreibung, Handlung, oder wovon es sei ergriffen, sich
selbst, wenn es auch zitternd und sehr geheim wäre, an etwas
Aehnliches derart wagen sollte. Die Erfahrung aller ausge-
zeichneten Menschen in Zeiten und Ländern zeugt hier für
mich: schon frühe versuchten sie, was sie nachher als Werk
trieben, und immer war dieser erste Versuch, der freiwillige
Wink ihrer Muse, ihnen ein Führer und Wegweiser auf
Lebenszeiten. Schon in der Fürstenschule übersetzte Schlegel
seine Iphigenia auf Tauris und arbeitete an seinen ersten
theatralischen Werken; schon in eben der Schulpforte machte
Klopstock den Entwurf zu seinem großen Messias. Der Exempel mögen zwei sein statt tausend und zehntausend, deren ge-
ringsten Teil man kennt, und deren größter Teil immer un-
geschätzt bleibt. Sehr ausgezeichnete Menschen bilden sich ohne
Lehrer; es ist aber übel, wenn insonderheit zu unserer Zeit
sich alles ohne Lehrer bilden und oft nur durch seine Unförm-
lichkeit ausgezeichnet sein will. In unserer Zeit wird viel
gelesen, und ich weiß, daß auch in diesem Gymnasium viel
und vielleicht das meiste gelesen wird, außer der Schule. Ob
schlimm oder gut gelesen wird? ob Schlimmes oder Gutes?
das ist die Frage; und wie kann man dies wissen, wenn nichts
davon zum Vorschein kommt, wenn der Lehrling nicht das
Herz hat, seinem Lehrer, was er auch außer den Stunden
liest, woran er Geschmack findet, was er vielleicht nachahmt
und sich zum Muster vorstellt, herzlich heraus zu sagen. Wie
angenehm wäre es der fürstlichen Schuldeputation, wenn wir
am letzten Tage des Examinis unerwartet kleine Aufsätze auf
dem Tische fänden: „Das habe ich für mich dies Jahr über
gelesen; jenes oder dies getrieben; dies nachgeahmt u. f." —

oder falls einige junge, zarte und scheue Gemüter auch das
Licht einer Deputation scheuten, nur zu mir, dem Aufseher
des Gymnasii das Zutrauen faßten, mir, neben dem explo-
ratorio, einen solchen Aufsatz besonders anzuvertrauen, mit
der redlichen Anzeige, was man dabei gewonnen zu haben
glaube. Ein solcher freiwilliger Aufsatz wäre das beste explo-
ratorium von der Welt: nichts sollte daraus veruntreut, und
viel Gutes würde vielleicht durch wenige Zurechtweisung bei
solchem Vertrauen und guter Meinung geschafft werden; denn
ich bin überzeugt, in unserer Zeit kann nichts so sehr bilden
oder verderben als gut oder schlecht gewählte Lektüre, und sehr
oft wird diese schlecht gewählt, weil man keine bessere hatte oder
wußte. Die Lektüre bestimmt am meisten den Weg eigener Ge=
danken, eigener Sinnes= und Schreibart, an dem insonderheit
in früheren Jahren ungemein viel liegt. Ein Buch hat oft auf
eine ganze Lebenszeit einen Menschen gebildet oder verdorben.

Die Alten liebten die Kollektaneen, entweder vollständige
Auszüge aus Büchern oder Auswahl einzelner Gedanken und
Nachrichten. Sie können zu mancherlei Zwecken, auf mancher=
lei Art angestellt werden; angestellt aber werden müssen sie,
ganz vernachlässigt werden können sie in jüngeren Jahren
kaum ohne Schaden. Wie schön ist's, wenn man sich aus
einem guten Buch vielleicht nur wenige, aber gute Sachen
und Gedanken, die uns vorzüglich gefielen, aufschreibt, sie
unter Klassen bringt, sie bei Gelegenheit zu finden weiß und
sodann in ihnen oft die Geschichte unserer eigenen Gedanken
und derselben Entwickelung findet! Ein gutes, wohlgeordnetes
Buch wird uns in einem Auszuge daraus noch lieber; und
wenn der Auszug verloren würde, und wir ihn lebenslang
nicht wiedersähen, so ist ein Nutzen davon unverloren, näm=
lich, daß wir's durch den Auszug viel mehr kennen gelernt
und gleichsam in unser Mark und Saft verwandelt haben.
Ich weiß wohl, daß man zu unseren Zeiten auch in den
Wissenschaften überall Quäker sein will; der Geist soll uns
ergreifen, die Salbung soll uns alles lehren, und auch bei der
Lektüre, heißt's, müsse man nur dem Geist eines Autors nach=
haschen und sich um seine Worte, um seine Sachen, um die
Ordnung derselben u. s. nicht mühsam bekümmern. Ich
fürchte, man geht dabei irre; der Geist eines Autors oder
eines Buches läßt sich nicht, wie ein Schmetterling oder wie
Spiritus in eine Bouteille, zumal in eine windige Hirnbou=
teille spünden, der Buchstab fesselt ihn an; Auszug, Schreiben,

treue oder freie Nachahmung macht ihn uns eigen. Plutarch
und Erasmus (ich nenne nur zwei Schriftsteller von unsäg-
lich vielen), gewiß zwei große Männer, die selbst dachten und
sehr weit auf Welt und Nachwelt wirkten — den Schriften
beider merkt man die Kollektaneen sehr an. Plutarchs moralische und philosophische Schriften sind fast nichts als themata,
die noch jetzt in Schulen gebraucht werden könnten zu eigenen
Elaborationen; sie sind Gemeintitel, unter die er eine Menge
schöner Gedanken und Beispiele, die er hie und da gelesen
hatte, zusammenstellte, so daß die Bindung oft sehr leicht
scheint. Erasmus' meiste, insonderheit frühere Schriften, sind
Uebersetzungen oder Kollektaneen von Apophthegmen, von Rätseln, von Gleichnissen aus Plutarch, ja sogar von Wendungen
und Ausdrücken der Sprache; ein Buch, das er ausdrücklich für
Schulen schrieb. Den schönen Ton, der in seinen Gesprächen,
seinem encomio moriae und überall in seinen Schriften herrscht,
hat er aus seinem fleißig übersetzten Lucian, wie er selbst be-
kennt. Kurz, was wollten wir uns über die größten Geister
hinaussetzen und nicht in Nachahmung, Sammlung, Aufsätzen
mancherlei Art üben? Hier hört, hier liest man z. E. Geschichte: ein schönes Faktum, einen merkwürdigen Charakter;
sagt uns nicht Herz und Seele, daß wir, wenn wir lesen,
das Buch zuthun, oder wenn wir gehört haben, das Faktum,
den Charakter, die Geschichte nach unserer Art sammeln und
zu einem Ganzen bilden sollen? Hier hat Plutarch, Cicero,
Theophrast, la Bruyère, und wie sie weiter heißen, ein solches
Thema, solchen Charakter, diese Geschichte, jenes Gleichnis so
ausgeführt; ich will den Schriftsteller vergessen, die Sache
nach meiner Art ausführen und sodann vergleichen. Jetzt
will ich's versuchen in einem Briefe, jetzt in einer Abhandlung, in einem Gespräch, jetzt in Versen; nicht ein und dieselbe Sache; denn das gäbe ein schlechtes Machwerk, und jede
Sache kann nur auf eine Art am besten vorgetragen werden;
aber es gibt ja vielerlei Sachen, wie es verschiedene Arten
des Vortrages gibt, und der Lehrer wird, nachdem er seine
Meinung gesagt und Materie hergegeben hat, billig einem
jeden die Freiheit lassen, wie er's aufs beste einzukleiden ge-
denkt. Gesetzt, der Lehrling brauchte auch fremde Gedanken:
er braucht sie doch, wird mit ihnen also bekannt, macht sie
sich auf gewisse Art zu eigen, und endlich der gute, der wach-
sende, der selbstdenkende Lehrling wird immer weniger fremde
Gedanken zu brauchen suchen, wird sie wenigstens neu ein-

kleiden und also auch bei jedem Diebstahl etwas lernen.
Kurz, Luft und Lieb' zum Ding macht auch hier Müh' und
Arbeit gering; ohne Luft und Liebe aber ist alles, was ich
gesagt habe, vergebens. Eine Schule guter Art ist eine Ge=
sellschaft Bienen, die auffliegen und Honig sammeln, eine
Schule lässiger Art wäre eine Gesellschaft der lastbaren Tiere,
die hingehen, wohin sie getrieben werden, und auch von dem,
was man ihnen auflegt, zeitlebens nicht erbeuten. Ich schätze
zu sehr die Lehr= und Ehrbegierde vieler Schüler auch dieser
Schule, als daß nicht auch dieses Examen durch Vorzeigung
eigener speciminum davon gute Proben zeigen werde.

IV. Jetzt sollte ich noch von der letzten Uebung des
Gymnasii, dem Versuch im Disputieren, reden. Ich weiß,
was man dagegen sagt, und es ist ohne Zweifel in älteren
Zeiten übertrieben worden, da man zu viel disputiert hat
und über lauter Syllogismen in barbara und celarent die
Sache selbst vergaß; einige mäßige Uebung darin aber, dünkt
mich, sollte wenigstens zum Sprechen im Latein und zum
Wetteifer helfen, sich einander in Schnelligkeit der Gedanken
und Scharffinn des Ausdruckes zu übertreffen. Wenigstens
fange hierin der Privatfleiß einiger Jünglinge an. Statt
daß man sich zum Tabakrauchen und zum Kartenspiel ver=
sammelt, komme man zusammen, gemeinschaftlich zu lesen,
einander eigene Aufsätze vorzulesen, sich darüber Anmerkungen
zu machen u. dgl. Das Disputieren wird eo ipso damit wer=
den. — Man sage nicht, dies gehöre auf Akademien; denn Aka=
demien sind Schulen, nur höhere Schulen, und eine wohl ein=
gerichtete Schule, zumal ein Gymnasium, ist eine niedrigere
Akademie. Dort hört man; hier hört man; dort und hier soll
man lernen, dort und hier kann man durch Uebung allein
lernen; nirgend fällt der Meister vom Himmel. Ja es ist sehr
bewiesen, daß wer auf Schulen nicht gelernt hat, auf Akademien
nicht einmal recht lernen könne; wer sich dort nicht geübt, könne
sich hier nicht üben, weil dazu weit weniger Anstalt vorhanden,
und auf Akademien alles ins Allgemeine geht. Auf Schulen ist
viel mehr Privatunterricht, Privatfleiß, Privatbildung, ja billig
soll alles auf ihnen ein solches sein; wer von ihnen ungeübt,
unerfahren, ungelehrt kommt, kann durch alle Kollegia laufen
und zehn Hefte der sogenannten höheren Wissenschaften nach=
schmieren, ohne daß dadurch seine Seele in den versäumten
Grund= und Schulwissenschaften gebildet würde; sein Spe=
cimen, wenn er von der Akademie kommt, seine ersten Pre=

digten u. dgl. zeigen noch ganz seine nackte, darbende Seele. Auf also, ihr Jünglinge, lernt! braucht die gute Gelegenheit auch dieses Gymnasii, übt euch, weil ihr euch noch üben könnt, ehe die schönen Jugendjahre hin sind, und ihr ihren Verlust zu spät bedauert — —

Vom Begriff der schönen Wissenschaften, insonderheit für die Jugend.

1782.

Die Jugend ist das schöne Alter des menschlichen Lebens; sie liebt und übt also auch nichts so gern, als was ihr schön dünkt. Schöne Wissenschaften, schöne Künste sind die süßen Lockspeisen, die sie anziehen, die Früchte hesperidischer Gärten, die sie bezaubern. Das Nützlichste darf nur schwer sein oder eine ernste traurige Gestalt haben, so flieht sie's, wie das Gespräch trockener Greise; das Nutzloseste darf nur durch seine leichte, gefällige Miene einladen, so wird es gesucht, geliebt, geachtet.

Wie nun? Ist dieser Trieb der Natur, dieser Hang und Zug zu allem, was wohlgefällig und schön ist, zu verachten? Beging die Natur eine Sünde, da sie uns diese Neigung in das Herz gab und insonderheit die Jahre des ersten Auf= wachens ins menschliche Leben damit schmückte? Beging sie eine Sünde, da sie so viele Gestalten um uns mit Anmut bekleidete und die ersten Jahre des Lebens auch zum Früh= linge menschlicher Empfindungen machte? Ist's verboten, das Schönste statt des Häßlichen zu wählen? ist's auch in den Wissenschaften verboten? In ihnen, die die Zierde der mensch= lichen Natur sind, warum sollte man in ihnen nicht auch die Zierde der Zierde, den Reiz des Reizes suchen?

Die Natur, H. V., irrte nie; noch weniger wollte sie durch das, was sie Freundliches an uns that, durch das, was sie Holdseliges auf den Weg unseres Lebens legte, eine Ver= führerin werden. Als eine weise und gütige Mutter handelte sie, daß sie das Wahre und Gute in ihren Werken auch mit Schönheit umgab, daß sie insonderheit die ersten Jahre des menschlichen Lebens zu einem Garten gefälliger Empfindungen machte. Schon die Neuheit, womit uns die ersten Gegen=

stände unseres Wissens, Erkennens, Handelns, Strebens anziehen, ergötzt; die Leichtigkeit, mit der in diesen Jahren unser
Blut fließt, unser Herz schlägt, unsere Seele denkt und ver-
langt, soll uns auch auf die beschwerlichere Höhe des menschlichen Lebens sanft hinanlocken und mit Liebreiz an die
Bande des Lebens fesseln. Wir sollen mit Lust, oft gleichsam
unwissend und spielend lernen, was wir einst auch in ernsteren
Jahren, in beschwerlicheren Verhältnissen zu üben haben; ein
einladender Frühling soll uns zum Sommer, zum Herbst, zum
Winter unserer Tage leiten. Nicht nur, was wahrhaft ist,
sagt der Apostel, was ehrbar, was gerecht und sittsam, sondern auch was lieblich ist, was wohllautet, ist etwa eine
Tugend, ist etwa ein Lob, dem denket nach. Die schönen
Wissenschaften gehören also ins schöne Alter des menschlichen
Lebens; dazu hat der Schöpfer sie, dazu hat er die Jugend ver-
ordnet und beide mit gegenseitiger Liebe aneinander geknüpft.

Nun, was sind schöne Wissenschaften? Wie muß man
sie lieben und treiben, daß man, was schön ist, auch schön
treibe? — Beide Fragen dünken mich ihrer Nützlichkeit, ja,
nach der Gestalt unseres Zeitalters, selbst ihrer Notwendigkeit wegen die beste Einleitung zu einem öffentlichen Verhör
zu sein, das, wie wir wünschen und hoffen, auch ein edler
Wettstreit schöner Wissenschaften und ihrer Liebhaber sein wird.

1. Gemeiniglich wird das Wort schön mit leicht ver-
wechselt, denn die leichte, oft leichtsinnige Jugend flieht nichts
so sehr als Mühe und Arbeit. Was sich auf den ersten
Anblick empfiehlt, was mit dem ersten Anblick zu fassen ist,
wird gewählt; was Nachdenken, Eifer, Uebung erfordert, wenn
es auch das Nützlichste wäre, läßt man als abschreckend und
häßlich liegen. In der lieben Muttersprache liest man noch
allenfalls, zumal, wenn das, was man liest, auch leicht geschrieben und uns wie Zuckerbrei in den Mund gethan wird.
Etwa das Französische verbindet man noch mit dem Deutschen,
teils weil die ersten Gründe dieser Sprache leicht zu fassen
sind, teils weil man in ihr so manches angenehme Lockbrot
hat. Da gibt es Marzipan schöner Romane, schöner Gedichte
und Geschichten, Komödien und schöne Spielwerke mancherlei
Art; der Schnitt der Sprache ist galant, die Manier ihrer
Reize leicht und fürs Auge, höchstens also lernt man auch
sie. Die wahren Quellen, die ewigen Denkmale der Wissenschaft des Schönen, Griechen und Römer, werden vom Jünglinge oft nicht dafür erkannt, weil die Bekanntschaft mit

ihnen Mühe kostet, weil der Eingang in diese Heiligtümer durch den Vorhof einer zu erlernenden Sprache geht. Man frage manchen, ob auch Virgil, Horaz, Cicero, Homer, Theokrit u. s. zu den schönen Wissenschaften gehören? In einer leicht zu lesenden Uebersetzung oder in Ramlers Batteur wird er sagen: Ja! Im Griechischen und Latein sind's klassische Autoren, und bei vielen stehen klassische Autoren und schöne Wissenschaften weit auseinander. Gerade also die Form, die so viel zu ihrer Schönheit beiträgt, ist das, was schlaffen Lehrlingen sie zu häßlichen, d. i. zu mühsamen Schriftstellern macht, ihre beneidenswerte Sprache. Das Aeffchen möchte gern den süßen Nußkern haben, aber die Schale will es nicht knacken, es zerbisse sich sonst seine artigen Zähne.

Ist die griechische Sprache nicht eine schöne Sprache? verdienen's ihre Schriftsteller nicht, daß man sie bloß der Wissenschaft, d. i. der besten Regeln und Beispiele des Schönen wegen lerne? das gegenwärtige Examen wird ihre Antwort sein. Vielleicht werden wir so viel Liebhaber der schönsten unter allen schönen Sprachen, des Griechischen, finden, als ehedem Musen waren: neun! vielleicht auch nicht einmal so viele.

O einer trägen und üppigen Zeit, wo schön heißt, was uns leicht ist, wo angenehm ist, was uns in den Mund fliegt. Ich ging, sagt Salomo, vorüber vor dem Acker des Faulen und vor dem Weinberge des Narren, und siehe, da waren eitel Nesseln drauf, und er stand voll Disteln, und die Mauer war eingefallen. Da ich das sah, nahm ich's zu Herzen und schaute und lernte daran. Du willt ein wenig schlafen und ein wenig schlummern und ein wenig die Hände zusammen- thun, daß du ruhest. Ja schlaf noch ein wenig und schlum- mere ein wenig und schlage die Hände ineinander, so wird dich die Armut übereilen wie ein Fußgänger, und der Mangel wie ein gewappneter Mann! Deine schönen Wissenschaften werden dir weder Ehre noch Brot bringen, nichts Rechtes hast du gelernt, dein Gemüt hast du erschlafft, deine beste Zeit, die erste Jugendkraft deiner Seele verloren. Durch das ewige Tändeln hast du dich von allem Ernst entwöhnt; durch das zu Leichte und Gespielte ist dir jede kleine Mühe, ohne die doch kein Geschäft gethan, kein Ruhm, kein Gewinn des Lebens erlangt werden kann, verdrießlich, ja gar unmöglich. Dein ewiges Zuckeressen hat dir die Zähne und die Ein- geweide, den Magen und den Geschmack verdorben. In kurzer

Zeit ist dir das Schöne nicht mehr schön, es ist dir selbst,
weil du es mit Uebermaß genossest, langweilig und ekel, du
schmachtest wie ein Kranker an den Quellen der Gesundheit.
des Liebreizes der Schönheit. O höre jeder, wer zu hören
ein Ohr hat: denn was ich sage, ist fürchterliche Wahrheit,
schöne Wissenschaften, so getrieben, werden die häßlichsten
Wissenschaften in der Folge; sie sind Sirenen, die den Jüng=
ling locken und verführen, ihm aber zuletzt einen nackten
Fischschwanz zeigen; sie sind das Zaubergerät jener Circe, die
ihn selten in einen singenden Schwan, desto öfter aber in
eine gackelnde Gans, in einen stolzierenden Pfau, in eine
geschwätzige Krähe oder gar in den Nachbar Kuckuck ver=
wandelt. Als Kuckuck reimt er elende Verse, als Krähe
wird er ein Rezensent, als Pfau und Gans wird er ein hoch=
trabender oder sehr angenehm gackelnder Kanzelredner.

Jede Kunst, jede Wissenschaft, sie werden schön oder häß=
lich genannt, erfordert Fleiß, Mühe, Uebung; auch Dichter
und Redner, wenn man, wie gemeiniglich, ihre Werke für
die einzigen schönen Wissenschaften hält, wurden nie ohne
Fleiß, ohne Mühe groß. Der Wiederhersteller unserer Dicht=
kunst, Opitz, schrieb schön Latein, kannte die Alten und
machte, wo nicht bessere, so gewiß eben so gute lateinische
als deutsche Verse; der neuere Wiederhersteller derselben,
Haller, war gewiß ein so großer Gelehrter, Weltweiser, Arzt,
Naturlehrer, Botaniker als Dichter. Der ältere Schlegel,
das erste tragische Genie der Deutschen, übersetzte den Sopho=
kles schon auf der Schule und studierte seine Kunst in den
Alten. In welchem Fach der Gelehrsamkeit hat sich nicht
Lessing gezeigt? Dichtkunst und Schönschreiberei war vielleicht
das Geringste, das man an ihm loben konnte. Unter den
Engländern war Milton ein eben so großer Weltweiser und
Staatsmann als Dichter, und wer hat nicht Ehrfurcht für
die großen Namen Grotius, Erasmus! Grotius war Theo=
log, Jurist, Staatsmann, Geschichtschreiber, Altertumskenner
und Weltweiser gewiß in einem so großen Grade, als er
Dichter, auch vaterländischer Dichter war. Jedermann von
uns ist der Spruch Lessings bekannt:

> Es freuet mich, mein Herr, daß Ihr ein Dichter seid;
> Doch seid Ihr sonst nichts mehr? mein Herr, das ist mir leid.

(Jede Wissenschaft und Kunst hat in sich etwas Schönes,
nur wird dies Schöne überall nur durch überwundene Mühe

genießbar. Alle Subjekte, die von Natur eine stark ausgezeichnete Gabe zu einer derselben, welche es auch sei, hatten,
zeigen dies; sie kannten zuletzt außer derselben beinahe keine
schöne Kunst und Uebung. Was für ein Studium scheint
dem Unwissenden trockener als die Mathematik; und welcher
große Mathematiker fand nicht an ihr die süßesten Reize?
Galilei tröstete sich mit seinen Entdeckungen als mit der er-
habensten Schönheitslehre in seinen Banden, und Kepler wollte
mit einer seiner Erfindungen das Geschenk eines Herzogtumes,
wenn's ihm der Kaiser schenkte, nicht vertauschen. Wir sehen,
mit welcher Liebe ein Rechtsgelehrter, ein Geschäftsmann des
Staates, ein Arzt, ein Naturlehrer, ein Geschichtsforscher, ein
Mechaniker, ja gar ein Diplomatiker, ein Heraldiker in ihrer
Wissenschaft leben, sobald sie von der Natur dazu bestimmt
waren, sie gründlich erlernten und sie glücklich auszuüben
imstande sind. Jede überwundene Mühe ist ihnen süß, jede
neue Dunkelheit und Schwierigkeit spornt ihren Mut, jede
glückliche Entdeckung, die nie ohne Mühe gesucht und gefunden
wird, ist ihr schönster Lohn; wahrlich, alle diese Leute thun
etwas anderes, als eitle bald verwelkende Blumen brechen, oder
fremden Zucker naschen und ungesunde Süßigkeit saugen.
Auch die Biene sucht nicht ohne Mühe Honig; aber Hum-
meln sind's, die den von anderen zusammengetragenen fremden
Honig naschen und stehlen.)

2. Nicht also faule, üppige Leichtigkeit macht das, was
man in Wissenschaften und Künsten Schönheit nennt; und
was macht's denn? Die Alten nannten die schönen Wissenschaften artes quae ad humanitatem pertinent, ad humanitatem informant, also Wissenschaften, die uns menschlich
machen, die uns zum Menschen bilden: man könnte sie also
auch vielleicht am besten bildende Wissenschaften nennen. Was
unsere Seelenkräfte bildet, ist schön, was uns nicht dazu
bildet, verdient den Namen der schönen Wissenschaften nicht,
wenn es auch über und über mit Goldschaum befleckt wäre.
Ich weiß, man hat diesen Begriff in den neueren Zeiten
sehr verloren. Man setzt die schönen Wissenschaften den ernst-
haften, höheren, gründlichen entgegen, als ob jene, wenn sie
ihren Namen verdienen sollen, spaßhaft, niedrig, schal, platt,
seicht, ungründlich und unmännlich sein könnten. Erlauben
Sie mir also, H. B., noch einige Minuten, das Falsche und
Schädliche dieser Unterscheidung zu zeigen und auch unseren
Jünglingen den wahren Begriff des Schönen, d. i. des Bilden-

den in den Wissenschaften, in allen Wissenschaften zu empfehlen.

Ich sage also: schöne und gründliche Wissenschaften können
einander nicht entgegengesetzt werden; denn auch das, wozu
Schönheit angewandt wird, muß gründlich sein, oder es ist
eine falsche, verlockende Schönheit. Schöne und ernste Wissenschaften können einander nicht entgegengesetzt werden, denn
die schönen Wissenschaften sind keine Hoffpaßmacher; auch sie
haben ernsthafte Zwecke und befördern sie durch ernsthafte
Mittel und Regeln. Endlich schöne und höhere Wissenschaften
stehen einander nicht so gegenüber, als ob jene platt und
niedrig wären; sie haben auch ein Höchstes ihrer Art, sie
fordern auch, wenn sie rechter Art sein wollen, eine hohe
und reich begabte Seele. Alle diese Unterscheidungen und
Gegensätze rühren von Mißverständnissen und Mißbräuchen,
insonderheit vom Zuschnitt jener barbarischen scholastischen
Zeiten her, deren Reste wir in so manchem noch an uns
tragen. Da hieß es zuerst von den sogenannten sieben freien
Künsten:

Gram loquitur, Dia verba docet, Rhe verba ministrat,
Mus canit, Ar numerat, Ge ponderat, Ast colit astra;

und auch hier sieht man noch die ernsthaftesten Wissenschaften,
Grammatik, Dialektik, gar Mathematik und Astronomie in der
Zahl der freien Künste. Mit der Zeit sonderte man ab, gab
der Grammatik, der Philosophie und Mathematik ihre eigene
Sphäre; was überblieb, sollte das Anteil der schönen Wissenschaften werden, also blieb ihnen zuletzt nichts übrig als die
edle Verskunst und ein bißchen Rhetorik, d. i. die schöne
Kunst, Perioden zu drechseln. Das wahre Schöne, was nämlich die Seele bildet, was Gedanken zuführt, was Geschmack
und Urteil gibt, kurz Saft und Kraft des einzukleidenden
Körpers hatte man ihnen genommen, und nun konnte man
sie freilich von nützlichen, von gründlichen, von ernsten, hohen,
ja meinethalb auch von den schönen Wissenschaften selbst unterscheiden: denn wie sie da lagen, waren sie häßlich genug.
Sage man doch in der Welt: wie kann jemand eine schöne
Form geben, wo er keine Materie? wie kann er schön reden,
wo er keine Gedanken hat? wo ihm ein wahrer, ernster, gründ-
licher Zweck, wo ihm Leidenschaft und Trieb der Seele fehlt,
diesen Zweck zu erreichen? Selbst die Spinne macht ja ihr
Gewebe nicht zwecklos: sie will Fliegen damit fangen; in den

meisten unserer sogenannten schönen Wortgespinste fängt sich
auch keine Fliege.

Was sind also schöne Wissenschaften? und warum nennt
man sie also? — Entweder soll das Wort heißen: Man lernt
in ihnen, was schön sei, und warum es so sei? Dies lernt
sich aber nie durch Regeln allein, nie ohne Materialien und
Beispiele; oder also es sind die Wissenschaften, die uns Materialien des Schönen in und zu einer schönen Form zuführen,
und da ist der Begriff des Bildenden und Schönen völlig
eins. Keine Wissenschaft nennt man schön, wenn sie nur
unser Gedächtnis martert, wenn sie uns Worte ohne Gedanken, Sätze und Behauptungen ohne Licht, ohne Beweis, ohne
praktisches Urteil darlegt, kurz, wenn sie keine von unseren
Seelenkräften bildet. Sobald sie dies thut, wird sie angenehm; und je mehr sie's thut, je mehr sie unsere Seelenkräfte, unsere Phantasie und Erfindungskraft, unsern Witz
und Geschmack, unser Urteil, insonderheit unser praktisches
menschliches Urteil beschäftigt, je mehr Seelenkräfte sie auf
einmal beschäftigt, desto — bildender ist sie, und jedermann fühlt's und sagt's: auch desto schöner. Man nehme
z. E. die Philosophie, die man von den schönen Wissenschaften
meistens ausschließt. Allem Schönen liegt Wahrheit ·zum
Grunde: alles Schöne muß nur zum Wahren, zum Guten
leiten. Stelle ich also Wahrheit hin, wiefern sie menschlich
ist, d. i. zum Wahren und Guten leitet: so wird sie schön;
denn Schönheit ist nur die äußere Gestalt der Wahrheit.
Eine trockene Ontologie, Kosmologie, Psychologie, Theologie,
Logik, Ethik, Politik, Naturlehre u. f. gefällt keinem; mache
man aber die Wahrheiten aller dieser Wissenschaften lebendig,
man setze sie in das klare Licht ihres Ursprungs, ihres Zu-
sammenhangs, ihres Nutzens, ihrer Anwendung: man bringe
sie der Seele so nahe, daß diese mit dem Erfinder erfindet,
mit dem Bemerker bemerkt, mit dem Weisen urteilt, mit dem
Guten das Wahre anwendet und ausübt: welche schönere,
d. i. bildendere Wissenschaften kann es, als diese sind, geben!
Es ist ein großer Reiz, den Zusammenhang der Wahrheiten zu
sehen. Es ist ein hohes Vergnügen, die Landkarte des menschlichen Wissens in irgend einer Provinz, mit Licht und Schatten, zu überschauen und bei jedem Schritt durch die Wahrheit, die einer erfand, durch den Irrtum, den jener beging,
seinen Witz, seine Erfindungskraft, sein Urteil zu schärfen.
Gibt's ein größeres Gemälde in der Welt, als die Welt selbst

ist, wie sie uns die Kosmologie, die allgemeine Naturlehre, die physische Astronomie darstellt? und gibt's ein feineres Ge= mälde, ein interessanteres Schauspiel für Menschen, als die menschliche Seele in ihrem engen und weiten Wirkungskreise, nach ihren Kräften und Anlagen, Pflichten und Beziehungen, Leidenschaften und Trieben selbst ist? Wer hier nicht durch treue, ganze Darstellung dieser Sachen lebhaft für den Ver= stand, wirksam ans Herz werden könnte, wo könnte er's? Der ganze neuerfundene barbarische Name Aesthetik ist ja nichts als ein Teil der Logik: was wir Geschmack nennen, ist nichts als ein lebhaftes schnelles Urteil, was Wahrheit und Gründlich= keit nicht ausschließt, sondern voraussetzt und wesentlich fordert. Alle Lehrgedichte sind nichts als eine sinnlichgemachte Philosophie: die Fabel, Darstellung einer allgemeinen Lehre und Wahrheit in Gegenwart, in Handlung. Woher nahm Cicero die schönsten treffendsten Gründe seiner Beredsamkeit her, als aus der Philosophie, aus der Zergliederung der Sache selbst, des menschlichen Herzens, des menschlichen Verstandes? Philosophie also bildend, d. i. menschlich, vorgetragen und an= gewandt, ist nicht nur schöne Wissenschaft selbst, sondern die Mutter des Schönen. Rhetorik und Poesie, was sie Bilden= des, Nützliches, wahrhaft Angenehmes haben, sind sie ihr schuldig. Neben ihr ist's die Geschichte, sofern diese nämlich Kenntnis der Länder, der Menschen, ihrer Regierungen und Staaten, ihrer Sitten und Religionen, ihre Thaten, Tugen= den und Laster in sich begreift. Werden diese Sachen ge= trieben, wie man sie manchmal mit Schrecken und Verwun= derung getrieben hört, freilich, so sind sie elender Schutt häßlicher Wissenschaft; treibt man sie aber, wie sie sich für dies Alter schicken, d. i. wie sie viele und schöne merkwürdige und klare Kenntnisse gewähren, wie sie den Jüngling inter= essieren, ihn klug machen und bilden — kann es eine schönere Wissenschaft als Geographie und Geschichte geben? Wer liest, wer hört nicht gern Geschichte? welcher gebildete Mann sagt nicht, daß er durch Geschichte und Erfahrung, die eigentlich Geschichte des Lebens ist, am meisten gebildet worden? Ist die Epopöe, das Drama etwas anderes als Geschichte oder Märchen, in allen Reiz der Sprache, der Darstellung und Einbildungskraft eingekleidet? und ist nicht manche Geschichte, treu dargestellt, schön geschrieben, angenehmer und bildender als eine überspannte Epopöe oder das lügenhafte Märchen eines Romanes? — Alles also kommt hier auf Auswahl, auf

Methode und Vortrag an, daß, was erzählt wird, der Lehrer
interessant mache, darstelle, dem Verstande und Herzen zuführe,
die Seelenkräfte des Zuhörers damit beschäftige: so wird seine
Geschichte die angenehmste, die bildendste Rhetorik und Dicht=
kunst. In der Geschichte der Alten sind Geschichte und Rede=
kunst verbunden: die schönsten Reden stehen in der Geschichte
und können nicht ohne sie verstanden, erkannt, geschätzt werden.
Der gute Erzähler hat eben die Regeln, die der Dichter hat,
und wenn der Redner, der Dichter nicht bloß belustigen, son=
dern bessern, die Seele teilnehmend beschäftigen, sie bilden
will, so hat er einerlei Zweck mit dem Geschichtschreiber, wie
mit dem Philosophen. Kurz, Wahrheit, Schönheit und Tu=
gend sind die drei Grazien des menschlichen Wissens, drei un=
zertrennliche Schwestern! Wer Schönheit ohne Wahrheit will,
hascht Wind; wer Wahrheit und Schöne ohne Tugend, d. i.
ohne Nutzen der Anwendung studiert, jagt nach dem Schatten.
Schöne Gestalt und Form wird nur in schöner Materie an=
schaubar und lebendig: die wahrsten, reichsten, nützlichsten, kurz
die bildendsten Wissenschaften sind auch immer die schönsten.

Mir fehlt die Zeit, mich auf den speziellen Teil meiner
Abhandlung einzulassen und zu zeigen, daß alle Regeln der
Schönheit nichts sind, sofern sie nicht der Wahrheit und
Güte dienen, daß alle Blumen der Beredsamkeit nichts sind,
sofern sie nicht Wahrheit und Güte befördern, daß allen
Wissenschaften das Beste fehlt, wenn man ihnen das Schöne,
d. i. das zur Menschlichkeit Bildende raubt, daß es aber jede
auf ihre Art haben könne und haben solle, daß keine Wissen=
schaft barbarisch und inhuman sein dürfe, daß selbst die ab=
straktesten Kenntnisse ihren Reiz, ihre Schönheit haben, sofern
sie bildend und nützlich werden u. f. — genug für heute! —
der heutige und die folgenden Tage mögen, was ich auslassen
muß, thätlich beweisen, daß jede Wissenschaft, die hier im
Gymnasium getrieben wird, eine schöne Wissenschaft sei, weil
sie nämlich angenehm und interessant gemacht, weil sie mit
Lust und Liebe gelernt, weil sie menschlich und bildend gelehrt
werde. — —

Ihr aber, werte Jünglinge, zieht noch besonders den
Nutzen aus meiner Rede, daß, wenn auch einige von euch im
Begriff der schönen Wissenschaften gefehlt haben, sie diesen bei=
zeit verbessern. Werfet, da ihr Jünglinge seid und Männer
werdet, die Puppen des Schönen, die leeren Gras= und
Blumenkränze weg, die so bald verwelken und nachher einen

übeln Geruch geben; liebet, was liebenswert ist, in aller Gestalt, immer aber in Beziehung auf Wahrheit, Güte, Anwendung. Liebt und übt die alten Sprachen: sie sind die Quellen
und Muster alles Edeln, Guten und Schönen; liebt Philosophie, Theologie und Geschichte: sie nähren das Herz mit
Empfindungen und erfüllen den Geist mit Gedanken, sie geben
Materialien zu alle dem, was einer schönen Einkleidung fähig
und wert ist. Flieht nicht die Mühe des Fleißes; sobald ihr
Mut faßt, wird die Mühe euch fliehen und sich, eben indem
sie euch bildet, in Lohn, Schönheit und Süßigkeit verwandeln. —

Du aber, erster Urheber und selbst der unendliche In-
begriff aller Wahrheit, Güte und Schönheit, laß auch diese
Schule, laß auch die Uebung dieser Tage zur wahren Anmut, Schönheit, d. i. zur Bildung menschlicher Seelen, geweiht
und gesegnet sein. Amen.

Vom Nutzen der Schulen.

1783.

Das Wort Schule ist in unserer Zeit einem großen
Teil sich klug dünkender Menschen so gehässig oder verächtlich
worden, daß sie es gern aus der Sprache, wohl auch aus
dem Staat verbannen und dagegen anderen neuerfundenen
Anstalten und Einrichtungen einen Wert geben oder gar, wie
sie meinen, dem Mutterwitze, dem Genie, der Natur, dem
Umgange, dem eigenen Fleiß u. s. f. die Pflicht auftragen möch-
ten, die abgeschafften pedantischen Schulen zu ersetzen und
uns vollkommenere Menschen zu bilden, als nach ihrer An-
gabe jene bilden konnten. Man hat also nicht nur statt des
veralteten Wortes Schule und Schullehrer der Mode zu gut
neue anständigere Namen beliebt, Akademie z. B., Erziehungs-
institut, pädagogische Anstalt, Philanthropin u. s. f., sondern
man hat auch, wie sehr bekannt ist, in neueren Zeiten so viel
von Genie, von Originalgenie, das sich selbst hilft und keines
Lehrers bedarf, von Selbsterfindung, von wunderbarer Ausbildung durch eigene Kraft und durch unmittelbare Begeisterung
geredet und gerühmt, daß zu hoffen oder zu befürchten steht,

die Genies oder vielmehr die Menschen selbst werden in kurzer
Zeit wie Blumen und Bäume aus der Erde hervorwachsen
und sich bloß durch den Anblick der Sonne, durch Genuß
eines himmlischen Taues begeisternder Musen zu Wunderge-
schöpfen der Natur bilden, die uns jene glückliche Fabelzeit
wiederbringen können, in welcher alles von selbst erwuchs, und
die lebensschwangere Erde alles, was wir sehen, ohne Samen
erzeugte. Wie schädlich solche leere Lobpreisungen eingebildeter
Naturkräfte der Jugend werden können, ja zum Teil wirklich
geworden sind, bedarf keiner weitläufigen Erörterung; die
traurige Erfahrung, die jährlich aufschwellenden Verzeichnisse
der Meßbücher, in welchen größtenteils eine junge federlose
Brut sich zu den Wolken und zur Sonne schwingt, die ab-
scheuliche Leere und Verwirrung, die in den meisten Büchern
nach dem neuesten Geschmack herrscht, samt hundert schädlichen
Folgen, die daher fließen, sind leider zu deutliche Zeugen der
Zerrüttung, die das Geniewesen auf Kosten der Wissenschaft
und Erfahrung, die sogenannte Natur auf Kosten einer regelmäßigen, strengen, bedächtlichen Kunst, und die gerühmte
Selbstbildung und Selbsterschaffung auf Kosten eines sicheren
und nützlichen Unterrichts, den wir dem Fleiß erfahrener
Lehrer verdanken müßten, hervorgebracht hat, ja wahrscheinlich so lange hervorbringen wird, bis sich nach Gesetzen der
Natur der hefige Trank, wenn er nicht trüber werden kann,
wieder aufklärt. Meine Absicht ist nicht, zu tadeln oder Fehler
zu rügen, zu deren Vortrage selbst die mir gegebene Zeit in
dieser Stunde nicht hinreichte; besser ist's, die Wahrheit in
ihrer Würde und Schönheit selbst hinzustellen, und da ich im
Kreise verständiger Männer und lehrbegieriger Jünglinge rede,
so wird bei jenen die Erfahrung, die sie selbst erlangt, bei
diesen der Zweck, den sie sich vorgesetzt haben, gleichsam mein
Mitredner sein und die Anwendung, die ich, der kurzen Zeit
halben, übergehen muß, ihnen vollständiger sagen.

1. Als Christus zum Besten des menschlichen Geschlechtes
sein hohes Amt antrat und dazu vom Himmel aus selbst bestätigt wurde, war sein erstes Werk, sich Schüler zu erwählen
und also eine Schule zu bilden. Zwölf Männer begleiteten
ihn fortan, denen er Unterricht gab, die er in den Lehren,
die ihm sein Vater offenbarte, nach dem Maße, wie sie die
Lehre fassen konnten, unterrichtete, die er zuletzt, da er selbst
der Erde entzogen ward, an seine Stelle setzte, und an die
es sein letztes Wort war: Gehet hin und lehret. Zu wohl

wußte er, daß jeder Unterricht nur durch Menschen fort=
gepflanzt, nur durch Schulen aufbewahrt und nützlich gemacht
werden könnte; daher stiftete er diese Schule, und die Apostel
folgten seinem Vorbilde. Wäre er, der hocherhabene Heiland
der Welt, ohne Schüler geblieben, so hätte er seine Erklä=
rungen, die er aus dem Schoß des Vaters mitbrachte, auch
in den Schoß des Vaters bei seiner Himmelfahrt zurück=
genommen; im Munde des Volkes wären seine Worte gar
bald zu Rätseln und Märchen worden oder hätten sich in
wenigen Geschlechtern verloren. Nun aber, da er mit Unter=
richt anfing, da er den Unterricht zur Grundlage des Christen=
tums machte und auf ihn eigentlich seine Kirche baute, so
konnte sich diese erhalten, so konnte sie zum Nutzen der Welt
fortdauern, ja was das Christentum unter allen Nationen
Gutes gestiftet hat, hat es nur durch Unterricht, durch Unter=
weisung der Lehrer, durch öffentliche und besondere Lehre an
die Jugend und an das Volk, kurz als Institut der Wahr=
heit und guter Sitten, als Schule gestiftet. So sahen es
die Apostel und die ältesten Kirchenväter an; wollte Gott,
daß man es dem Sinne seines glorwürdigen Stifters nach
immer so angesehen hätte! alsdann wäre es gewiß, was es
sein sollte, auch in jedem Jahrhunderte und zu jeder Zeit
geworden. Fand also Gott selbst, da er zu den Menschen
herabkam, kein anderes Mittel zur Erleuchtung und zur Besse=
rung der Menschen, zur Wiederherstellung und Aufbewahrung
der Wahrheit, als Unterricht, methodischen Unterricht in einem
Kreise geprüfter Lehrlinge, kurz Schule: so mögen wir doch
nicht klüger sein wollen, als es die göttliche Weisheit, nicht
liebreicher, als es die göttliche Liebe selbst gewesen ist, und
wollen dem Gange der menschlichen Natur, der Verkettung
des menschlichen Geschlechtes gehorsam folgen.

Von Kindheit auf nämlich empfangen wir den besten
Teil unseres Wesens von anderen, durch Unterricht, durch
Erziehung und gleichsam durch mitgeteilte Erfahrung. So
lernen wir Sprache und Lebensart, so bilden wir unsere Ver=
nunft und gewöhnen uns zu Sitten und Künsten; das Haus
unserer Eltern, ja ich möchte sagen, der Schoß und die Brust
der Mutter ist unsere erste Schule. Aus heiler Haut können
uns zwar Geschwüre, Kröpfe und Beulen wachsen, aber nicht
Wissenschaften und Künste. Was wir wissen, wissen wir durch
andere; was wir gebrauchen und zu brauchen selbst lernen
müssen, haben andere erfunden; das ganze menschliche Ge=

schlecht ist gewissermaßen eine durch alle Jahrhunderte fort=
gesetzte Schule, und ein neugeborenes Kind, das plötzlich dieser
Schule entnommen, das dieser Kette des Unterrichtes entrissen,
auf eine wüste Insel gesetzt würde, wäre mit allem seinem
angeborenen Genie ein armes Tier, ja in zehnfachem Betracht
elender als die Tiere. Da uns nun die Gottheit selbst in
unseren schönsten Vorzügen an diese Ordnung gebunden und
unserem Geschlechte nach in eine Schule des Unterrichtes ge=
setzt hat, außer welcher wir weder Menschen werden, noch
Menschen bleiben, in ihr aber und durch sie alles Gute ge=
nießen, was unsere Vorfahren vor Jahrhunderten und Jahr=
tausenden gedacht, gelehrt, erfunden und ihren Nachkommen
überliefert haben, so wollen wir uns nicht von einer Kette
reißen, die der Schöpfer unserem Geschlechte wesentlich ge=
macht, und an welche er für uns tausend unerkannte und zum
Teil schon empfangene Wohlthaten geknüpft hat. Lasset uns
lernen, was wir lernen können, denn es ist schon da; andere
haben es für uns erfunden. Lasset uns hinzuthun, was wir
hinzuthun können, damit wir in der großen Schule der
Menschheit auch unseren Platz würdig besitzen und mehr zu=
rücklassen, als wir empfangen haben. Dies ist Gesetz der
Natur, dies ist die von Gott selbst erwählte, heilsame Menschen=
ordnung.

2. Zur Fortpflanzung und Festhaltung alles Guten in
der Menschheit, aller Wissenschaft, Kunst und Uebung gehört
also, im weitläufigsten Verstande des Wortes, Schule; wo
irgend eine Erfindung, wo eine nützliche Kunst und Uebung
nicht zum Unterricht und zur Festhaltung in einer Schule
gebracht werden konnte, leider! da sehen wir sie meistenteils
mit ihrem edlen Urheber sterben. O, daß mir es die Zeit
vergönnte, hierüber die Bücher der Geschichte zu eröffnen und
durch hundert Beispiele den großen Verlust zu zeigen, den
die Menschheit dadurch gelitten, daß so viele ihrer edelsten
Gedanken und Erfindungen nicht zur Schule gemacht oder
als Schule fortgepflanzt werden konnten! Wie viele schöne
Blüten einzelner denkenden Köpfe gingen verloren, weil sie
keine Frucht bringen konnten; der Urheber dieser Wahrheiten
und Erfindungen starb zu früh, oder er stand auf einer un=
rechten Stelle; er hatte keine oder unwürdige Schüler; oder
er konnte nicht schreiben, und sein lebendiger Unterricht erlag
unter drückenden Hindernissen und Mängeln. Freilich wäre
dies ein sehr trauriges, oft beweinenswürdiges Gemälde; sein

Inhalt ist indes historische Wahrheit. Was sich aus der alten und ältesten Zeit Gutes erhalten hat, hat sich durch Schulen erhalten; was sich aus einer unter mehrere Nationen Vortreffliches fortgepflanzt hat, hat sich durch Schulen fortgepflanzt, und mit jeder zerstörten Schule ging ein Keim für die ganze Nachkommenschaft verloren. Was wissen wir von den Geheimnissen der Chaldäer, Aegypter u. s., wenn sie auch noch so viel Gutes gehabt hätten? Nichts; mit ihren Schulen ist auch ihre sogenannte Weisheit zerstört. Was wüßten wir von deiner menschenfreundlichen Weisheit, edler Sokrates, wenn du keine Schüler gehabt, wenn deine Schüler dich nicht überlebt und deine Gedanken in ihre hohe oder süße Sprache gekleidet hätten? Mit deinem Giftbecher wäre auch das Verdienst deines Lebens hinuntergetrunken gewesen; ohne deinen sanften Xenophon, ohne deinen kunstreichen Plato und alle, die nachher weiter gingen, wüßten wir so gut als nichts von dir. Die Lehre Pythagoras' lebte nur durch seine Schüler fort; und wir bedauern es, daß er seine goldene Hüfte so sehr hinter den Teppich verborgen habe, denn, wenn dies nicht geschehen wäre, wüßten wir wahrscheinlich mehr von ihm. Die Lehre Zenos ging nur durch seine edlen Schüler in Wirkung; und daß die griechische Philosophie überhaupt zu einem so großen Gebäude unter mehreren Völkern, mehrere Jahrtausende hindurch gediehen ist, kommt nur daher, daß sie einen so großen, festen Grund des Gebäudes durch Schulen gelegt hat. Hinter Geheimnisse versteckt oder in einsamen, dunklen Zellen verborgen, wäre sie ein vergrabener Schatz geblieben oder es bald geworden. Nur durch Menschen, durch Unterricht lebendiger Menschen in Schrift, Rede und Uebung pflanzt sich das Gute fort; und insonderheit sind Schulen die dauerhaften Hülsen, unter denen die Natur, wie wir im Pflanzenreiche gewahr werden, ihre zarten Fruchtkörner vor der Vergänglichkeit schützt und zu künftigem neuen Wachstum aufbewahrt. Nie wäre die Reformation so weit gediehen, wenn sie sich nicht durch Schulen, durch den Unterricht gelehrter, feuriger, wahrheitliebender Männer in Schriften und im lebendigen Vortrage so weit fortgepflanzt hätte. Die Schule Luthers und Melanchthons hat als ein reicher Baum für mehr als ein Jahrhundert Gutes in die Welt gestreut oder gepflanzt; und jeder Freund der Wissenschaften beklagt es jetzt, daß die Schule des letztgenannten verdienten Mannes bald nach seinem Tode so gedrückt und verunglimpft ward. Ueber ein Jahrhundert hin folgte auf diese Befehdung eine neue Barbarei unserer Kirche. Gleichergestalt hätte Erasmus, hätte der klassisch-gelehrte Zwingli statt mancher anderen Schulen stiften können, wie sie es verdienten; um wie weiter wären, wir fortgerückt und dürften jetzt nicht anfangen, wo wir seit drittehalb hundert Jahren gewesen waren.

Ruhm und Dank sei also eurer Asche, ihr edlen Seelen der Vorwelt, die ihr in rühmlichen Dingen und für rühmliche Wissenschaften Schulen stiftetet und bleibende Anstalten des Unterrichtes machtet. Euch haben wir's zu danken, daß uns die Barbarei nicht gar bedeckt, und der Wahnsinn unwissender Schwärmer aufs neue fortgerissen hat. Ihr pflanztet den Baum der Wissenschaft, unter dessen Schatten wir noch wohnen, dessen Früchte wir noch genießen, dessen Samenkörner und Zweige wir mit eigener treuer Hand weiter fortpflanzen sollen. Wir versündigen uns oft an euren Heiligtümern, denn der Geist unserer Zeit geht mehr darauf, zu zerstören, als zu bauen, mehr darauf, zu zerstücken, als zu verbinden; wir lösen auf und wollen alles so fein spinnen, daß, wie ich fürchte, zuletzt der Faden reißt. Noch aber wird es immer, wie ich gleichfalls hoffe, einsehende, feste, standhafte Menschen geben, die den Wert eurer Absichten erkennen und eure Gebäude stützen, statt solche abzutragen und zu zertrümmern. Einen Baum zu fällen, kostet nur einige Streiche; aber einen Baum wachsen zu machen, braucht es Jahre oder Jahrhunderte. Wir wollen, was unsere Vorfahren Gründliches und Gutes errichtet haben, nicht zerstören, sondern in baulichem Wesen unterhalten und, wo wir können, bessern; denn alles, was Gemeinschaft, Schule und Kirche ist, ist ein Institut für die Nachwelt, ein sicherer Stamm, an welchem Jahrhunderte hin grünende Zweige sprossen, und nützliche Früchte sich erzeugen.

3. Wie also Schulen zur Aufbewahrung und Fortpflanzung der Wissenschaft, samt allem Guten, was diese uns bringt, dienen, so dienen sie ferner zur Klarheit und Richtigkeit der Wissenschaft, zu ihrer Ausbildung und allmählichen Vervollkommnung. Es ist nämlich bekannt, daß ein Unwissender und Schwärmer eigentlich nichts Rechtes lehren kann, daß, wer lehren will, selbst müsse gelernt, d. i. sich klare und richtige Begriffe, nebst einer hellen, leichten, faßlichen Methode müsse erworben haben. Daher sind alle Halbgelehrten so gern gegen den wahren Unterricht, alle dunkeln Schwärmer so gern gegen den hellen, richtigen und faßlichen

Vortrag. Sie fühlen nämlich, daß sie selbst mit ihrer Weis=
heit schlecht dabei bestehen, und daß ihre dampfige Kohlenglut
gegen den Glanz und das Feuer der Sonne ein schlechtes
Licht sein werde; darum fliehen sie den hellen Tag und
suchen dunkle Winkel. Der Schüler soll sich selbst lehren,
wie sie selbst von Gott gelehrt sind; die Muse soll ihn be=
geistern, weil sie ihn weder erleuchten können noch mögen.
Ich glaube, wir sind alle darüber einig, m. H., daß dies
faule Fische sind. Wer etwas weiß, muß es gelernt haben,
und muß es so lange lernen, bis er's weiß. Wer etwas können
will, muß es geübt haben, und muß sich so lange üben, bis
er's kann. Je älter man wird, wenigstens je mehr die Ver=
nunft bei uns zur Reife kommt, desto mehr sieht man ein,
daß es mit alle diesem Geniewesen, mit dieser Begeisterung,
mit dieser Beredsamkeit über Sachen, von denen man nichts
weiß, mit dieser Thätigkeit in Geschäften, von denen man
nichts versteht, ganz und gar keine Art hat; und ich für
meinen geringen Teil habe einen Greuel daran, wenn ich
Genies dieser Art predigen, sprechen, handeln sehe, lese oder
höre. Lerne was, so kannst du was; lerne es recht, so kannst
du es recht und weißt, warum du es könnest; gegenteils
bleibst du mit allen deinen Genieanlagen ein Stümper. Du
verderbst dein Werk, wie du dich selbst verderbt hast, und
man kann dir hinter allen deinen Meisterstücken nichts anderes
sagen als: Knabe, gehe in die Schule.

Schule ist nämlich, wo wir eine Wissenschaft oder eine
Sprache, Kunst oder ein Geschäft gründlich und nach Regeln
lernen, wo wir uns nach diesen Regeln üben, sie uns zur
Gewohnheit machen, wo unsere Fehler uns aus Gründen ge=
zeigt und auf die leichteste Art verbessert werden. In diesem
Verstande sind Schulen für jede Wissenschaft, Kunst und
Uebung die unentbehrlichsten, nützlichsten Anstalten, denn es
fällt nirgend ein Meister vom Himmel, und alles, was man
recht wissen und thun will, muß man lernen. Eine Wissen=
schaft ohne Gründe, ohne Deutlichkeit, Klarheit und gute
Ordnung ist keine Wissenschaft; eine Uebung, die man aufs
Geratewohl thut, ist keine Vernunfthandlung, viel weniger ein
Kunstwerk. Nun versteht sich aber von selbst, daß ein Lehrer
die Sache wissen muß, die er lehrt; folglich kann ich sie auch
von ihm, und zwar besser als von mir selbst, der ich nichts
davon weiß, lernen. Er sieht, wenn er seines Namens wert
sein will, von seinen Kenntnissen die Gründe ein, folglich be=

sitzt er ein Richtmaß, das er an meine Uebungen legt und
diese dadurch verbessert; besitzt er Methode, so kommt dadurch
Ordnung in meinen Kopf, und die halbe Wissenschaft ist Ord=
nung. Er spricht darüber; folglich lerne ich auch sprechen und
den Mund öffnen. Er spricht, daß er verstanden sein will,
und wird dies wenigstens durch Uebung gelernt haben; auch
ich gewöhne mich also an klare Worte, an deutliche, bestimmte
Begriffe, die mir bleiben, und die ich nachher anwenden kann,
wo irgend sich die Gelegenheit darbeut. Dies, m. H., ist
eine ganz andere Sache, als hie und da aus Büchern etwas
zusammenlesen, was weder zum Kohl noch zum Salat taugt,
oder sich gar Wissenschaften, Regeln und Künste selbst erfin=
den wollen, wie sie uns der Geist oder vielmehr der Wind
zuführt. Wissenschaften lassen sich nicht erfinden; sie dürfen
auch nicht erfunden werden, denn sie sind einem großen Teil
nach schon da; seit Jahrtausenden hat der menschliche Geist
ihrer mehr erfunden, als wir lernen werden; drum sollen
wir sie auf dem kürzesten, richtigsten, gewissesten Wege lernen.
Sprachen lassen sich nicht erfinden; die Menschen wollen keine
neuerfundenen Sprachen; wir sollen nur die ihrigen richtig
schreiben und sprechen lernen. Dies alles geschieht nun in
einem guten Unterricht der Schule, und ich möchte sagen, in
ihm geschieht es allein. Der selbstgelehrte Stümper bleibt
meistens zeitlebens ein Stümper; eine gewisse Unsicherheit ver=
folgt ihn; er hat bei dem größten Fleiße mit seinen zwei
Augen nie alles bemerkt. Er lernte; es fehlte ihm aber bald
an Uebung und Verbesserung, bald an Gründen seiner Lehre,
mithin an Sicherheit und Gewißheit, bald am Vortrage für
andere, also an Klarheit, Deutlichkeit und Ordnung. Im
Vortrage der Schule findet sich dies alles von selbst; ich
lerne, warum ich so schreibe, wenn ich's auch nicht durch den
Bakel lerne; ich höre und muß antworten, folglich lerne
ich mich selbst erklären. Der Lehrer lernt, indem er lehrt;
der Schüler lernt lehren, indem er lernt; so bekommt die
Wissenschaft auf unsere ganze Lebenszeit in unserem Kopf
und in unserer Hand Klarheit, Leichtigkeit, Wohlgestalt und
Ordnung.

Ich wünschte abermals Raum zu haben, Beweise aus der
Geschichte der Wissenschaften geben zu können, wie fast immer
aus Schulen und durch Schulen Richtigkeit, Klarheit, Deut=
lichkeit, Ordnung in sie gekommen oder in ihr erhalten wor=
den sind; da gegenteils die Selbstgelehrten und Genieschwärmer,

wenn sie auch treffliche Köpfe waren, sich selten dieser Vor=
züge rühmen konnten. Bald schwebte Dunkelheit über ihnen,
und ihre Seele, sowie ihre Schreibart war jenem Chaos vor
der Weltschöpfung ähnlich. Bald konnten sie denken und
schreiben, aber nicht sprechen; bald erfanden sie sich auch im
Stil eine neue Sprache. Ihre schönsten Gedanken gingen
also verloren, weil sie solche nicht auszudrücken wußten, und
sie beklagten es oft zeitlebens, daß ihnen Schule, Sprache,
Uebung und Methode fehle. Wenn gegenteils in Wissen=
schaften und Künsten sich feste Grundsätze erhalten und durch
fortgesetzten Fleiß zu immer mehrerer Vollkommenheit aus=
gebildet haben, wodurch geschah dieses als durch Schulen?
Daß z. B. die griechische Kunst sich zu den vollkommenen und
schönen Formen erhob, deren Reste noch jetzt die unerreichte
Bewunderung der Welt sind, kam daher, daß sie für jedes
Gebilde die gewisse Proportion und Form des Charakters ge=
funden hatte und der gefundenen Regel allenthalben treu
blieb. Der Künstler hätte sich lächerlich oder verächtlich ge=
macht, der aus alberner Willkür davon hätte abweichen und
als ein Kunstgenie sich eigene Bahnen erwählen wollen; man
blieb also bei dem Richtigen und Wahren, das man nur, wie
man konnte, reich und schön anwandte. Woher ist die Mathe=
matik auf einer ebenen Straße so weit als beinahe keine an=
dere Wissenschaft gekommen? Eben weil sie auf dieser ebenen
Straße der deutlichen Lehre, des klaren Unterrichtes, der ordent=
lichen Beweise blieb, und kein Schüler es sich in den Sinn
kommen ließ, sich einen anderen und neuen Euklides zu er=
finden. Der reine, echte lateinische Stil, die wahre klassische
Gelehrsamkeit hat sich jederzeit in und durch Schulen erhalten:
man lernte an erwählten alten Schriftstellern eine reine
Sprache, Harmonie und Ordnung: man lernte dies von ge=
prüften Meistern, nach deren Lehren und Mustern man sich
und andere bildete, und so stifteten Muretus, Geßner, Ernesti
ihre fortdauernden, berühmten Schulen; keiner ihrer würdigen
Schüler nahm sich's in den Sinn, eine neue Latinität, d. i.
eine neue Barbarei, zu erfinden; vielmehr beflissen sie sich, im
alten reinen Stil ihre Gedanken auszudrücken und jenen un=
sterblichen Mustern der Vorwelt in Einfalt und Würde, in
Runde und Schönheit zu folgen. Schulen dieser Art sind
gleichsam Ueberbleibsel des alten guten Geschmackes, Boll=
werke gegen die Anfälle jener Verderbnisse des Stils, die in
jedem neuen Jahrzehnt unter einer neuen Fahne, in neuer

Uniform einherziehen und nicht anders als mit einer Ver=
wirrung Babels endigen können. Kurz, was sich in den
Wissenschaften und Künsten Dauerhaft=Gründliches erhalten und
nach klarer Einsicht durch erste Regeln zu einem Grade der
Vollkommenheit ausgebildet hat, hat sich durch Schulen ge=
bildet und erhalten, wenn gute Lehrer und Muster ihre Vor=
steher, wenn fleißige und würdige Schüler ihre Zöglinge
waren.

Ich könnte noch viel von der größeren Lebhaftigkeit, von
der angenehmeren Leichtigkeit, von dem edeln Wetteifer reden,
der den lebendigen Unterricht mehrerer Schüler in wohlge=
ordneten Schulen begleitet; ich würde damit aber die Zeit
einem anderen notwendigeren Geschäft, der Prüfung unserer
Schüler selbst, rauben. Einen Vorwurf muß ich nur noch
abzulehnen suchen, den man, wie mich dünkt, sehr ungerechter=
weise den Schulen zu machen pflegt, nämlich, daß sie durch
ihre Regeln, durch ihre Methode und Ordnung das Genie
unterdrücken und in eine zu enge Bahn einschränken. Sehr
selten, pflegt man zu sagen, übertraf der Schüler den Meister;
voll sklavischer Bewunderung ging er seinen Fußstapfen nach,
statt daß er über ihn hätte steigen und die Wissenschaft hätte
weiter bringen sollen. In diesem Vorwurf ist etwas Wahres,
der größte Teil davon aber ist falsch und sinnlos. Mit dem
Steigen auf andere, mit den Bocksprüngen über andere, zu=
mal über seinen Lehrer, ist's eine eigene Sache; jungen Beinen
juckt's freilich oft, über die Köpfe der Alten wegzuspringen,
jüngere Thoren, wie sie selbst sind, können sie auch hierin
bewundern und loben; nicht immer aber gerät der Sprung,
und sehr oft wird der Springer in der Jugend oder im Alter
der Welt zum Gelächter. Statt der unbändigen Kühnheiten
solcher Capricciosi, die eben vom Klettern und Springen der
Ziegen den Namen haben, lobe ich mir die bescheidene Dank=
barkeit junger Leute, die nie vergessen, was sie ihren Lehrern
zu danken haben, und die, wenn mit dem Fortgange der Jahre
und des Fleißes sie solche auch einmal worin überträfen,
dennoch die Namen derselben mit Schonung, Liebe und Ehr=
erbietung nennen, ja es sich zur Ehre machen, ihre Schüler zu
heißen. Nichts kleidet einen wirklich großen Mann schöner
als dies Gewand der Bescheidenheit, wenn man sieht, daß
solche keine stolze Demut oder vielmehr ein demütiger Stolz,
sondern das echte Gefühl der Erkenntlichkeit und Wahrheit
ist. Viele Lehrer haben dies beneidenswerte Glück gehabt,

und ich möchte es selbst zu den Vorzügen guter Schulen
rechnen, daß sie diesen schönen Gemeingeist der Liebe und
Hochachtung gegen ihre Lehrer bei würdigen Schülern erwecken und verbreiten. Einer teilt dem anderen seinen rühmlichen Enthusiasmus mit, und wenn dieser auch zuweilen etwas
über die Grenzen sein Lob und seine Verehrung treiben sollte,
so ist dies immer doch ein schönerer Fehler, als wenn die
schwarze Krähe, die sich mit entfallenen Pfauenfedern schmückt
und in sie kleidet, nun über den armen Pfau her ist, ihn zu
verachten und zu lästern. Man sehe meistens nur die der
Schule entlaufenen Genies an, die gegen ihre ehemaligen
Lehrer zu stolz thun, und man wird ihre verächtliche Bettel-
armut deutlich genug wahrnehmen. Was hast du Mensch,
sagt Paulus, das du nicht empfangen hast! und was rühmst
du dich denn, als ob du es nicht empfangen, sondern, wenn
uns der Zusatz erlaubt ist, wie Breitkopfs Bär, alles aus dir
selbst gezogen und gesogen hättest? — Das aber ist durchaus
nicht wahr, daß wahre Grundsätze und Regeln einer Wissenschaft, ein deutlicher Vortrag und eine sichere Methode derselben je ihren Fortgang hindern; nur ein Unwissender kann
so etwas sagen. Vielmehr ist's gewiß, daß eben diese Prinzipien und Regeln, diese Deutlichkeit und Ordnung zum Fortgange in der Wissenschaft den Weg bahnen. Man hat kennen
gelernt, was da ist, und wird leichter gewahr, woran es fehlt:
man sieht, wie die ersten Erfinder der Wissenschaft auf ihre
Entdeckungen kamen, und hat an den Regeln derselben einen
sicheren Kompaß, der uns weiter leite; da ohne Grundsätze
und Regeln hingegen niemand etwas weder erfinden, noch
verbessern kann, er schwebt wie ein Unsinniger auf dem weiten
Meere. Der Baum, der tiefe Wurzeln geschlagen hat, kann
hoch und höher als andere emporwachsen; wer aber ohne
Wurzeln und Erde vom Himmel herabwachsen will, der ver-
welkt bald und wird ein trauriges Spiel des Windes. Freuet
und rühmet euch also eurer Schule, ihr Schüler dieses Gymnasii, und danket Gott, daß ihr von anderen, dazu von gelehrten, würdigen, bewährten und emsigen Lehrern das lernen
könnet, was ihr selbst nicht erfinden dürft, auch gewiß, zumal
in euren Jahren, nicht würdet erfinden können. Andere haben
für euch studiert, sie haben die Regeln der Sprache, die
Grundsätze der Wissenschaften, die Ordnung einer guten Methode sich zum Teil durch viele Uebung eigen gemacht und
tragen euch alles vor, damit ihr's aus ihrer Hand mit Ueber-

legung, Fleiß und Dank annehmet. Ihr dürft und sollt einst nicht stehen bleiben bei dem, was ihr in der Schule lerntet: dazu sind Akademien, dazu ist euer ganzes künftiges Leben; aber in der Schule lernen müsset ihr's, und euch die Grundsätze und Regeln eigen machen, die niemand ungestraft beleidigt. Nichts rächt sich so sehr als ein versäumter Schul= unterricht, nichts rächt sich so sehr als eine vernachlässigte Grammatik, als hintangesetzte Prinzipien, auf denen alle un= sere Kenntnisse und Uebungen beruhen. Möget ihr auf der höheren Schule so fleißig sein, wie ihr wollt, und ihr seid der niedrigen Schule halbfertig entlaufen: so wird man euch immer ansehen, daß ihr, um eine wahre Gestalt zu bekommen, noch einmal in den Ofen gethan werden müßtet, weil der Teig immer nachher nässet, oder das Gebilde krüppelhaft und elend ist. Lasset euch also nicht von dem Wahn unserer Zeit anstecken, fliegen zu wollen, ehe euch die Federn gewachsen sind, und wie Prometheus das Feuer vom Himmel holen zu wollen, wenn ihr's in der nächsten Küche haben könnt. Die Geniesucht ist eine verderbliche Seuche; das wahre Genie liebt und übt Grundsätze, Kenntnisse und deutlich verstandene Re= geln, kurz es hat und lernt etwas. Auch bei dieser Prüfung wünschen wir, daß ihr dem Worte Schule Ehre machen und durch euer Beispiel zeigen möget, was für nützliche und not= wendige Dinge man in Schulen lernt, und wie rühmlich man bestehe, wenn man sie recht gelernt habe. Ihr werdet sodann der beste Beweis der Wahrheit meiner Rede sein und die künftige Frucht, die wir uns von euch versprechen, in einer schönen Blüte zeigen.

Von der Annehmlichkeit, Nützlichkeit und Notwendigkeit der Geographie.

1784.

Es wäre unnütz, durch eine lange Rede anjetzt dem besseren Geschäft des heutigen Tages, junge Leute im Wett= kampf ihres Fleißes und Ruhmes zu zeigen, seine armselige Zeit zu nehmen; und noch unnützer wär's, diese Zeit mit einer lateinischen Rede zu verlieren, die gerade dem Teil unserer Versammlung halb oder ganz unverständlich wäre,

dem ich am meisten verständlich zu werden wünschte. Ich
habe mir nämlich vorgenommen, von der Annehmlichkeit,
Nützlichkeit und Notwendigkeit einer Schulwissenschaft zu reden,
von der ich vor zwei Jahren eben in diesem fürstlichen Gym=
nasio den sonderbaren Ausspruch gehört habe, daß sie ein
für die Jugend trockenes Studium sei, und in der ich bei
manchen Examinibus, die ich zu halten gehabt habe, manche
Jünglinge fremder gefunden habe, als ich sie wünschte. Es
ist nämlich diese Wissenschaft keine andere als die Geographie:
ein Studium, das nach meinen Begriffen eben so trocken ist,
als wenn ich die Ilm oder das große Weltmeer trocken nennte,
da ich wenige Wissenschaften kenne, die so reich an nützlichen
und angenehmen Kenntnissen, zugleich aber auch so notwendig
für unsere Zeit und den Jahren der Jugend so angemessen
ist, daß ich mich wundere, wie irgend ein edler wohlerzogener
Jüngling in den schönsten Jahren seines Lebens sie nicht vor
anderen lieben sollte, sobald sie ihm in der Gestalt erscheint,
in der sie ihm erscheinen muß, nämlich als die Grundfläche
und Hilfswissenschaft aller der Studien, die gerade in unserem
Jahrhunderte am meisten geliebt und geschätzt werden. Erlauben
Sie also, H. V., daß ich ein kleines Gemälde der Materie
und der Methode entwerfe, in dem ich sie selbst in den besten
Jahren meines Lebens mit dem äußersten Vergnügen ge=
lernt und mit eben so vielem Vergnügen anderen gelehrt
habe. Ich rede aus Erfahrung, und die Sache wird für
sich selbst reden.

Freilich wenn man unter Geographie nichts anderes ver=
steht als ein trockenes Namensverzeichnis von Ländern, Flüssen,
Grenzen und Städten, so ist sie allerdings eine trockene, aber
auch zugleich eine so unwürdig behandelte und mißverstandene
Wortkenntnis, als wenn man an der Historie nichts als ein
Verzeichnis von Namen unwürdiger Könige und Jahrzahlen
kennt. Ein solches Studium ist nicht nur nicht bildend, son=
dern im hohen Grade abschreckend, saft= und kraftlos. Auch
ein großer Teil der politischen Geographie so wie die bloß
politische Historie hat für die Jugend nicht Reize, ja, wenn
man die Wahrheit sagen soll, nicht einmal Verständlichkeit
genug, da von den meisten Kriegs= und Staatsaktionen, die
in der Welt gespielt worden, der Jüngling so wenig richtige
Begriffe hat, daß diese meistens auch noch manchen Erwachsenen
fehlen. Aber ist dies wahre Geographie? wahre Geschichte?
Ist elende Nomenklatur eine Sprache? Ist ein Vokabelbuch

auswendig gelernt denn das, was ein guter Schriftsteller ist?
und würde man nicht einen Menschen für sinnlos halten, der,
um Lateinisch und Griechisch zu lernen, nichts als das Lexikon
studierte? Und gerade das ist Geographie und Geschichte,
wenn man sie bloß als Namensverzeichnis von Flüssen, Ländern, Städten, Königen, Schlachten und Friedensschlüssen gebraucht. Alle dies sind notwendige Materialien, aber das
Gebäude muß davon erbaut werden, sonst sind sie Steine
und Kalk, d. i. Schutt, an dem sich kein Mensch freut, in
dem keine lebendige Seele wohnt. Die Farben sind dem
Maler notwendig, aber er braucht sie zum Gemälde; alsdann
erst erfreuen sie das Auge und unterrichten die Seele. Lassen
Sie uns sehen, was das Wort Geographie uns schon seinem
Namen nach sage.

Es heißt Erdbeschreibung: sonach ist die Kenntnis der
Erde, überhaupt die physische Geographie vor allem notwendig — eine Kenntnis, die so wichtig als leicht und angenehm
unterhaltend ist. Wer wird das wunderbare Haus nicht kennen
lernen wollen, in dem wir wohnen? den abwechselnden Schauplatz, auf den uns die schaffende Güte und Weisheit zu setzen
für gut gefunden? Die Erde also, eine Kugel, als einen
Planeten kennen zu lernen, sich die allgemeinen Gesetze bekannt zu machen, nach denen sie sich um sich selbst und die
Sonne bewegt, und wie dadurch Tage und Jahre, Klimate
und Regionen auf ihr werden, dies alles mit der Faßlichkeit
und Würde vorgetragen, die der große Gegenstand fordert;
wenn das nicht den Geist erhebt und erweckt, was sollte ihn
erheben und erwecken? Es gibt einem edlen Jüngling einen
Teil jener erhabenen Freude, die wir fühlen, wenn wir
Scipios Traum beim Cicero lesen oder eine erhabene Musik
hören: denn diese Kenntnisse sind eine wahre Musik des
Geistes. Aus der größten Einheit von Naturprinzipien wird
eine ungemessene Reihe von geographischen Folgen sichtbar,
die wir täglich empfinden und genießen, und von denen doch
jeder Verständige Aufschluß wünscht. So wie ich von einem
Jüngling einen schlechten Begriff hätte, der z. B. Fontenelles
Gespräch von mehr als einer Welt ohne Vergnügen läse: so
müßte es eine menschenähnliche Bildsäule sein, die bei den
großen Gesetzen, die allgemein auf unserem Erdboden herrschen, und wodurch er das, was er ist, ward, ungerührt
bliebe. Lebenslang werden mir die Zeiten aus der Morgenröte meines Lebens auch im Andenken ein angenehmer Traum

bleiben, da meine Seele diese Kenntnis zuerst empfing, und
ich über die Grenzen meines Geburtslandes hinaus in die
weite Welt Gottes, in welcher unser Erdboden schwimmt,
entzückt ward. —

Der Planet, den wir bewohnen, teilt sich in Erde und
Wasser: jene steht wie ein Berg hervor, zu dessen beiden
Seiten, wie auf einem plano inclinato, Ströme rinnen: dies
ist das große Behältnis von Wasser, aus dessen Dünsten,
durch die Luft geläutert und durch die Höhen der Berge
angezogen, die Quellen aller Fruchtbarkeit und Nahrung der
Erde werden. Welche Fülle von schönen und nützlichen Kennt=
nissen, die in dieser Betrachtung ruhen! Wenn der Jüngling
in Gedanken jene hohen Erdrücken besteigt und ihre sonder=
baren Phänomene kennen lernt, wenn er so denn mit den
Flüssen hinab in die Thäler wandert, endlich an die Ufer
des Meeres kommt und überall andere Geschöpfe an Mine=
ralien, Pflanzen, Tieren und Menschen gewahr wird; wenn
er einsehen lernt, daß, was ihm in der Gestalt der Erde
sonst Chaos war, auch seine Gesetze und Ordnung hat, wie
hiernach und nach den Gesetzen des Klimas Gestalten, Farben,
Lebensarten, Sitten und Religionen wechseln und sich ver=
ändern, und ungeachtet aller Verschiedenheit das Menschen=
geschlecht doch allenthalben ein Brudergeschlecht, von einem
Schöpfer erschaffen, von einem Vater entsprossen, nach einem
Ziel der Glückseligkeit auf so verschiedenen Wegen ringend
und strebend — o wie wird sich sein Blick erheben, wie wird
sich seine Seele erweitern! Indem er die mancherlei Pro=
dukte der Erde, die mancherlei Gattungen der Schöpfung in
diesem oder jenem Klima, die mancherlei Denkarten, Ge=
bräuche, Lebensweisen seiner Mitbrüder, der Menschen, kennen
lernt, die alle mit ihm das Licht einer Sonne genießen und
einerlei Gesetze des Schicksals gehorchen: wahrlich, so muß
ihm die Geographie das reizendste Gemälde voll Kunst,
Anlagen, Abwechselung, ja voll Lehren der Klugheit, Mensch=
lichkeit und Religion werden. Er wird, ohne daß er sein
Vaterland verläßt, ein Ulysses, der die Erde durchreist, viele
Völker, Länder und Sitten voll Klugheit und Thorheit
kennen lernt, und wenn ihm jedes von diesem anschaulich
gemacht wird, so müßte es eine stupide Mißgeburt sein, die
dadurch nicht Ideen in den Kopf und große oder geläuterte
Empfindung ins Herz erhielte. O hätten manche kurzsichtige,
stolze, intolerante Barbaren, die sich einbilden, daß außer

ihrem Erdwinkel kein Heil sei, und daß die Sonne der Ver=
nunft nur in ihrer Höhle scheine, in ihrer Jugend nur Geo=
graphie und Geschichte besser gelernt: unmöglich würden sie
die enge Binde ihres Hauptes zum Gehirnmesser der ganzen
Welt und die Sitten ihres eingeschränkten Winkels zur Regel
und Richtschnur aller Zeiten, aller Klimata und Völker ge=
macht haben! — An meinem geringen Teil wenigstens muß
ich bekennen, daß Geographie und Geschichte (beide im wahren
und würdigen Umfang ihrer Begriffe betrachtet) zuerst dazu
beigetragen haben, eine Reihe träger Vorurteile abzuschütteln,
Sitten und Menschen zu vergleichen und das Wahre, Schöne,
Nützliche zu suchen, in welcher Gestalt und Hülle es sich von
außen auch zeige. Auf diese Weise dienen Geographie und
Geschichte der nützlichsten Philosophie auf der Erde, nämlich
der Philosophie der Sitten, Wissenschaften und Künste: sie
schärfen den sensum humanitatis in allen Gestalten und
Formen: sie lehren uns mit erleuchteten Augen unsere Vor=
teile sehen und schätzen, ohne daß wir dabei irgend eine
Nation der Erde verachten oder verfluchen wollten. „In ihm
leben, weben und sind wir," sagt Paulus vorm Altar des
unbekannten Gottes der Athenienser. „Gott hat gemacht,
daß von einem Blut aller Menschen Geschlechter auf dem
ganzen Erdboden wohnen, und hat Ziel gesetzt und zuvor
versehen, wie lange und weit sie wohnen sollen. Sie alle
sind Kinder seines Geschlechtes."

Es ergibt sich aus dem, was ich gesagt habe, daß Geo=
graphie auf eine wirkliche Art mannigfach, reich, anschaulich
gemacht, von der Naturgeschichte und Historie der Völker unab=
trennlich sei und zu beiden die wahren Grundlinien gewähre. —
Naturgeschichte ist das, was Jünglinge und Kinder am
meisten reizt, was auch ihren Kopf mit den reichsten, reinsten,
wahrsten, brauchbarsten Bildern und Ideen füllt, die ihnen
weder die aphthonianische Chrie noch Logik und Metaphysik
geben; und die wahrste, angenehmste, nützlichste Kindergeo=
graphie ist Naturgeschichte. — Der Elefant und Tiger, das
Krokodil und der Walfisch interessieren einen Knaben weit
mehr als die acht Kurfürsten des heiligen römischen Reiches
in ihren Hermelinmänteln und Pelzen. Die großen Revolu=
tionen der Erde und des Meeres, die Vulkane, die Ebbe und
Flut, die periodischen Winde u. s. sind seinen Jahren und
Kräften viel mehr angemessen als die Pedanterei zu Regens=
burg und Wetzlar. Durch die Naturgeschichte zeichnet sich

jedes Land, jedes Meer, jede Insel, jedes Klima, jedes Men=
schengeschlecht, jeder Weltteil bei ihm mit unverlöschbarem
Charakter aus, um so mehr, da diese Charaktere beständig
sind und nicht mit dem Namen eines sterblichen Regenten
wechseln. Das ägyptische Roß, das arabische Kamel, der in=
dische Elefant, der afrikanische Löwe, der amerikanische Kai=
man u. s. sind denkwürdigere Symbole und Wappenzüge ein=
zelner Länder als die wandelbaren Grenzen, die irgend ein
trüglicher Friede zog, und vielleicht der erste neue Krieg ver=
ändert. Und da alle Reiche der Natur einander so nahe
grenzen, da die Kette aller Erdwesen so verschlungen inein=
ander hängt, so wird eines die Erinnerung des anderen. Der
Berg erinnert an Metalle und Mineralien, an Quellen und
Ströme, an die Wirkung der Atmosphäre, sowie an Tiere
und Menschen, die ihn oder seinen Abhang bewohnen. Alles
fügt sich aneinander und entwirft dem Geist des zu bildenden
Jünglings ein unvergeßliches Gemälde voll lehrreicher Züge,
die in alle Wissenschaften übergehen und allenthalben von
vielseitigem nützlichen Gebrauch sind.

Insonderheit weiß jedermann, daß die Geographie zu=
nächst der Geschichte und zwar jeder Geschichte, der politischen
und gelehrten, der Kirchen= und Staatsgeschichte, diene, ja ich
darf sagen, daß die Geschichte ohne Geographie, sowie ohne
Zeitrechnung größtenteils ein wahres Luftgebäude werde.
Was hilft's dem Jüngling, wenn er weiß, was geschehen ist,
ohne daß er weiß, wo es geschehen sei? — und warum ist
so oft die alte Geschichte eher ein unstäter Traum als eine
wahre Geschichte zu nennen? Nicht auch unter anderen des=
wegen, als weil sie zu oft von der alten Geographie getrennt
wird und also von lauter Schattengestalten redet, die in der
Luft schweben? Durch die Geographie wird die Geschichte
gleichsam zu einer illuminierten Karte für die Einbildungs=
kraft, ja für die Beurteilungskraft selbst: denn nur durch
ihre Hilfe wird es deutlich, warum diese und keine anderen
Völker solche und keine andere Rolle auf dem Schauplatze
unserer Erde spielten? warum diese Regenten hier, jene dort
herrschen konnten? dies Reich lang, jenes kurz dauern mußte?
warum die Monarchien und Reiche so und nicht anders auf=
einander folgen, so und nicht anders zusammengrenzen, sich
befehden oder vereinigen konnten? woher die Wissenschaften
und die Kultur, die Erfindungen und Künste diese und keine
andere Laufbahn nahmen, und wie von der Höhe Asiens durch

Assyrer, Perser, Aegypter, Griechen, Römer, Araber, Europäer endlich der Ball der Weltbegebenheiten und Weltstreitigkeiten jetzt hier-, jetzt dorthin geschoben sei? — Ich würde stundenlang reden müssen, wenn ich dies alles auch nur in den notdürftigsten Exempeln zeigen wollte. Kurz, die Geographie ist die Basis der Geschichte, und die Geschichte ist nichts als eine in Bewegung gesetzte Geographie der Zeiten und Völker. — Wer eine ohne die andere treibt, versteht keine, und wer beide verachtet, sollte wie der Maulwurf nicht auf, sondern unter der Erde wohnen. Alle Wissenschaften, die unser Jahrhundert liebt, schätzt, befördert und belohnt, gründen sich vorzüglich auf Philosophie und Geschichte; Handel und Politik, Oekonomie und Rechte, Arzneikunst und alle praktische Menschenkenntnis und Menschenbearbeitung gründen sich auf Geographie und Geschichte. Sie sind der Schauplatz und das Buch der Haushaltung Gottes auf unserer Welt: die Geschichte das Buch, die Geographie der Schauplatz. In jeder Wissenschaft der Akademie muß ein Studierender zurückbleiben, wenn er diese Grundwissenschaften, beinahe die Materialien zu allem, Geographie, Geschichte und Naturgeschichte, nicht von Schulen mitbringt. Glücklich, wer sie auf denselben in einer schönen, reizenden Gestalt sah! glücklich, wem ihre Unterhaltung nicht das Gedächtnis füllte, sondern die Seele bildete und den Geist aufschloß! Tretet auf, edle Jünglinge, und zeigt, was ich im allgemeinen Gemälde nur unvollkommen und von ferne anzeigen konnte, durch einzelne Proben in That und Ausübung. Ueberrascht uns durch Proben eures Fleißes, eurer Munterkeit, eurer edlen Ruhmbegierde in dieser und in allen anderen Wissenschaften eurer Laufbahn, und der Genius eures Lebens wird euer frühbegonnenes rühmliches Werk krönen.

Vom echten Begriff der schönen Wissenschaften und von ihrem Umfang unter den Schulstudien.

Bei der Einführung eines neuen Lehrers.   1788.

Dem neuen Lehrer ist insonderheit ein Teil der Wissenschaften angewiesen, die nach dem Modeausdruck unserer Zeit bald die schönen, bald die reellen Wissenschaften genannt wer-

den. — Da es nun sowohl in Bestimmung als in Anwen=
dung dieses Begriffes auf den Kreis der Schulwissenschaften
mancherlei Mißverständnisse und Irrungen gibt, durch welche
die Jugend selbst so weit verführt wird, daß sie oft als schöne
Wissenschaften liebt, was sie fliehen, und dagegen verachtet,
was sie schützen sollte: so hoffe ich dem Zweck der heutigen
Versammlung nicht zuwider zu handeln, wenn ich vom echten
Begriff der sogenannten schönen Wissenschaften und vom
Umfang unter den Schulstudien rede. Ich rede insonderheit
für die Jugend und maße mir nicht an, Erwachsenen über
diese Materie etwas zu sagen, was sie nicht schon wüßten
oder selbst vielleicht besser als ich überdacht haben; um so
viel mehr aber wird ihre Nachsicht mir ein geneigtes Ohr
gönnen, je mehr sie selbst die Folgen überlegt und wahrge=
nommen haben, die aus einem irrigen und verkehrten Begriff
dieser Sache nach dem Geschwätz unserer Zeit bei Jungen und
Alten notwendig entstehen müssen, wenn solche nicht durch eine
richtige Idee verbessert und gleichsam mit der Wurzel aus=
gerottet werden.

Den Alten, Griechen und Römern, war der Ausdruck
„schöne Wissenschaften", sofern sie den gründlichen oder gar
den nützlichen Wissenschaften entgegengesetzt werden, nicht be=
kannt; und doch sind sie es, die das Schöne in jeder Wissen=
schaft und Kunst des menschlichen Verstandes am scharfsinnig=
sten erforscht und am glücklichsten geübt haben. Die Griechen
nannten das, was wir schöne Wissenschaften heißen, Künste
der Musen und verbanden damit den Begriff, den die Römer
nachher durch das Wort litterae humaniores oder studia
humanitatis, wie mich dünkt, sehr glücklich ausdrückten. Sie
verstanden dadurch alles, was den Menschen zum Menschen
macht, was die Gabe der Sprache, der Vernunft, der Ge=
selligkeit, der Teilnehmung an anderen, der Wirkung auf
andere zum Nutzen der gesamten Menschheit, kurz alles, was
uns über das Tier erhebt, und die sein lehrt, die wir sein
sollen, ausbildet und befördert. Ohne Zweifel werden wir
mit diesem Begriff auf den würdigsten und nützlichsten Zweck
geleitet, der unserer Natur vorgesteckt ist, und der sogleich alle
die Mißverständnisse, alle die kleinen und schlechten Nebenbe=
griffe ausschließt, die in dem Wort schöne Wissenschaften nach
dem heutigen Modegebrauch liegen. Denn bei diesen ist man
sehr geneigt, sich entweder bloß eine müßige Beschäftigung
mit dem, was schön ist, vielleicht ohne Anwendung und Aus=

übung zu denken oder gar alles Nützliche, Schwere und
Gründliche auszuschließen, und mit einem bloßen Wortgepränge,
mit einem Flitterstaat in Bildern, in gezierten Ausdrücken,
in Silbenmaßen und romanhaften Einkleidungen davonzu-
laufen; dahingegen der Begriff der Alten, nach welchem nur
das Schöne Wissenschaft ist, was die Menschheit in uns bilden,
zieren und veredeln, was uns für die Gesellschaft brauchbar,
tüchtig und derselben angenehm machen kann, damit uns also
auch die edelste Freude, den schönsten Genuß unser selbst gewährt, uns auf ganz andere Wege leitet. Lassen Sie uns
sehen, H. V., wie die Alten diesen würdigen Begriff anwand-
ten, und was von dieser Anwendung in den Kreis der Schulstudien gehöre.

Sprache ist's, die den Menschen vom stummen Tier unter-
scheidet; ohne sie fände der Gebrauch der Vernunft nicht statt,
und dies herrliche Geschenk des Himmels bliebe eine tote,
nutzlose Gabe, wenn sie nicht durch Worte gleichsam lebendig,
brauchbar und nützlich würde. Alles also, was von Kindheit
auf unsere Sprache ausbildet, was uns vernünftig, genau
und bestimmt, was uns angenehm, leicht überzeugend oder
herzbewegend sprechen lehrt, bildet in uns den Sinn der
Menschheit und das edelste Werkzeug aus, mit anderen Menschen zusammen zu leben und für sie zu wirken. Hierin haben
es nun die Griechen und Römer vielleicht allen anderen Nationen der Welt zuvorgethan, und ich fürchte, daß sie in der
Geschichte immer die einzigen ihrer Art bleiben werden. Sie
hatten ihre Sprache, und mit derselben ihren Geschmack, ihre
Vernunft, ihre Beredsamkeit, und was sie den Sinn der Menschheit nannten, so ausgebildet, wie wenige oder vielleicht keine
neuere Sprache hat ausgebildet werden können, weil jene An-
lässe, öffentlich zu reden und durch den Vortrag auf eine große
Menge, ja auf die wichtigsten Glieder des Staates zu wirken,
bei den neueren Völkern selten oder gar nicht stattgefunden
haben; viele andere Ursachen zu geschweigen. Unter solchen
Veranlassungen nun, da in Poesie und Prosa der öffentliche
Vortrag alles galt, bildeten sich die Sprachen der Griechen
und Römer zu einer bestimmten Genauigkeit, zu einer Macht,
Harmonie und Schönheit, die auf dem Markte oder auf der
Schaubühne, vor den Richterstühlen oder in einem erwählten
Kreise von Zuhörern und Kennern jene Wunder wirkten, von
denen die alte Geschichte uns erzählt. Man sprach von mensch-
lichen Dingen zu Menschen, zu gegenwärtigen Menschen, die

man unterrichten, überzeugen, rühren, erweichen, lenken oder
bilden wollte. Notwendig also setzte man zu diesem Zweck
alles in Bewegung und vernachlässigte eben so wenig das Ohr
als das Herz der Zuhörer, das man erschüttern, die Phantasie,
die man erregen, den Verstand, den man überzeugen wollte.
Man übte sich, diesen Zweck zu erreichen, von Jugend an,
brachte es in der Fertigkeit, bestimmt, schön, mächtig, reich,
fließend oder mit Nachdruck zu reden, zu einer Höhe, vor
welcher uns jetzt schwindelt. Beinahe aus dem Stegreife hielt
Cicero seine Rede für den Roscius; in wenigen Tagen hielt
er seine catilinarischen und philippischen Reden schnell auf-
einander; in weniger als zwei Monaten schrieb er seine drei
Bücher von der Natur der Götter, zwei von der Divination,
seinen Lälius und Cato, in weniger als drei Jahren alle
seine philosophischen und die meisten rhetorischen Werke, nicht
nur, die wir haben, sondern auch viele, die untergegangen;
und das alles nicht in einer trägen Muße, sondern mitten im
Strom einer strudelvollen Republik, unter einer Menge der
wichtigsten, selbst gefahrvoller Geschäfte. Wer das thun will,
muß gewiß seine Seele besitzen, und sowohl seine Sprache
als einen reichen Vorrat von Sachen, Kenntnissen und Erfahrungen bereit haben. Eben so erstaunen wir, wenn der
griechische Sophokles einige achtzig Trauerspiele, viele in kurzer
Zeit, schreiben konnte, deren Reste wir noch bewundern; wir
erstaunen über die Menge Schriften, die von Aristoteles,
Plutarch, Polybius u. a. angeführt werden, und die alle doch
das Siegel der Vollkommenheit auf sich tragen, welches nebst
vielen anderen Ursachen auch daher rührt, daß die Sprachen,
in welchen sie dachten, redeten und schrieben, genau- und schön-
gebildete Sprachen waren, und sie im Gebrauch derselben
durch unermüdete Uebung eine Fähigkeit erlangt hatten, welche
wir nur zu oft versäumen. Wer von Schreibern und Skriblern
getraute sich, Bücher zu machen, die in Ansehung der Schreibart, noch mehr aber in Ansehung der Denkart an die Einfalt
und Pracht, an die Kürze und Fülle, an die Reinigkeit und
Bestimmtheit jener alten Meisterwerke reichten? Wer getraute
sich, es in so kurzer Zeit zu thun, wie jene es gethan haben?
Also stehen diese Altväter der menschlichen Geistesbildung als
ewige Muster des richtigen, guten und geübten Geschmackes
und der schönsten Fertigkeit im Gebrauch der Sprache vor
uns; an ihnen müssen wir unsere Denk- und Schreibart formen,
nach ihnen müssen wir, Menschen nützlich zu werden, unsere

Vernunft und Sprache bilden. So wie der Künstler, wenn er sich gleich den Apollo und Antinous, die Töchter der Niobe und den Laokoon schwerlich zu erreichen getraut, dennoch mit unverrücktem Fleiß diese Meisterwerke der alten Kunst nach= zeichnet, nachformt und studiert, weil er an ihnen die höchsten Regeln der Kunst wahrnimmt: so sollen auch wir die Muster der alten Denkart, und an ihnen ihre Einfalt und Würde, ihre bestimmte Genauigkeit und Wahrheit, ihren Wohlklang, ihre schöne Ründe und Harmonie, ihre Kürze mit ihrem Reich= tum zum Vorbilde unserer Gedankenweise und unseres Vor= trages, insonderheit in frühen Jahren, unablässig studieren. Dies thun wir nicht nur, um Latein schreiben zu können, wie= wohl auch dieses ein rühmlicher, nützlicher und beneidenswerter Zweck ist, sondern nach Art der Alten denken und schreiben zu lernen, gesetzt, daß wir auch in der Sprache der Hotten= totten schreiben müßten. Denn auch in der Hottentotten= sprache würde man gar bald den erkennen, der aus dem Kasta= lischen Quell der griechischen Musen getrunken oder seinen Ausdruck zur Bestimmtheit und Würde der römischen Schrift= steller gebildet hat. Er möge nachher Briefe oder Akten, Predigten oder Quittungen zu schreiben haben, nie wird er sich undeutsch und unvernünftig, hinkend, lahm, unverständ= lich, ohne Zusammenhang oder schielend ausdrücken, nie seine Schreibart mit unnützen Tautologien durchweben, und wenn er es einer sinnlosen Mode wegen thun muß, genießt er wenigstens des inneren Glückes, daß er die Thorheit einsieht und sie verachtet. Der Sinn der Humanität, d. i. der echten Menschenvernunft, des wahren Menschenverstandes, der reinen menschlichen Empfindung, ist ihm aufgeschlossen, und so lernt er Richtigkeit und Wahrheit, Genauigkeit und innere Güte über alles schätzen und lieben; er sucht nach diesen Grazien der menschlichen Denkart und Lebensweise allenthalben und freut sich über sie, wo er sie finde: er wird sie in seinen Um= gang, in seine Geschäfte, von welcher Art diese auch sein mögen, einzuführen suchen und ihre Tugenden auch in seinen Sitten ausdrücken lernen: kurz, er wird ein gebildeter Mensch sein und sich als einen solchen im kleinsten und größesten zeigen. So die humaniora in alten und neuen Schrift= stellern studieren, ist etwas anderes, als wie jener es nannte, die galantiora nach neuester Art und Kunst treiben; bei welchen galantioribus mancher so weit kommt, daß er sogar seine Sprache vergißt und weder grammatisch noch selbst

orthographisch zu schreiben weiß, geschweige, daß in seinen
Vorträgen und Aufsätzen an einen gebildeten Menschenver=
stand oder an eine richtige Menschenvernunft zu gedenken wäre.

Sind meine Grundsätze bisher richtig gewesen, m. F., so
ergibt sich, daß, was in den Schriften der Alten und Neuen
zu Bildung der Humanität eines Menschen, insonderheit eines
Jünglings dient, auch zu den humanioribus gehöre; es möge
solches Beredsamkeit oder Poesie, Philosophie oder Geschichte
heißen. Es ist schon gesagt, daß die Alten jene Unterscheidung
zwischen schönen und gründlichen Wissenschaften nicht kennen
wollten; ihr Schönes mußte gründlich, und ihr Gründliches
schön, d. i. überzeugend, erweckend, rührend gesagt werden, oder
es fehlte beiden Stücken ihre zweite Hälfte. Die Reden des
Demosthenes, Cicero und anderer großen Griechen und Römer
waren keine eiteln Uebungen, ihre Verfasser als schöne Geister
und witzige Köpfe zu zeigen, sondern gerichtliche oder Staats=
reden; die schöne Schrift des Cicero über die Pflichten war
eine Anweisung für seinen Sohn, und also gleichsam das
moralische Testament eines Vaters, wie mehrere seiner philo=
sophischen Schriften nichts als ernste Darstellungen seiner
eigenen Grundsätze sind, durch welche er sich selbst aufklärte
und in guten Gesinnungen stärkte. Eben so ernster Art sind
die besten philosophischen Schriften der Griechen aus der
Sokratischen, Pythagoreischen und Stoischen Schule. Weder
Xenophons noch Platons Schriften, weder Pythagoras' noch
Epiktets und Mark Aurels Grundsätze sind zum Zeitvertreib
verfaßt worden, um etwa mit schönen Worten und Bildern
zu spielen; sie unterrichten den Verstand, sie bessern das Herz,
sie sind und gewähren wirklich Studia humanitatis. Jeder,
der einen Sinn für das Wahre und Gute hat, muß es im
Inneren fühlen, daß es ihren Verfassern damit ein Ernst ge=
wesen, und daß sie die Früchte der Weisheit, die sie für ihre
Seelen gesammelt hatten, dadurch auch anderen zur Auf=
klärung und zur Uebung, zum Trost und zum Nutzen mit=
teilen wollten. So ist auch die Geschichte der Alten durch=
aus pragmatisch geschrieben, ob sie gleich diesen Namen nicht
brauchte: sie beschrieb Geschäfte und Thaten; sie wollte aber
auch Jünglinge und Männer zu Geschäften bilden, daher sie
denn Reden, Grundsätze, Charaktere in ihre Erzählung flocht
und überhaupt die ganze Gestalt annahm, durch welche die
alte Geschichte sich von der Historie der Neueren so sehr unter=
scheidet. In alle diesem suchte man das Schöne nicht als

einen Flitterstaat, sondern als den wesentlichen Teil eines
klaren, richtigen, verständigen, bildenden Vortrages. Man
sorgte für die Wohlgestalt und für die Gesundheit des Körpers
und verließ sich darauf, daß ein wohlgebaueter, feiner, kräftiger, gesunder Körper schon durch sich selbst schön sei. Um
die Wahrheit hievon einzusehen, darf man nur die Schriften
der Griechen und Römer sowohl in der Beredsamkeit als
Dichtkunst, in der Philosophie und Geschichte mit den Schriften
der mittleren, ja zum Teil der neueren Zeiten vergleichen.
An Schminke und Putz fehlte es den Mönchen mancher
mittleren Jahrhunderte nicht, mit welchen sie ihre Predigten
und Gedichte, ihre philosophischen Abhandlungen und Chroniken balsamierten; und dennoch sind ihre Werke Mißgestalten,
entweder tote Gerippe oder Leichname, die einen übeln Kloster-
und Mönchsgeruch von sich geben. Warum? Es fehlt ihnen
am sensu humanitatis, an Gesundheit des Verstandes und
Vortrages, an Ebenmaß, Richtigkeit und Wahrheit. Das
Kleine und Große ist ihnen gleich wichtig; die Wahrheit und
Lüge gleich angenehm, und wenn diese zum Vorteil der Kirche
und ihres Standes gereichte, war sie ihnen meistens weit angenehmer als die verhaßte reine Wahrheit. Sie sahen alles
mit Mönchsaugen an; die ganze Menschheit erschien ihnen
nur im Gesichtskreis ihres Klosters, daher sie auch durch ihre
Schriften nicht Menschen, Bürger, Staatsmänner, sondern
höchstens Klostergeistliche ziehen konnten, die wie sie selbst
predigten, beteten, gereimte lateinische Verse und trockene
oder erkünstelte Chroniken schrieben. Was würden Griechen
und Römer sagen, wenn sie aufstünden und viele unserer ge-
priesenen schönen Werke läsen! Ja, was würden wir selbst
dazu sagen, wenn sie, ins Latein oder ins Griechische übersetzt, als alte Handschriften uns in die Hände fielen! Schon
die Uebersetzung in diese alten Sprachen ist ein gefährlicher
Probierstein, der das falsche Gold unbestimmter Gedanken,
ausschweifender Bilder, ungefügter Perioden, leerer Wieder-
holungen in seinem ganzen Betruge zeigt. Man vergleiche
doch die alten Gesetze, die Befehle der Kaiser, die Anmah-
nungen und Reden der Feldherren und Philosophen, die Erzählungen der Geschichte mit unseren Gesetzen und Edikten,
mit unseren Abhandlungen, Predigten und Akten; es müßte
ein Blödsinniger sein, der nicht den Unterschied fühlte. Womit wir Seiten füllen, das faßten sie in wenige Worte;
worüber wir oft Bücher schreiben, das glaubten sie am besten

dadurch zu ehren, daß sie keine Silbe davon erwähnten.
Wiederum bemerken sie sowohl in der Geschichte, als in der
Sittenlehre und Poesie, Züge des Charakters der Menschen,
die uns bei veränderten Sitten meistens verborgen bleiben,
und lehren uns die menschliche Seele, den Gang der Leiden=
schaften, die Grundsätze des Betragens ihrer handelnden
Personen näher und fruchtbarer kennen als der größte Haufe
neuerer Autoren. In diesem allen erwecken und bilden sie
den Sinn der Menschheit von vielen Seiten, sie lehren das
honestum und decens in öffentlichen und Privatgeschäften
kennen und pflanzen die Liebe zu demselben in das Herz des
aufmerksamen Lesers, sie unterweisen in der Philosophie des
Lebens auf eine klare, gesetzte, angenehme Weise und enthal=
ten also wirklich humaniora, d. i. Kenntnisse und Uebungen
zu Ausbildung des edelsten Teiles der Menschheit, des Ver=
standes, des Geschmackes, des Vortrages und sittlichen Lebens.
Auch in den neueren Schriftstellern, wenn ihre Werke den
Namen schöner Wissenschaften verdienen sollen, können wir
doch wahrlich nichts anderes, wenigstens nichts Edleres und
Besseres als dieses lernen; denn bloß zum Vergnügen, zur
leeren Unterhaltung der Phantasie oder zum Vorrat eines
Geschwätzes von schönen Geistern, Dichtern, Künstlern, Roman=
schreibern u. f. schöne Wissenschaften treiben, ist eine geist=
und zeitverderbende Unternehmung. Zur Menschheit und für
die Menschheit gebildet soll unser Geist und Herz werden,
und was uns dazu bildet, ist studium humanitatis. Außer
den genannten Wissenschaften möchte ich also auch nicht gern
die Mathematik von diesem Kreise bildender Kenntnisse aus=
schließen, da sie es eben ist, die durch sinnliche Figuren nebst
dem, was an ihnen bemerkt und erwiesen wird, unsere Auf=
merksamkeit mehr als irgend ein anderes Studium auf ab=
strakte Wahrheiten richtet, an ihnen mittels der vorgezeich=
neten Figur festhält, auch sowohl die Hand als das Auge,
noch mehr aber die betrachtende Seele zur richtigen Genauig=
keit gewöhnt. Da nun der Mensch für alle Geschäfte des
Lebens nichts Besseres lernen kann als Aufmerksamkeit, zu
sehen, was da ist, woraus es entspringt, und was auf ihn
folgt, so muß billig, wie Pythagoras an seinen Lehrsaal
schrieb: „Niemand komme ohne Geometrie herein!" an die
Thür der oberen Klassen eines Gymnasii geschrieben wer=
den: Niemand gehe ohne Geometrie heraus; und so wären
denn, wenn wir alles zusammennehmen, Sprachen, Schreib=

art und Vortrag, Geschichte, Philosophie und Mathematik, die schönen Wissenschaften, die die Jugend bilden, also im edeln Sinne der Alten die humaniora. Sie geben unserem Verstande Richtigkeit und Gewißheit, unseren Sitten Grund= sätze, unserem Gedächtnis einen nützlichen Vorrat von Kennt= nissen und Erfahrungen; unserer Einbildungskraft verschaffen sie einen edeln Flug über den trägen Gang des gemeinen Lebens und geben zugleich unserer Sprache Sicherheit und Anstand, eine gefällige Harmonie und Geschicklichkeit, über jeden Gegenstand, über jedes Geschäft des Lebens zu sagen und zu schreiben, was für ihn gehört. Daß zu ihnen auch Orthographie und Kalligraphie nötig sei, versteht sich von selbst, denn wer uns den schönsten Aufsatz in Schrift= zügen darreichte, wie sie etwa ein wühlender Rüssel in der Erde hervorbringen würde, der rühme sich ja keiner schönen Künste. Die notwendigsten, unentbehrlichsten Schulwissen= schaften sind Lesen, Schreiben, Rechnen; wer sie am verstän= digsten, fertigsten, schönsten treibt und auf alle Weise in seiner Gewalt hat, der hat damit den Grund zu tausend nütz= lichen Uebungen gelegt, die alle auf sie gebaut werden.

Meine Rede ist länger geworden, als ich dachte; die Not= wendigkeit ihres Inhaltes für unsere Schuljugend mag ihre Länge entschuldigen. — Und so wende ich mich zu Ihnen u. s. f.

Ueber den Vorzug der öffentlichen oder Privatschulen.

1790.

Einer der bekannten Gemeinplätze, auf welchem sich auch noch zu unserer Zeit die große Anzahl der neueren Pädagogen umherzutummeln pflegt, ist der Streit über den Vorzug der öffentlichen oder Privatschulen; und es ist dieser Frage er= gangen, wie es allen allgemeinen Fragen geht, man hat sie so oder anders entschieden, nachdem man für diese oder jene Seite eine Vorliebe hatte und also willkürlich ein mehreres Gewicht in die eine oder die andere Wagschale legte.

Wären öffentliche Schulen das, was sie sein sollten, so wäre, wie mich dünkt, die Frage durch sich selbst entschieden: denn ein öffentliches Gut ist besser als ein besonderes, und

ein Strom, aus welchem Hunderte trinken können, ist besser
als ein kleines stehendes Wasser, welches mit großen Kosten
zehn oder zwölf in Besitz nehmen. Nur gehört zur guten
Einrichtung öffentlicher Schulen sehr viel, mehr als in unseren
Staaten gewöhnlicherweise geleistet wird und, solange gewisse Vorurteile der Barbarei herrschend bleiben, geleistet
werden kann. Soll nämlich eine öffentliche Landesschule werden,
was sie sein soll, so muß sie auch als Landesschule betrachtet
werden. Der Staat muß ihr die Aufmerksamkeit schenken,
die ihr als der wichtigsten Angelegenheit des Staates, durch
welche seine künftigen Bürger und Diener in allen Ständen
gebildet werden sollen, gebührt. Die Lehrer derselben müssen
zu leben haben, und nicht wie der lasttragende Esel nach
einer Reihe ermattender Stunden von Dornen und Disteln
sich nähren dürfen. Sie müssen auch in ihrem Stande geehrt
werden, und nicht in Ansehung ihrer Person hinter einem
Schreiber stehen, der nichts mehr als Buchstaben zu malen
weiß. Die Schule muß kein staubiger Kerker sein, in welchen
wie in eine dunkle Höhle junges Vieh zusammengetrieben
werde, damit es frohlockend hinten ausschlage, wenn es dem
Kerker entkommt. Die Arbeiten müssen also verteilt, und die
Lehrstellen also besetzt sein, daß der Lehrling nicht in der
einen Klasse vergessen dürfe, was er in der anderen gelernt
hat, sondern wie an einem Faden der Erkenntnis und Weisheit ununterbrochen fortgeführt werden. Der Vortrag muß
also beschaffen sein, daß er die ganze auch zahlreiche Klasse
beschäftige, und nicht der eine Flügel im Todesschlaf liege,
indes der andere exerziert. Nebst der Lehre muß auf die
Bildung guter Sitten gesehen werden, damit der Knabe nicht,
je höher er kommt, und je gelehrter er wird, auch ein desto
größerer Flegel werde und nicht schon in den oberen Klassen
alle die Blüten abgeworfen habe, die in den unteren an ihm
lockten. Es müssen keine bösen Gesellschaften, keine Klubs
der Verführung, keine stummen Laster, keine groben Sitten
und Gewohnheiten in einer Klasse stattfinden: denn alles dies
steckt wie eine Pest an und macht eine Schule, die eine
Werkstätte des reinen Geistes sein sollte, zu einem Stall der
Tiere und zu einer Höhle des Satans. Junge Leute, die
blühend und unverdorben hineinkamen, sieht man in kurzer
Zeit mit welkendem Gesicht, mit erloschenen Augen, mit
leichtsinnigen oder tölpischen Gebärden wie gefallene Engel
umhergehen; so daß ihnen späterhin nichts übrig bleibt, als

die Zeit, die sie in der öffentlichen Schule zubrachten, als
einen ertötenden, dürren Herbst anzusehen, den sie mitten in
ihrem Frühling erlebten. Finden alle diese Fehler und Vorwürfe bei einer öffentlichen Schule nicht statt, ist sie in jeder
Klasse und jeder Arbeit derselben, unter jedem Lehrer, sowohl
in Ansehung der Wissenschaften, in denen er zu unterrichten,
als der Sitten, die er zu bilden hat, das, was sie sein soll;
und genießt dann der Lehrer die Aufmerksamkeit, Belohnung
und Achtung, die er und sein Werk verdient: so wird wohl
kein Verständiger einen wohlgegründeten öffentlichen Tempel
der Wissenschaft und guten Erziehung für jene kleinen Dianen-
tempelchen hingeben, mit denen man unter grünen Bäumen
durch manche Modekünste unserer Zeit Abgötterei treibt.
Manche dieser Spielwerke haben sich schon in ihrer Nichtig-
keit gezeigt, und bei anderen fürchte ich, daß manche Regenten,
die eine öffentliche Schule verachten, bloß weil sie eine alte,
nicht von ihnen gegründete Anstalt ist, die Geschichte des
Hundes in der Aesopischen Fabel spielen, der das Fleisch fallen
ließ, das er im Munde trug, und nach dem Schatten des
Fleisches im glänzenden Strom schnappte.

Jeder öffentlichen Anstalt ist also daran gelegen, die
Vorwürfe in sich zu heben, die man allen öffentlichen Anstalten macht, und da ich hier leider nicht vor den Gliedern
des Staates, sondern nur vor den Gliedern der Schule selbst
zu reden habe: so will ich nur drei dieser Vorwürfe aus-
heben und nach meinem Bedünken die Mittel zeigen, wie
ihnen zu entkommen wäre.

Der erste Vorwurf ist, daß bei so zahlreichen Klassen,
als meistenteils in öffentlichen Schulen sind, unmöglich alle
Lehrlinge derselben zu jeder Zeit genugsam beschäftigt werden
mögen. Der Vorwurf hat viel Wahres, und unser Gymnasium fühlt die Bürde derselben genugsam. Allerdings sind
die meisten Klassen zu stark besetzt, und der Lehrer sind zu
wenige. Wie indessen der Schiffer, der auf dem hohen Meer
gegen den Wind fährt, nicht seine Hände sinken läßt oder
seine Steuer und seine Segel dem Winde und den Wellen
preisgibt, sondern mit desto größerer Kunst die Segel richtet
und seine Steuer lenkt: so hat auch der Lehrer auf seinem
großen Strom einer zu zahlreichen Klasse desto mehr Aufmerksamkeit und Anstrengung, desto mehr Wahl und Behut-
samkeit nötig. Er ließe völlig seine Segel und seine Steuer
sinken, sobald er die Bequemlichkeit wählte, einen Teil der

Klasse müßig zu lassen, indem er sich ruhig mit dem anderen
beschäftigt. Auf einmal ist hiebei der Gemeingeist der Klasse,
der public spirit seiner öffentlichen Schule verloren. Nun
träumt der eine Teil seines gelehrten Bataillons, indes der
andere arbeitet: er hängt seinen Gedanken nach oder treibt
böse Dinge, bloß weil er sich sagen kann: „Du bist für jetzt
nichts als ein Auskultant, d. i. zu deutsch ein Maulaffe.“
Und weiß er, daß er dies unwürdige Amt ganze Stunden
oder gar halbe Jahre lang bekleiden darf: so wehe diesen
stummen Pythagoreern! In einem halben oder Vierteljahr
ermattet gewiß ihr Fleiß, weil die Hoffnung des Faulen sie
begünstigt: „Es ist noch Zeit, in einem halben Jahre wirst
du auch wohl reden lernen.“

Ich weiß wohl, was zu dieser unstreitig fehlerhaften
Einrichtung Vorschub gegeben; die Schwäche der Ankömm=
linge nämlich, die aus niederen Klassen in höhere hinauf=
gehen und als unbefiederte Vögel im Nest sitzen müssen, indes,
die vor ihnen sind, umherfliegen. Sie können kaum zirpen,
indes sie mit den Oberen der Klasse singen sollen, und sind
also erbärmliche Gäste, eine Last ihrer Mitschüler und eine
noch größere Last des Lehrers. Gegen dies Verderb also,
den Riegel alles guten Fortganges in der gesamten Klasse,
soll jeder Lehrer, der von gesetzter männlicher billiger Denkart
ist, mit allen Kräften kämpfen. Er weiß ja, wie weit die
Schüler sein müssen, die in eine andere Klasse übergehen,
und auf dies Ziel des Fleißes hat er mit allem Ernst und
mit einer edlen Ehrliebe zu halten. Es kommt ganz und
gar nicht darauf an, welcher Schüler selbst aus einer in die
andere Klasse spazieren will, als ob er eine Promenade machte;
sondern ob er hinüber gesetzt zu werden verdient. Und die
ganz gesetzwidrige Gewohnheit, daß öffentlich ein Ausgebot
der folgenden Klasse gehalten, und die Schüler gefragt werden,
wer sich zur Translokation melde? sollte, wo sich noch Reste
derselben fänden, mit Stumpf und Stiel ausgerottet werden.
Gott fragt keinen, ob er ins folgende Leben transloziert
werden will: sondern er transloziert nach seinem Gefallen,
und der Lehrer, der Billigkeit, Ehre und Pflicht fühlt, wird
bei dem Examine über nichts besorgter sein, als wem er das
Zeugnis der Translokation gebe. Er wird denken: Was du
nicht willst, das dir geschehe, das thue andern auch nicht;
und je mehr er gefühlt hat, wie sehr unreife Früchte die
Gesundheit verderben, und unreife Ankömmlinge den ganzen

Lauf der Studien in einer Klasse stören: was jeder derselben
für ein Mühlstein ist, den er seinem Nachbar anhängt, und
was für eine Stockung im ganzen Körper einer Schule jahr-
jährlich dadurch entstehe; desto mehr wird er nach der Ehre
streben, nie einen Unwürdigen transloziert zu haben: denn
der Unwürdige ist ein Vorwurf für ihn, und ein Fleck in
der höhern Klasse auf seinen Namen. Dies Uebel fängt von
unten an, und muß von unten hinauf geheilt werden. Ist's
aber einmal geheilt, und der Zustrom aus Klasse in Klasse
in der gesetzmäßigen Wahrheit, Sicherheit und Ordnung,
dann wird jeder Lehrer seine Ankömmlinge mit Freude annehmen. Sie stören sodann seine Klasse nicht, sondern bringen
neuen Fleiß in dieselbe. Eben mit diesen Ankömmlingen wird
er sich also im ersten Vierteljahre am meisten beschäftigen,
daß sie seiner Methode nach mit marschieren lernen und den
gesetzmäßigen Schritt halten. Wo er einem oder dem anderen,
älteren oder jüngeren nachhelfen muß, wird er's in Privat-
stunden thun, immer aber es zum Hauptgesetz seiner Methode
machen, daß nie jemand, und der Schwächere am wenigsten
müßig bleibe. Denn nochmals gesagt, sobald eine Klasse nicht
ganz beschäftigt ist, so hat sie ihren Allgemeingeist verloren,
und dieser ist der Spiritus rector, der das Ganze zusammenhält, und ohne welchen der größte Teil einzelner Glieder
verweset.

Der zweite Vorwurf, den man den öffentlichen Schulen
macht, und den ich jetzo berühren kann, ist: daß in den zahlreichen Klassen auch alle einzelnen Lektionen nach einem Schnitt
getrieben worden, daß, da sie alle aufs Lateinische so einge-
richtet sind, als ob wir alle nächstens römische Bürger zu
werden befürchteten, sie auch die Schüler alle nach dem Latein
ordnen und jede andere, für uns nötigere Kenntnis nur als
ein Nebenwerk behandeln. Ich werde die Antwort dieser
Frage hier nicht erschöpfen und den puren puten lateinischen
Schulen keine Verteidigungsrede halten; indessen ist, dünkt
mich, der Fehler, wo er wahrgenommen würde, ohne alle
Mühe, ja mit Vorteil zu ändern. Es kommt nur auf eine
richtigere Einteilung der Arbeiten an; denn es bleibt dem
Kinde und dem Jünglinge bei unseren zahlreichen Schulstun-
den, die bei einem Privatunterricht sich schwerlich ohne große
Kosten in der Anzahl veranstalten lassen, Zeit genug, neben
dem Nützlichen auch das Entbehrliche, und neben dem Entbehrlichen auch das Notwendige zu lernen. Ja selbst, daß in

einer Klasse mehrere Arbeiten getrieben werden, macht ja die
Lehrlinge derselben eben nicht zu Bäumen, die in die Erde
gewurzelt sind und sich nicht von ihrer Stelle bewegen mögen.
Man hat mehrere Schulen, wo bei jeder neuen Arbeit auch
die Schüler selbst der Ordnung nach wechseln. Wer in einer
Lektion in Prima sitzt, kann in einer anderen in Secunda
oder Tertia sitzen, wenn er darin seines Platzes in Prima
nicht wert ist; und ich sähe nicht, warum, wenn einmal ein
allgemeiner Geist der Ordnung und des unparteiischen Fleißes
eine Schule beseelte, dies nicht in jeder öffentlichen Schule
sein könnte? Keiner hat in seiner Klasse einen Platz gepachtet,
wie man in den protestantischen Kirchen Kirchenstühle, und in
den katholischen Kirchen Stühle im Himmelreich löst: vielmehr
erfordert es jede gute und billige Administration der Schule,
daß jedem der Platz zukommt, auf welchen er gehört. Um
also auch in unserem Gymnasio hieselbst langsam zu gehen,
wird nach geendigten Ferien dieses Examinis der Anfang
hierin damit gemacht werden, daß in jeder Klasse bei jeder
neuen Arbeit die Schüler den Rang einnehmen, den sie bei
dieser Arbeit verdienen. Die lateinische Lektion bleibt die vor=
nehmste und gleichsam die stehende Arbeit, die dem Schüler
seinen vorzüglichen, perpetuierlichen Rang gibt: denn ein Gym=
nasium ist eine lateinische Schule, und die lateinische Sprache
ist das Werkzeug der Wissenschaften und Künste. Auch bei
der Theologie bleibt es in dieser Ordnung, weil Religion
eigentlich nie der Zankapfel eines gelehrten Wetteifers werden
muß. Bei allen anderen Wissenschaften aber, z. B. der Mathe=
matik, Geographie, Geschichte, griechischen und hebräischen
Sprache, bei der Naturgeschichte und Naturkunde, in den un=
teren Klassen bei der Arithmetik, dem Schreiben, eigenen Auf=
sätzen u. s. f., werden fortan die Schüler auch in ihren Plätzen
wechseln und ihrem Fleiß und Fortschritten nach in Ord=
nungen verteilt werden. Es ist hierbei nicht auf eine eitle
Ehrbegierde angesehen, die ich in Vergleichung mit der inneren
Liebe zu den Wissenschaften selbst für eine kleinere, ja sogar
oft gefährliche Triebfeder halte; sondern auf die Regel der
Billigkeit und Ordnung selbst. Denn warum sollte, wie es
oft zu geschehen pflegt, ein fleißiger und tüchtiger Knabe von
einer unteren Bank aufgerufen werden müssen, weil die, die
vor ihm sitzen, Nachlässige sind? Und warum sollte er nicht
den Platz, der ihm von Gott und Rechts wegen vor diesen
Nachlässigen gebührt, innehaben? Es kommt bloß darauf an,

daß die Lehrer beim Anfange ihrer Arbeiten eine Prüfung vornehmen und einen pflichtmäßigen Ueberschlag machen, welchen Platz jeder ihrer Lehrlinge bei jeder ihrer Arbeiten einzunehmen verdiene; und daß diese Ordnung mit öffentlicher Autorität eingeführt werde. Sie wird hierdurch eingeführt, und bei jeder der genannten Lektionen wechseln künftig die Lehrlinge in allen Klassen. Ich werde bei der ersten Einrichtung sein, und auch das künftige Examen wird nicht anders als also vorgenommen werden. Bei jeder neuen Arbeit werden die Schüler ihre Plätze verändern: vorderhand nur in einer und derselben Klasse. Ich hoffe aber, es wird eine Zeit kommen, da wir sie auch in Klassen verändern können; da, wer in Prima zu einer Lektion untüchtig ist, auch in Secunda sitzen kann, und wer in Secunda zu einer Lektion in Prima tüchtig ist, auch Primam besuchen darf, ohne daß im mindesten die Ordnung der Klassen gestört werde. Dies wird Feuer und Nacheiferung in die Schüler bringen, weil sie sehen, daß man allenthalben auf ihren Fleiß, auf ihre Fortschritte, auf Gerechtigkeit und Billigkeit achtet. Jede neu angehende Lektion wird ihnen eine neue Klasse werden, und jeder wird sich bestreben, den Ort in einer Arbeit nicht zu verlieren, den er sich in einer anderen erworben hat, und den ihm sein eigener Fleiß, die Billigkeit und das Recht zuteilte.

Der dritte Vorwurf betrifft die Sitten öffentlicher Schulen, und hier muß ich mich an euch wenden, ihr Schüler. Ihr wisset das Sprichwort, daß ein verpestetes Schaf die ganze Herde ansteckt, und manche von euch werden es verführend oder verführt an ihren eigenen Exempeln wissen, was eine öffentliche Schule sei. Alles Gute und Böse teilt sich mit, Fleiß, Eifer, Aufmerksamkeit, Artigkeit, gute Sitten; aber auch Faulheit, Nachlässigkeit, nichtswürdiges, liederliches Gewäsch, Grobheiten und böse Gesellschaft. Ihr seid also in dem Fall, auch ohne daß ihr's wißt, zu bauen oder zu zerstören, zu verderben und verderbt zu werden, oder andere aufzumuntern und Sterne zu sein, die auch für andere glänzen. Welches von beiden wollt ihr werden? Unser Gymnasium ist in einer Residenz-, und zwar, welches noch ärger ist, in einer kleinen Residenzstadt, wo sich jede Verführung, die auch außer dem Kreise des Gymnasiums liegt, sehr leicht auf dasselbe ausbreitet. Jeden Winter kommen Komödianten her, und zwar großenteils elende Komödianten, die schwerlich verdienen, von einem Menschen, der Geschmack hat, jahraus jahrein ge-

sehen zu werden. Für euch ist diese äußerst mittelmäßige
Bande gar nicht; glaubt mir dies auf mein ehrliches Wort.
Ich hasse das Theater nicht; aber ein schlechtes Theater ist
das jämmerlichste Ding, nicht nur unter der Sonne, sondern
auch bei Abendlichtern. Und sich mit dieser Bande einzulassen, mit Komödianten Umgang zu haben, Komödianten-
weiber zu besuchen, Komödianten ihre Rollen abzuschreiben
und dergleichen, ist einem Gymnasiasten durchaus unanständig.
Wer sich hiebei das Geringste zu schulden kommen läßt,
wird, wenn er eine fürstliche Wohlthat genießt, sogleich derselben verlustig und, wenn er sein Verhalten nicht ändert,
aus dem Gymnasio selbst ausgeschlossen werden. Ihr habt
an zwei oder drei eurer Mitschüler eine Probe, wohin der
Umgang mit Komödianten sie gebracht hat, und diesem Uebel
soll fernerhin nicht nachgesehen werden. Ein gutes Theater-
stück zu sehen, ist keine Sünde; nach schlechten aber zu laufen,
ist nicht nur Sünde, sondern ungereimt, abgeschmackt und
kindisch. Auch für euch wird die Zeit kommen, daß ihr Theater-
stücke sehen könnt, und bessere, als hier größtenteils gespielt
werden. Jetzt aber ist die Zeit für euch noch nicht da. Ihr
habt andere Geschäfte, und euer Geschmack ist noch nicht gebildet, um ein gutes und schlechtes Stück unterscheiden oder
das erstere gehörig nutzen zu können. Die kleinen Verdienste
überdem, sich durch Abschreiben der Rollen einen Freiplatz auf
dem Parterre und dergleichen zu erwerben, sind für einen
Gymnasiasten niederträchtig und abscheulich. Komödianten will
unser Gymnasium nicht ziehen, und wer das zu werden Lust
hat, reise lieber heute als morgen.

Alle Tabaks-, Bier- und Spielgesellschaften sind für ein
fürstliches Gymnasium die größte Schande, und doch muß ich's
bedauernd sagen, daß sie nicht ausgetilgt sind. Die künftigen
Herren Dorfschulmeister üben sich zum Teil im Tabakrauchen
sehr, und andere junge Herren lassen es daran auch nicht er-
mangeln. Einer hindert den anderen durch seine unzeitigen
Besuche, damit er ja nicht allein ein fauler Bauch bleibe; und
so breitet sich das Uebel dermaßen aus, daß man bei manchen
jungen Leuten, die hieherkommen, in kurzer Zeit einen Ver-
fall der Sitten, eine Roheit und Schlendrigkeit wahrnimmt,
über die man erschrickt, indem man sie bedauert. Mit aller
Macht soll diesem Uebel gesteuert werden, und ich bitte alle
Lehrer und Freunde der Schule aufs angelegentlichste, ihm
steuern zu helfen. Alle Tabaks-, Bier- und Spielgesellschaften

machen sich des Gymnasii verlustig, und das mit der äußer=
sten Unehre, ja nach Befinden der Umstände mit öffentlicher
Schande.

Endlich muß ich vor einem Laster warnen, das ich mich
selbst zu nennen scheue. Der Schuldige wird's wissen, ohne
daß ich es nenne, und den Unschuldigen werde ich nicht ärgern.
Wer rechtschaffen ist und es von seinem Mitschüler weiß, der
zeige es an; sein Name soll verschwiegen bleiben. Der Un=
glückselige, der es treibt und dazu einen seiner Mitschüler
verführte, ihr habt eine Sünde auf euch, die ihr in eurem
ganzen Leben nicht gut machen könnt, ihr habt eure Jugend
vergiftet, den Keim eurer Gesundheit zerstört und Brandmale
in euer Gewissen gesetzt, die euch zeitig genug quälen werden.
Für eure verführten Mitschüler aber, wollte Gott, ihr wäret
nie geboren.

Gib deine Furcht einem jeden ins Herz, allgegenwärtiger
heiliger Gott, daß er vor jeder Sünde sich wie vor der ver=
giftenden Schlange scheue. Pflanze Liebe zur Wissenschaft in
jedes Jünglinges Gemüt, so wird er den Müßiggang und die
verführende Lust, jeden Irrgang böser Gesellschaften, schlechter
Gespräche, grober Sitten und niederträchtiger Laster wie eine
Pest der Hölle fliehen. Er wird die Wahrheit lieben, weil
sie schön ist, Artigkeit und Tugend, weil sie wohlgefällig macht
bei dir und bei den Menschen, den Fleiß, weil er die Seele
übt und ein neues Leben schafft, die Ordnung, weil sie un=
entbehrlich und nützlich ist zu allen Geschäften.

Jetzt wollen wir unsere Arbeiten anfangen, meine sämt=
lichen Freunde, Lehrer und Schüler; ich hoffe und bin es ge=
wiß, daß wir uns miteinander erfreuen, und dies Examen
für alle Klassen ein Fest des Fleißes und Ruhmes sein werde.

Noch habe ich den meisten Lehrern öffentlich zu danken,
für den Fleiß und Eifer, den sie im vergangenen Jahre auf
die Ausarbeitung der ihnen aufgetragenen Lektionen gewandt
haben. Es hat ihnen Mühe gekostet, allein diese Mühe ist,
wie ich aus dem Beispiel einiger Klassen weiß, von sehr guten
Folgen gewesen und wird sich auch in der Folge ihnen reich=
lich belohnen. Noch wenige Schritte, so ist der Berg über=
stiegen, und wir können uns unserer Arbeit freuen. Der
Lehrer einer Schule säet gewiß nicht ins Meer; er streuet
seinen Samen auf ein Land, wo er hie und da gewiß seine
gute Stätte findet.

Von der Ausbildung der Rede und Sprache in Kindern und Jünglingen.

1796.

Wie Rede und Sprache den Menschen vom Tier unter=
scheidet, so gibt es eine Kunst der Sprache und Rede, die
unter den Menschen selbst vielleicht einen so großen Unter=
schied macht, als die Rede zwischen Tieren und Menschen.
In der wenigen Zeit, die mir hier vergönnt ist, werde ich
zeigen, daß diese Kunst der Rede und Sprache in Kindern
und Jünglingen auszubilden ein Hauptgeschäft der Schulen
sein müsse.

Wenn wir auf die Welt treten, können wir zwar schreien
und weinen, aber nicht sprechen und reden; wir äußern nur
tierische Laute. Manche Völker und Menschen verfolgen diese
tierischen Laute durchs ganze Leben. — Man stelle sich in
eine Entfernung, in der man zwar den Schall der Stimme,
und die Accente nicht vernimmt, so hört man bei einigen
Menschen den Truthahn, die Gans, die Ente, bei manchen
Rednern den Pfau, die Rohrdommel und bei affektierenden
Schönlingen den natürlichen Kanarienvogel; nur nicht eben
eine menschliche Stimme. Unser Thüringen hat viel Gutes,
aber keinen angenehmen Laut der Sprache, welches man dann
am meisten inne wird, wenn man, wie oft der Fall ist, zwar
Töne, ineinander gezogene Töne hört, aber den Sinn der Rede
nicht versteht. — Jünglinge, die diesen unangenehmen Dia=
lekt bloßer Tierlaute an sich haben, sie mögen aus Städten
oder vom Lande her sein, müssen sich alle Mühe geben, im
Gymnasium eine menschliche, natürliche, charakter= und seelen=
volle Sprache zu bekommen und von ihrer bäuerischen oder
schreienden Gassenmundart sich zu entwöhnen. Sie müssen
das Bellen und Belfern, das Gackeln und Krächzen, das
Verschlucken und Ineinanderschleppen der Worte und Silben
abdanken und statt der Tier= die Menschensprache reden.
Glücklich ist das Kind, der Jüngling, dem von seinen ersten
Jahren an verständliche, menschliche, liebliche Töne ins Ohr
kommen und seine Zunge, den Ton seiner Sprache unvermerkt
bildeten! Glücklich ist das Kind, dem seine Wärterin, seine
Mutter, seine älteren Geschwister, seine Anverwandten und
Freunde, endlich seine frühesten Lehrer auch im Gehalt und
Ton der Rede gleichsam Vernunft, Anstand, Grazie zusprachen;

der Jüngling, der Mann wird sie nicht verleugnen, solange
er lebt. Denn nur durch Hören lernen wir Sprechen, und
wie wir frühe hörten, wie unser Mund, unsere Zunge sich
in der Kindheit und Jugend formten, meistens sprechen wir
so zeitlebens. Die suavitas oris ac sermonis, die suavitas
quae exit ex ore ist ein schöner Empfehlungsbrief auf den
ganzen Weg unseres Lebens; Jünglinge, von denen man sagen
kann, was Cicero von den Gracchen und ihrer Mutter Cor-
nelia sagte: Filios non tam in gremio educatos, quam in
sermone matris, haben an diesem mütterlichen Geschenk einer
angenehmen, deutlichen, sanftüberredenden Sprache eine schöne
Anlage zu Vernunft und Kultur geerbt.

Wem dieses Glück nicht ward, der muß in frühen Zeiten,
bei noch biegsamen Organen seine Sprache bessern; er lerne
sprechen wie die Menschen, deren Sprache ihm am reinsten,
deutlichsten, charaktervollsten, lieblichsten tönt; sein eigener
Verstand, sein Ohr sei hierin Richter. Diese Menschen höre
er oft und mit Liebe; ihre Stimme umschalle ihn auch in der
Einsamkeit, wie dort den Agamemnon, da er vom Traum erwachte, Nestors Stimme umschallte:

Εγρετο δ᾽ἐξ ὕπνου, θείη δέ μιν ἀμφεχυτ᾽ ὀμφή:

Er ahme ihnen aber nicht, wie jener amerikanische Vogel,
der die Stimme anderer Vögel nachahmt, unverständig und
knechtisch nach. Junge Leute, die sich zu einer schönen Rede
bilden wollen, fallen ungemein bald ins Affektierte, und ich
kenne mehrere, die jetzt noch das Gymnasium besuchen, andere,
die es vordem besucht haben, die sich einen erzwungen feinen
Ton der Stimme, den die Italiener voce finta nennen, eigen
gemacht haben, ob er ihnen gleich nicht eigen und keinem
Menschen natürlich ist. Die Rede ist Ausdruck der Seele,
ein darstellendes Bild aller unserer Gedanken und Empfindungen; sie muß also Charakter haben und nicht den Tönen
gleich sein, die man hinter dem Stege hervorgeigt. Wie
unser Körper nicht bloß Nerven und feine Fibern, oder zierliche Blut- und Saftgefäße, sondern auch Muskeln, Sehnen,
Haut, Knochen hat und solche in gehöriger Stärke haben
muß, wenn er gesund sein soll, so ist's nicht die weiche, zierliche, entnervte, buhlerische Sprache, die einen Mann und
Jüngling empfiehlt. Wir wollen an ihm keine dulce lo-
quentem Lalagen hören, dulce ridentem, sondern einen
jungen Mann, der gesunden Verstand, bestimmte Begriffe,

Treue, Wahrheit, herzliche Rechtschaffenheit, so wie in Ge=
sicht, Handlung und Gebärden, so auch in seinen Worten, im
Ton seiner Stimme ausdrückt. Es gibt einen Ton des
Herzens, der unmittelbar zum Herzen dringt, einen Ton der
Ueberzeugung und der gesunden Vernunft, der die ganze
Seele ergreift und als Sieger einnimmt; dahingegen der
falsche Ton, wenn man Gesinnung und Affekte ausdrücken will,
die man weder hat noch kennt, dem Gemüt anderer Menschen
viel widriger und unausstehlicher ist als ein falscher Ton im
Gesange, wenn er auch noch so arg heulte. Wahrheit, Wahr=
heit bilde unseren Ausdruck auch im Ton der Stimme: ex
abundantia cordis; wessen das Herz voll ist, dessen gehe der
Mund über. Wie die Musik eine Tonleiter hat, auf der
sich die Stimme auf= und absteigend üben muß, so hat die
Rede ein weites Reich von Gegenständen, Gesinnungen, Leiden=
schaften, Empfindungen, Zuständen der Seele u. s. f., deren
Ausdruck sie zu schaffen und auf die mächtigste, angenehmste
Weise darzustellen hat. Daß sie dieses zu thun vermöge,
dazu gehört Uebung; denn auch in der Kunst, seine Sprache
zu brauchen, fällt der Meister so wenig vom Himmel als in
der Tonkunst. In dieser müssen die Finger, in jener die
Organe geübt werden, zusamt den Seelenkräften, auf die sich
die Rede bezieht, deren Wirkung sie äußert. — Lesen heißt
diese Uebung; aber ein Lesen mit Verstande und Herz, ein
Lesen im Vortrage jeder Art, und neben ihm eigene Kompo=
sition und ein lauter lebendiger Vortrag derselben. Dies ist
die Schule, in welcher die Rede der Menschen gebildet und
geübt wird; ihrer haben sich in Griechenland und Rom die
größten, die geschäftsreichsten und wichtigsten Männer hoch
hinauf bis in ihr Alter nicht geschämt. Sie haben sie an=
gepriesen, diese Schule menschlicher Sprache und Redeübung,
Anweisungen und Regeln in ihr gegeben; sie haben sich wett=
eifernd um die Vervollkommnung der Sprache, der Stimme,
der Rede befleißigt. Auf diese Weise wurden sie kultivierte
Nationen und schrieben ihre Kultur der Ausbildung der
Sprache und Rede zu. Wer dies nicht gethan hatte, hieß
ein Barbar, und wir werden uns nicht befremden lassen, daß
man uns, sobald wir nicht unsere Sprache und Rede ihnen
gleich ausbilden, dafür, was selbst dem Ton und Buchstaben
nach das Wort Barbar sagt, halte.

Das Lesen, ein lautes Lesen der besten Schriften in jeder
Art des Vortrags, Erzählung, Fabeln, Geschichte, Gespräche,

Selbstgespräche, Lehre und Lehrgedichte, Epopöen, Oden,
Hymnen, Lust- und Trauerspiele in Gegenwart anderer oder
mit anderen, ohne Zwang, in der natürlichsten Art gibt der
Rede sowohl als der Seele selbst eine große Vielförmigkeit
und Gewandtheit. Von der Fabel, vom Märchen an, durch
alle Gattungen des Vortrags sollte das Beste, das wir in
unserer Sprache sowohl in eigenen Produkten als Uebersetzungen haben, in jeder wohleingerichteten Schule durch alle
Klassen laut gelesen und gelehrt werden. Kein klassischer
Dichter und Prosaist sollte sein, an dessen besten Stellen sich
nicht das Ohr, die Zunge, das Gedächtnis, die Einbildungskraft, der Verstand und Witz lehrbegieriger Schüler geübt
hätte; denn nur auf diesem Wege sind Griechen, Römer,
Italiener, Franzosen und Briten ihrem edelsten Teil nach zu
gebildeten Nationen worden. Alcibiades gab jenem Schulmeister zu Athen eine Maulschelle, der den ersten klassischen
Dichter seiner Sprache, den Homer, nicht in der Schule hatte;
und wie fleißig die Griechen ihre besten Schriftsteller, wie
fleißig die edelsten Römer die besten griechischen Schriften
lasen, wie oft sie solche abschrieben, auswendig lernten, nach-
ahmten und sich zu eigen machten, klingt für unsere neue
barbarische Zeit beinahe wie ein altes Märchen. In Italien
weiß der gebildetere Teil der Nation ihre klassischen Dichter
fast auswendig; in englischen neuen Schriften werden sie zu
Zeit und Unzeit angeführt und mit britischem Stolz gepriesen; wie sehr die französische Nation auf ihre Sprache
und Schreibart, auf die Muster derselben in jeder Art stolz
ist, weiß jedermann, und nur dadurch, durch die Gelenkigkeit
und Richtigkeit ihrer Schreibart, durch ihre immer der Lage
der Sache angemessene Gegenwart des Geistes, durch ihren
immer lebendigen Witz und Verstand sind sie bei Freunden
und Feinden, was sie sind, worden. Sie ehrten die Musen,
sie schätzten im Umgange sowohl als in Schriften vorzüg-
liche Talente; darum standen ihnen auch die Musen bei und
haben gewiß zu der unglaublichen Uebermacht, die jetzt ganz
Deutschland in Schrecken setzt, mitgeholfen. — Wir Deutsche
hingegen sind hierin sehr nachgeblieben; unser Schul- und
Kanzelstil und unser Kanzleistil, der Regensburger zumal, sind
aus wahren deutschen Eichen und Buchen, oft nicht einmal
geformte hölzerne Stile, mit denen wir wohl keine Nation
an uns locken, aber auch keinen Feind totschlagen werden.
Unsere edle deutsche Sprache ist noch bei weitem nicht ge-

worden, was sie sein könnte; unsere besten Schriftsteller sind in Häusern, oft auch in Schulen unbekannt und an Höfen verachtet, da sie doch von Jugend auf die Denkart der Nation bilden, ihre lebende Sprache regeln, ihren Umgang versüßen und erheitern sollten. Kein edles Bild, keine große Gesinnung, Aufmunterung und Warnung, wenn es musterhaft gedacht und gesagt ist, sollte bloß in unseren deutschen Büchern und Bibeln stehen oder makulaturweise in unseren Buchläden liegen, sondern in den Schulen sollte, wie auf der Tenne das Korn von der Spreu gesichtet, jedes Edelste und Beste laut gelesen, auswendig gelernt, von Jünglingen sich zur Regel gemacht und in Herz und Seele befestigt werden. Wer unter euch, ihr Jünglinge, kennt Uz und Haller, Kleist und Klopstock, Lessing und Winckelmann, wie die Italiener ihren Ariost und Tasso, die Briten ihren Milton und Shakespeare, die Franzosen so viele ihrer Schriftsteller kennen und ehren? — Dies laute Lesen, auswendige Vortragen bildet nicht nur die Schreibart, sondern es prägt Formen der Gedanken ein und weckt eigene Gedanken; es gibt dem Gemüt Freude, der Phantasie Nahrung, dem Herzen einen Vorschmack großer Gefühle und erweckt, wenn dies bei uns möglich ist, einen Nationalcharakter. Mit welchem Entzücken erinnere ich mich meiner Jugend, da ich zuerst diese und die alten Schriftsteller und die ersten Schriftsteller fremder Nationen las! Kaum reicht in meinen späteren Jahren etwas an diese Freude, an dies süße Erstaunen. In der Jugend ist die Seele der Biene gleich, die in dem ersten schönen Frühlingstag an jedem Kelch der jungen Blumen hängt und ihren ambrosischen Honig saugt; im Herbste des Lebens geht man über gemähte Wiesen oder gar über gebrachte und Stoppelfelder.

Zum guten Lesen und Auswendiglernen gehört notwendig eigene Komposition, so eingeschränkt diese auch sein möge. Man muß sich im Schreiben üben, wenn man richtig sprechen, wenn man genau lesen und hören will. Also kleine Aufsätze von allerlei Art, Auszüge aus Büchern teils stellenweise, teils nach dem ganzen Plan des Buches und seiner Anordnung, dies sind die Zellen, die sich der Fleiß der Biene baut, die Körbe, in denen sie ihren Honig bereitet. Nulla dies sine linea, kein Tag muß vorübergehen, wo nicht ein junger Mensch für sich selbst etwas schreibt; er hole nur nach, was er vergessen möchte, oder setze sich seine Zweifel auf, oder berichtige dieselben, oder exzerpiere, oder komponiere,

in welcher Uebung es auch sei. Der Griffel, d. i. bei uns die
Schreibfeder, schärft den Verstand, sie berichtigt die Sprache,
sie entwickelt Ideen, sie macht die Seele auf eine wunderbar
angenehme Weise thätig. Nulla dies sine linea.

Am innigsten aber wird Sprache und Rede durch Umgang gebildet; und leider wir Deutsche nutzen den Umgang
zur Bildung unserer Sprache und Rede fast gar nicht: darum
heißen wir bei anderen Nationen so oft stumme oder ungeschickt Sprechende, grobe Barbaren. — Sprache ist durch
Umgang, nicht in der Einsamkeit entstanden; durch Umgang
wird jeder Ausdruck in ihr gewetzt und poliert. Auch im
Umgange sollte man sich nie einen Barbarismus erlauben;
alle gebildeten Stände in anderen Nationen sprechen im Umgange ihre Sprache korrekt; nur der einzige Deutsche nicht,
der spricht und erzählt, etwa wie die Hebamme in Shakespeare. Junge Leute sollten sich untereinander aufgeben zu
bemerken, wo jemand von ihnen einen Sprachfehler gemacht
habe; dies ist keine Pedanterie, sondern setzt uns fürs ganze
Leben in den sicheren Besitz eines regelmäßigen guten Ausdruckes. — Noch mehr sollte man sich befleißigen, jedesmal
aufs beste und anständigste zu reden. Wenn man gefragt
wird, aufs bestimmteste und gefälligste zu antworten; wenn
man erzählen soll und will, aufs anmutigste zu erzählen;
oder wenn man eine Bitte, einen Antrag zu thun hat, sie
aufs bescheidenste und würdigste zu thun; selbst unangenehme
Dinge, Verweise und dergleichen ohne Zorn und Grobheit
auf die anständigste, nachdrücklichste und zweckmäßigste Art
zu sagen. Das ist der wahre Atticismus, Politesse, Urbanität,
oder wie man sonst den guten Ausdruck in der gemeinen
Sprache des Lebens nennen möge. Durch ihn haben sich
alle wohlgesitteten, bürgerlichen Nationen unterschieden. Antwortet man dagegen einem Fragenden, wenn es auch ein
Unbekannter wäre, wie ein Bauer, halb, schief, quer, und
weiß nicht, ob man den Mund öffnen soll — erzählt man
wie ein Trunkener das Vorderste zu hinterst, das Hinterste
voran, in ellenlangen Einschiebseln und Parenthesen, so daß
man nie zum Zweck kommt und nirgend den Ausgang
findet; überläßt man sich im Scherz groben Zoten, beleidigen-
den Ausdrücken und dem unsinnigen Aberwitz von Wortspiel
und Lächerlichkeiten, über die niemand lacht, so läuft man
Gefahr, ewig ein deutscher Bauer zu bleiben, welchen Rock
man auch trage. — Eure Rede sei allezeit lieblich und mit

Salz gewürzt, sagt Paulus; und Christus sagt: Habet Salz
bei euch; wenn das Salz wie eure Späße abgeschmackt und
dumm werden, so schüttet sie auf die Gasse u. s. w. Es
gibt kein beschwerlicheres Geschöpf der menschlichen Gesellschaft,
als ein Mensch von dummen Reden; und kein erbärmlicheres
Glied unter den menschlichen Gliedern, als eine vorlaufende,
stolpernde, stotternde, grobe oder unzeitig spitzig- und fein-
geschliffene, dumme Zunge.

Um zu dieser Nüchternheit im Reden des Umganges und
zu einem guten Stil der Gesellschaft überhaupt zu kommen,
hat man einige Regeln der Vorsicht nötig: 1. Man falle
niemandem in die Rede; ein Mensch, der dem anderen in die
Rede fällt, ist ein Wahnsinniger, wie die Indianer sagen,
oder, wie andere sagen, ein seines Verstandes nicht mächtiger,
dem niemand viel zutraut. Im Buch Hiob war Elihu so
voll von Weisheit, daß ihm der Bauch bersten wollte; er
wartete aber doch, bis die Alten ausgeredet hatten, ans Ende.
2. Man hüte sich vor gewohnten Eigenheiten und Lieblings-
ausdrücken, dadurch man entweder lächerlich oder eintönig
wird, weil man sie gemeiniglich zur Unzeit wiederholt. Fast
niemand kann ihnen ganz entgehen; insonderheit haben sie
Leute, die viel reden müssen und ohne Vorbereitung reden;
doch aber hüte man sich vor ihnen und schränke sie so viel
möglich ein. Man bestelle sich Wächter, die uns solche sagen
müssen, oder sei sich selbst Wächter. Jedem von uns ist bekannt, an welche Albernheit man sich gewöhnen kann, wenn
man nicht auf sich merkt. 3. Man hüte sich vor allem
Despotismus im Umgang und seinen Gesprächen. Despoten
im Umgang sind die unerträglichsten Geschöpfe; sie brechen
die muntere liebliche Unterrichtung ab, halten sie auf, lenken
sie seitwärts und prägen ihre Meinung mit Stolz als Siegel
der Wahrheit auf. Sie kommen nicht zur Wahrheit und
wollen andere nicht dazu lassen. Jeder junge Mensch prüfe
sich des Abends, ob er heute eine Ungezogenheit begangen,
eine ungebührliche Rede geäußert, einen Diskurs verderbt,
eine Antwort gegeben oder sonst ein Betragen gezeigt hat,
mit dem andere, mit dem er nicht zufrieden sein könnte.
Zur Unfreundlichkeit ist uns die Rede nicht gegeben. Bei
allem kommt es vorzüglich darauf an, daß unsere Rede ganz
sei und was Ganzes bestimmt sage. Der Deutsche halbiert
außerordentlich gern und hält sich niederträchtigerweise an
die Halbwahrheit. Entweder antworten wir wie der Unter-

offizier mit dem Knüttel: „Hum! ham!" ohne zu fragen, ob
der andere daraus klug werde; oder wir sprechen wie Dienst=
boten, Lakaien — komplimentenvoll, herumgehend um die
Wahrheit. — Dafür halten uns dann auch die fremden
Nationen. Sie sagen, man kenne einen Deutschen an seinen
Komplimenten, an seiner Anrede oder Antwort, am Ton
seiner Unterredung. — Entweder sei er ein Grobian oder
ein schleichender Hofierer, oft beides zugleich. Das, was man
sagen will, rein, ganz bestimmt und doch artig, höflich zu
sagen und ein Ende in seiner Rede finden zu können: das
ist der schöne Ausdruck der Gesellschaft und des Umganges.
Er ist wie ein schöner Edelgestein, ein Kind der Natur, aber
durch Kunst gefaßt, voll Sinnes, voll Anmut, voll inneren
Wertes, klein und kostbar. —

Damit auch meine Rede ein Ende gewinne, tretet her=
vor, ihr Jünglinge, mit freier Stirn und mit erfreuend lieb=
licher Rede. Niemand sage, was er weiß, halb; niemand
sage es furchtsam und knechtisch. Eure Lehrer werden euch
ganz und mit väterlicher Gewissenhaftigkeit die Fragen vor=
legen; mit willigem Ohr sind wir hier, eure genugthuenden,
euch Ruhm erwerbenden Antworten zu hören. — Niemand
stocke, niemand zage. Wir sind hier auf den Auen der Musen,
der Geberinnen süßer Rede. Die Stimme der Jünglinge zu
hören, ist angenehm; die Engel selbst erfreuen sich, sagt
Swedenborg, wenn Kinder anmutig reden, wenn sie mit
holder Stimme lesen, unübereilt, und verstandreich antworten,
wenn sie mit einer kindlichen Gewißheit, was sie wissen und
gelernt haben, sagen. Ferne sei hier ein Feind, ein Auf=
horcher dieser heiligen genialischen Versammlung. Aneinander
freuen wollen wir uns, und in Ruhe uns Zeit nehmen, einen
Garten der Wissenschaften zu durchwandeln, in dem auch wir
einst als Jünglinge Rosen fanden. Jeder stehe wie Ulysses
da, wie Homer ihn beschreibt, mit ruhigem Auge und ge=
senktem Zepter, als ob er was zu sprechen wisse; aber, wenn
er zu reden anfängt, dann mögen die Worte, wie leichte
Schneeflocken, einander folgen; er befriedige mit jedem Worte,
und man vergesse alles andere über seiner angenehmen wohl=
klingenden Rede.

Non scholae, sed vitae discendum.

1800.

Nur drei Worte seien mir vergönnt, über eine bekannte Regel: nicht der Schule muß man lernen, sondern dem Leben.

Was heißt lernen? Man hat davon falsche Begriffe, wenn man glaubt, es heiße: Fremde Worte sich einprägen. Worte sind Schalle; ohne Gedanken drücken sie sich zuweilen, zumal in der Jugend, mit großer Kraft ein; ohne Gedanken aber hat man sie nur als Papagei gelernt: denn bekanntermaßen lernt auch der Rabe, der Papagei Wortschalle und sagt sie zu rechter und zu unrechter Zeit wieder.

Worte ohne Gedanken lernen, ist der menschlichen Seele ein schädliches Opium, das zwar zuerst einen süßen Traum, einen Tanz von Silben und Bildern gewährt, vor dem man sich als vor einer Zauberansicht halb wachend und halb schlummernd fühlt; bald aber spürt man, wie bei dem körperlichen Opium, die bösen Folgen dieser Wortträume. Sie ermatten die Seele und halten sie in einer bequemen Unthätigkeit fest; dadurch gewöhnen sie an einen Gedankenschlummer und machen der Seele zuletzt süße Kontorsionen geläufig, die sich sodann im Leben und in der Sprache zeigen. Man lese ganze Bände sogenannt philosophische und poetische Schriften; man liest, wie Hamlet sagt, Worte. Worte, Worte, Schalle, Schalle, bei denen unglücklicherweise die Autoren glaubten, daß sie dächten, indem sie doch nur sprachen und nachsprachen; dunkle oder lichte Schemen der Imagination, die man jetzt Oden und andere Gedichte, jetzt Abhandlungen nennt, Wortschalle, Opium, Träume.

Und der träge Mensch ist zu ihnen so geneigt! Worte wird ihm leichter zu sprechen als Gedanken zu denken. Er findet in ihnen fertige, oft schöne Gedankenformen: sie passen in die Rede; dem gleich trägen sind sie willkommen, wie sie es ihm waren; er kann wie mit Rechenpfennigen mit ihnen den Kurs des gemeinen Redespieles halten; warum sollte er sich, warum andere mit Gedanken irre machen oder beschweren? O wie viel leere Worte faßt das Kind, der Jüngling auf; wie viel leere Wortformen, die oft am lautesten tönen, deren wir uns am gemächlichsten, am öftesten und liebsten bedienen, haben wir alle in unserem Kopf! Man mache die Probe darüber, bei irgend einem gemeinen Gespräch, das man bei

Tische oder in Gesellschaft hört, und frage sich, wie jener
Kämmerer aus Mohrenland: „Verstehst du auch, was du
hörst?" O quantum est in verbis, in litteris, in vocibus
inane, inane!

Von dieser Wortschlenderei muß sich ein denkender Jüng=
ling frühe entwöhnen, denn mit ihnen hat er nicht denken
gelernt, sondern das Denken verlernt. Es hat sich in ihm
eine Wortweise zusammengezogen, und Figuren gebildet, die
sich in ihm wie im Achat verhärten und doch nur Vorurteile,
d. i. fremde Urteile einer fremden Gedankenweise sind, an der
die innere Kraft seiner Seele wenig oder keinen Teil nimmt.
Er wird ein Sklave fremder Gedanken und Meinungen, ohne
daß er die Ketten auch nur fühle, ohne daß er frei und
selbstthätig zu werden auch nur strebe. Lebenslang ist und
bleibt er ein Nachsprecher, ein Wortstreiter, Worthändler. „Ach,"
sagte der Affe jener Fabel: „schöne Larve, schade, daß es
ihr am Hirn fehlt!" Ach, können wir zu manchem Redner
und Schriftsteller sagen, schöne, hellklingende Wortmaschine,
schade, daß sie so wenig als das Klavier oder als — —
Sprachmaschine denkt.

Was thun wir, wenn wir gehen, sprechen, zeichnen, tanzen
lernen? Nicht wahr? wir üben und vollführen ein Werk;
wir machen's nach, bis wir's können. Bis es gelingt, mit
unseren Kräften, mit unseren Gliedern. So bei sichtbar in
die Augen fallenden Künsten; bei unsichtbaren und bei dem
unsichtbarsten von allen, dem Denken, findet das Lernen auf
keine andere Weise statt. Seine Gedanken kann mir der
Lehrer nicht eingeben, eintrichtern; meine Gedanken kann, will
und muß er durch Worte wecken; also daß sie meine, nicht
seine Gedanken sind. Worte sind bloß das Instrument, dies
muß ich mit eigenen Kräften, auf meine Weise brauchen
lernen, oder ich habe nicht gelernt. Der beste Prüfstein also,
ob jemand etwas gefaßt hat, ist, daß er's nachmachen, daß
er's selbst vortragen kann, nach seiner eigenen Art, mit seinen
eigenen Worten. Merkt euch dieses, ihr Katecheten! Das
ewige Wenden und Drehen vom Subjekt aufs Prädikat, vom
Prädikat aufs Subjekt: „Wer hat dich erschaffen? wen hat
er erschaffen?" ist noch kein Katechisieren, sondern ein leib=
haftes Wortgähnen, da man den Mund zur Rechten und
Linken, auf= und abwärts zieht und immer doch nichts als
den gähnenden Fuhrmannslaut: Ahi! oho! sagt. In eigenen
Worten muß man katechisieren; eigene Worte muß man dem

Katechisierten herauslocken, seine eigensten Worte, diese, diese
allein bezeichnen seine eigenen Gedanken. Ihnen muß man
folgen, an sie seine eigenen Gedanken knüpfen; so lernt man
lehrend, so lehrt man lernend. Wie in allen Künsten die
eigene Uebung alles, alles, und ohne sie keine Kunst ist, so
ist in Wissenschaften nichts ohne eigene Aufsätze, in seiner
eigensten Gedankenmanier, in der man sich kein einziges un=
verstandenes Wort erlaubt. Die Gedankenweise des Lehrers
ist dem Lernenden nur Vorbild, wie im Zeichnen der Schüler
die Vorschrift oder das Gebilde des Meisters nachformt, nach=
zeichnet.

So rein und einfach dies Gesetz der Kunst und der Na=
tur, so viel sagt's für Lernende und Lehrende. Sie gebietet
dem Lehrer, daß seine Gedankenform, seine Art des Vor=
trages in der Seele des Lernenden ein Vorbild und Muster
werden könne: denn nicht nur das, was er sagt, sondern wie
er's sagt, d. i. wie er's wohl oder übel verstanden denkt, ist
Lehre, d. i. es weckt Gedanken und geht in die Seele des
Lernenden über. Die große Ordnung der lebenden Natur
verknüpft alle Wesen durch einen stillen Uebergang lebendiger
Nachbildung. Wie wir bei einem Wahnsinnigen wahnsinnig
werden, bei einem Stammelnden, ohne daß wir's wissen, mit=
stammeln lernen, wie liebliche Worte, liebliche Gebärden und
Gedanken von denen, mit denen wir leben, in uns über=
gehen, so auch die Gedankenweise des Lehrers beim Vortrag
der Wissenschaft, gleichsam die Melodie seiner Seele. Wehe
dem, der schlechte Gesänge oder gute Gesänge schlecht singt;
er verdirbt damit das Organ und die Gedankenform seines
Lehrlings, dem es oft besser wäre, er hätte nichts, als dieses
also gelernt. Wer sich begnügen wollte, es sind ja doch
Schalle, Töne, oder im Felde der Wissenschaft, es sind ja
doch Wissenschaften, die er lernte; der erinnere sich, daß auch
die Tiere Schalle hervorbringen, manche aber sehr unange=
nehme Schalle und Töne, und daß jede Wissenschaft und jede
Kunst nur ein Maximum der guten Darstellung habe, das zu
ihr gehört, das keiner anderen Wissenschaft oder Kunst, als
höchst ungeschickt, anzupassen ist, in ihr selbst aber ein uner=
läßliches Gesetz ist. Allenthalben ist die Wahrheit nur eine,
und diese Wahrheit hat allenthalben nur eine Form, die ihr
an diesem Ort die einzige, die beste ist; wie es zu zwei Punk=
ten nur eine gerade Linie gibt, und jede Kreislinie, sie sei
groß oder klein, vier rechte Winkel einschließt. Recht lernen

und recht lehren bestimmen also einander wie entgegengesetzte
Winkel; durch fremden Fleiß kann jemand zwar gelehrt, lettré,
aber nicht gebildet, cultivé, noch weniger savant werden, im
echten Sinne des Wortes. Eigene Bildung erlangt man unter
der Hand und Leitung eines rechtschaffenen Lehrers nur durch
eigenen Fleiß, durch eigene Bildung.

Hiernach erklärt sich nun auch, was es heißt, nicht der
Schule, sondern dem Leben lernen. Der Schule lernt man
auf eine gute Weise, wenn man ihr Ehre macht, wenn man
das Gepräge mit sich nimmt, man sei in einer guten Schule
gewesen; ein Gepräge, das sich nie verwischt, das immer
kenntlich und lobenswert bleibt, Zutrauen erweckt und auf
der Bahn des Lebens viel Vorteile gewährt. Gewiß ist's
Lob und Empfehlung für einen Menschen, wenn man sagt:
er hat Schule: dagegen einem Rips=Raps, der von keiner
Schule weiß, Festigkeit, Bestimmtheit in seinen Arbeiten fehlt.
Dem Wort Schule ist die Welt in allen Künsten und Wissen=
schaften viel schuldig; Uebung unter einem guten Lehrer gibt
ein sicheres Hand= und Augenmaß, eine vernünftige Tendenz,
eine feste Regel. Auch wenn der Lehrling sich vom Lehrer
entfernt, bliebe er auch nicht ein Zweig auf seinem Stamm,
auf seiner Wurzel, so nimmt er doch seine Art mit sich und
sproßt weiter. Sofern ist's also gut, der Schule lernen, d. i.
alles das lernen, was man in ihr lernen kann; und es schul=
mäßig, d. i. fest, bestimmt, recht lernen.

Auch noch in einem anderen Verstande ist's erlaubt, der
Schule zu lernen, wenn man nämlich selbst ein Lehrer wer=
den, d. i. die Wissenschaften fortpflanzen will, so daß aus
dem Lehrling ein Gesell, ein Altgesell, ein Meister werde u. s.
Da aber solcher Zunftlehrlinge doch in einer Schule immer die
wenigsten sind, so bleibt's für die meisten ein heiliger Spruch:
Nicht der Schule lernen, sondern dem Leben.

Was heißt dem Leben lernen? Offenbar, was nützlich
im Leben ist, was angewandt werden kann, wodurch wir
besser leben lernen. Da aber das Leben so viel und mancher=
lei bedarf, da der Anwendungen und Nutzbarkeiten so viele,
und gewiß nicht alle unmittelbar sind, indem eine Kenntnis
auf die andere bauen, der anderen forthelfen muß, so wäre
es sehr thöricht, bei allem, was ich lerne, zu fragen: Wozu
kann ich's anwenden? was wird mir's bringen oder helfen?
Thor, übersiehst du dein Leben und weißt alle Umstände vor=
her, in die du kommen kannst? Weißt du, was in jedem Ge=

schäft, in jeder Minute brauchbar oder entbehrlich sei? Wenn
du Geld sammelst, fragst du, oder weißt du bestimmt voraus,
wozu du es anwenden, wenn du eine Sprache lernst, weißt
du, mit wem du die Sprache sprechen werdest? Also führt
der Ausdruck „dem Leben lernen" darauf zurück, daß man
sich selbst in allen seinen Anlagen und Fähigkeiten, in Seelen-
und Leibeskräften zu dem bilde, was Leben heißt; an sich, so
weit es die Gelegenheit, Zeit, Umstände verstatten, nichts
roh, nichts ungebildet lasse, sondern dahin arbeite, daß man
ein ganz gesunder Mensch fürs Leben und für eine uns angemessene Wirksamkeit im Leben werde. Hierdurch bekommt
also jeder seine eigene Lektion zu lernen, die für ihn und
für keinen anderen gehört. Wie einer seine Seelenkräfte, seine
Organe, seine Umstände, seine Lebenszwecke, seine Kräfte und
das Maß derselben selbst am besten kennt und durch Erfahrung erprobt, so lerne er für sich und für keinen anderen, für
sein Leben.

Abgeschlossen wird hierdurch in unserem Lernen nicht nur
alles völlig Unnütze, sondern auch alles uns Fremde, was
nicht zu uns gehört. Kindisch ist's, sich mit fremden Flicken
und Lappen auszuschmücken, wenn man ein eigenes ganzes
Kleid, das unserem Körper gerecht ist, sich selbst schaffen kann
und soll. Wahnsinnig ist, sich seine Augen ausstechen oder
abstumpfen, um durch ein fremdes Glas sehen zu lernen.
Vielmehr übe und bilde alle deine Seelen- und Leibeskräfte,
und zwar in gutem Verhältnis, in richtiger Proportion aus;
so lernst du dem Leben.

Wie dies geschehe, muß jedem sein eigenes Herz und
der Rat eines verständigen Lehrers sagen, unter dessen Leitung
er sich bildet. Wer vor lauter Fleiß in der Schule dumm
wird, wer sich blödsinnig, hypochondrisch, schwach und krank
studiert, wer Seelenkräfte bildet und den Körper vernachlässigt,
gleich als ob er ein purer puter Geist wäre, wer eine Seel-
kraft, z. B. die Einbildungskraft, das Gedächtnis, ohne die
andere, den Verstand, die Ueberlegung pflegt, wer für den
Kopf studiert, ohne aus Herz zu denken, und ein anderer, der
immer nur in Empfindung schwimmen will, ohne sich mit
kalter Kühnheit richtiger Begriffe zu befleißigen, wer mit allem
tändelt und eine ernste anhaltende Mühe wie die Hölle flieht,
alle diese lernen nicht fürs Leben; denn im Leben muß der
ganze ungeteilte Mensch, der gesunde Mensch mit allen seinen
Kräften und Gliedern, er muß mit Kopf und Herz, mit Ge-

danken, Willen und That, nicht etwa nur im Spiel, sondern auch im höchsten Ernst, nicht nur wohlgefällig, sondern auch mächtig wirken; wer dies nicht kann, wer sich hiezu nicht frühe geübt hat, der hat nicht fürs Leben gelernt. Und o, wen straft hier sein Gewissen nicht! Wie manches lernten wir, was wir wohl hätten vorübergehen können, und gaben ihm eine Zeit, die wir dem Notwendigeren, weil es uns nicht angenehm war, entzogen! Wie manches versäumten wir, was doch das Leben notwendig fordert, und durch dessen Entbeh= rung wir nachher beständige Himpler und Hampler in der Kunst des Lebens, wie in unserem Geschäft bleiben. Erwache, Jugend, und lerne fürs Leben! Die Zeit, für welche du er= wächst und dich bereitest, braucht gewiß lebensgelehrte Männer, d. i. Männer, die leben gelernt haben, Männer von rich= tigen Sinnen, von gesundem Augenmaß, von fester Hand in allerlei Künsten, von gesundem Ohr, recht zu hören und zu fassen, was gesagt wird, und darauf recht zu antworten, also auch von reinem gesunden Ausdruck, Bekanntschaft mit Dingen der Natur, mit dem Zustande der Welt, mit ihren Bedürfnissen und Geschäften, wodurch ein richtiger Verstand, eine reine tüchtige Ueberlegung gebildet wird. Die Zeiten, daß man Schäfergedichte macht, Anakreons Lieder übersetzt oder sonst mit der Sprache und Poesie tändelt, seien auch bei der Jugend vorüber; denn das Leben, wozu sich Jünglinge zu bereiten haben, fordert andere Geschicklichkeit als Ana= kreontische oder Schäferlieder. Mit dem Jahre 1800 ist in manchen Dingen eine andere Zeit angebrochen, die mit 1801 u. f. fortschreitet; neuen Fleiß, neue Emsigkeit wecke dieser neue Zeitcyklus auf in Ernst und Ueberlegung! Ihr Jünglinge geht einem neuen Jahrhundert entgegen, in welches wir als Alte, halb abgelebt eintreten; lernt dem neuen Jahr= hundert, in ihm zu leben!

Endlich, da das Leben nicht neue Kenntnisse und Ge= danken, sondern auch Willen, Triebe, That braucht, und in diesem vor allem das Leben besteht, so wendet sich der Spruch, nicht der Schule, sondern dem Leben zu lernen, vorzüglich auf Bildung des Herzens und des Charakters. Was hülfe es, tausend Kenntnisse und keinen Willen, keinen Geschmack, keine Lust und Trieb, zu leben, honett und rechtschaffen zu leben, haben? Im Willen leben wir; das Herz muß uns ver= dammen oder trösten, stärken oder niederschlagen, lohnen oder strafen; nicht auf Kenntnisse allein, sondern auf Charakter

und Triebe, auf die menschliche Brust ist die Wirksamkeit
und der Wert, das Glück oder Unglück unseres Lebens ge=
baut. Leben lernen heißt also seinen Neigungen eine gute
Richtung geben, seine Grundsätze reinigen, befestigen, stärken,
seine Vorsätze läutern und tapfer begründen, nicht mit dem
Kopf allein, sondern auch mit dem Herzen existieren gegen
Eltern, Freunde, Lehrer, Mitschüler, Bekannte, Fremde, sich
Sitten erwerben, anständige, frohe Sitten, liebenswert machend
vor Gott und den Menschen. Leben lernen heißt, die Stun=
den des Tages wohl einteilen, sich Ordnung im Geschäft geben
und sie mit strenger Munterkeit erhalten, den Ergötzlichkeiten,
dem Schlaf, der Trägheit nicht mehr Zeit einräumen, als
ihr gebührt; sich Vorschriften machen, wodurch man seine
Schwäche überwindet, seine eigentümliche Schwäche, die nie=
mand besser als wir selbst kennen, die zu überwinden uns am
schwersten wird, und die die Eigenliebe so gern in Schutz
nimmt; bestehe diese, worin sie wolle; sei es Hang zu Stolz,
zu thörichter Einbildung von sich selbst, an der so viele junge
Leute unseres Zeitalters krank liegen, mithin zu Geringschätzung
und Verachtung anderer; oder Neigung zu Haß, zu Zorn, zu
Menschenfeindschaft, oder zu Verzagtheit, zu Kleinmut, am
meisten zu Ueppigkeit, zu Wollust, Trägheit, zu Tändelei
mit dem anderen Geschlecht. Durch alle diese Neigungen,
wenn sie überhand nehmen, verliert, vertändelt, entnervt, ver=
gället der Jüngling sein Leben und schafft sich keine andere
Aussicht als sich und anderen zur Last zu werden, das Leben
einst selbst als eine Bürde zu tragen oder zu vergeuden und
zu verlieren. Von allen diesen Feindinnen des Lebens hin=
weg, ihr Jünglinge! — lernt leben, gesund, würdig und
glücklich leben!